Guilhem BRUN

L'AGRICULTURE FRANÇAISE A LA RECHERCHE D'UN NOUVEAU MODELE

L'Harmattan
5-7, rue de l'École-Polytechnique ; 75005 Paris
FRANCE

L'Harmattan Hongrie
Könyvesbolt
Kossuth L. u. 14-16
1053 Budapest

Espace L'Harmattan Kinshasa
Fac..des Sc. Sociales, Pol. et Adm. ;
BP243, KIN XI
Université de Kinshasa – RDC

L'Harmattan Italia
Via Degli Artisti, 15
10124 Torino
ITALIE

L'Harmattan Burkina Faso
1200 logements villa 96
12B2260
Ouagadougou 12

Fidèle à sa volonté de maintenir vivant l'ensemble du catalogue et de continuer à rendre accessible à tous la richesse de son contenu, Les marques du groupe L'Harmattan proposent les ouvrages, même s'ils sont épuisés dans leur premier tirage, et les impriment à la demande.
Au vu de l'ancienneté de ce titre, un exemplaire original a été numérisé pour être réimprimé, ce qui pourrait altérer légèrement la qualité de certains passages.

Logiques politiques
Collection dirigée par Yves Surel

Créée en 1991 par Pierre Muller, la collection « Logiques politiques » a pour vocation principale de publier des ouvrages de science politique, ainsi que des livres traitant de thématiques politiques avec un autre angle disciplinaire (anthropologie, économie, philosophie, sociologie). Elle rassemble des recherches originales, tirées notamment de travaux de doctorat, ainsi que des ouvrages collectifs sur des problématiques contemporaines. Des séries thématiques sont également en cours de développement, l'une d'entre elles visant à publier des ouvrages de synthèse sur les systèmes politiques des États-membres de l'Union européenne.

Dernières parutions

Rodrigue CROISIC, *La société contre la politique. Comment la démocratie est venue aux Guadeloupéens*, 2006.
Nicholas SOWELS, *Les Conservateurs et la réforme de l'Etat et des services publics en Grande-Bretagne* (1979,1997), 2005.
Marco GIUGNI, Florence PASSY, *Le miroir de la nation*, 2005.
Sandrine DEVAUX (dir.), *Les nouveaux militantismes dans l'Europe élargie*, 2005.
Pierre MARTIN, *Dynamiques partisanes et réalignements électoraux au Canada (1867-2004)*, 2005.
Martin AGUILAR SANCHEZ, *Mouvements sociaux et démocratie au Mexique. 1982-1998*, 2005.
Gregor STANGHERLIN, *Les acteurs des ONG*, 2005.
Philippe HAMMAN, *Les transformations de la notabilité entre France et Allemagne*, 2005.
Damien HELLY et Franck PETITEVILLE (sous la dir.), *L'Union européenne, acteur international*, 2005.
V. REY, L. COUDROY de LILLE et E. BOULINEAU (dirigé par), *L'élargissement de l'Union européenne : réformes territoriales en Europe centrale et orientale*, 2004.
Guillaume DEVIN (dir.), *Les Solidarités Transnationales*, 2004.

http://www.librairieharmattan.com
diffusion.harmattan@wanadoo.fr
harmattan1@wanadoo.fr

© L'Harmattan, 2006
ISBN : 2-296-00648-5
EAN : 9782296006485

Avant propos

Nous proposons au lecteur qui nous accompagnera au long de cet ouvrage un récit, l'histoire de la tentative de réforme de la politique agricole française à la fin des années 1990 et de l'élaboration d'un nouvel outil d'orientation du secteur : le contrat territorial d'exploitation (CTE). L'analyse que nous allons lui soumettre est issue d'un travail de recherche conduit avec le soutien du ministère de l'agriculture – même si, il est important de le souligner, les éléments présentés ici et les jugements émis demeurent personnels et n'engagent que l'auteur. Ce travail s'est appuyé de manière centrale sur un ensemble de quarante cinq entretiens semi-directifs conduits auprès des principaux protagonistes de la réforme. Des citations de ces entretiens figurent dans le texte lorsque les formulations nous paraissaient particulièrement éclairantes. Ce travail se fonde également sur une analyse des documents disponibles relatifs à la réforme (textes législatifs et réglementaires, comptes-rendus de réunion, discussions parlementaires, discours, etc.) et sur la littérature scientifique afférente et connexe. Enfin, il a bénéficié de divers contacts plus informels que l'auteur a pu développer auprès de fonctionnaires communautaires ou du ministère français de l'agriculture, en raison de la relation particulière qu'il entretient avec son objet de recherche[1]. Il nous semble important en avant-propos d'évoquer cette relation particulière et d'examiner son influence sur les conditions spécifiques de production de la recherche présentée.

Fonctionnaire ingénieur du ministère français de l'agriculture, j'ai été amené pendant dix huit mois à travailler en détachement au sein des services de la Commission européenne ; à cette occasion, j'ai participé à l'examen et à l'approbation de la politique française de développement rural et notamment à la négociation relative à l'élaboration administrative du CTE. Par la suite, je suis demeuré régulièrement en contact avec certains responsables du ministère en charge de cette politique, afin d'échanger informations et avis à son propos.

Cette implication personnelle dans la politique que nous entendons étudier soulève d'évidentes difficultés épistémologiques. Nous ne pouvons en effet prétendre à une position de pure extériorité que semble requérir a priori toute pratique scientifique. Le praticien des sciences sociales, pour prétendre à une impartialité de son analyse, doit disposer d'un réel détachement vis-à-vis de l'objet qu'il étudie, ou plus précisément doit manifester qu'aucun intérêt autre

---

[1] Nous prenons le parti de désigner comme *objet* de recherche l'élément observé considéré indépendamment du regard du chercheur et comme *sujet* de recherche la problématique construite par le chercheur à propos de cet élément.

qu'épistémologique et cognitif n'est susceptible d'influer sur le déroulement de sa recherche. Comme le résume Schutz :

> « Cette attitude [...] n'est rien d'autre que celle d'un observateur désintéressé du monde social. Il n'est pas impliqué dans la situation observée, qui ne présente pour lui aucun intérêt pratique mais seulement un intérêt cognitif. Il n'agit pas dans la situation, réellement intéressé par les conséquences de ses actions, les espérant ou les redoutant, mais il la regarde avec la même tranquillité d'âme que le chercheur en sciences naturelles prenant connaissance du résultat dans son laboratoire[2]. »

L'idéal de détachement scientifique issu des sciences de la nature place néanmoins les sciences sociales devant un problème spécifique, découlant du fait qu'elles s'intéressent non aux « agissements » d'entités inanimées dépourvues de conscience et d'intentionnalité mais aux comportements d'acteurs dotés d'une subjectivité qui doit représenter l'une des dimensions de l'analyse.

> « Le problème majeur des sciences sociales est l'élaboration d'une méthode permettant de traiter avec objectivité la signification subjective de l'action humaine ainsi que le respect de la congruence des objets de pensée des sciences sociales avec les objets de pensée du sens commun formés par des hommes dans leur vie quotidienne pour s'accommoder de la réalité sociale[3]. »

Le chercheur semble ainsi partagé entre la nécessité d'asseoir son analyse sur des règles et méthodes objectives établies à l'avance suivant le corpus de sa discipline et l'obligation de s'investir subjectivement dans le sens commun des acteurs pour être capable d'en rendre compte[4]. Dans cette optique, une implication personnelle dans l'objet de sa recherche, si elle rend plus ardue la prise de recul objective par rapport à celui-ci, est susceptible en revanche de faciliter la perception de ses nuances et de l'ambiance dans laquelle évoluent les protagonistes qui l'agissent.

> « Sans forcément être participant ou acteur, ce que certaines méthodologies demandent, il existe une certaine interaction qui s'établit entre l'observateur et son objet d'étude. Il y a connivence, complicité parfois, je parlerai même d'empathie [...]. C'est peut-être même ce qui fait la spécificité de notre discipline. La compréhension implique la générosité d'esprit, la proximité, la « correspondance ». C'est parce que d'une certaine manière on « en est » que l'on peut saisir, ou sentir, les subtilités, les nuances, les discontinuités de telle ou telle situation sociale[5]. »

---

[2] Schutz Alfred, 1994, *Le chercheur et le quotidien*, Paris : Méridiens Klincksieck, p. 45.
[3] *Ibid.*, p. 52.
[4] Il ne s'agit pas bien sûr pour le chercheur d'appliquer sa propre subjectivité comme filtre aux expériences des autres acteurs mais d'utiliser celle-ci pour se mettre en position de comprendre la signification subjective de la réalité sociale aux yeux des autres acteurs.
[5] Maffesoli Michel, 1985, *La connaissance ordinaire. Précis d'une sociologie compréhensive*, Paris : Librairie des méridiens, coll. Sociétés, 1985, p. 37, cité par Moquay Patrick, 1996, *Coopération intercommunale et société locale. Logiques d'action collective et d'institutionnalisation en milieu rural*, Bordeaux : Université Montesquieu - Bordeaux IV.

Le chercheur est ainsi appelé à opérer une distinction entre une posture scientifique qui lui permet d'interpréter avec rigueur les signes qu'il identifie et une posture participante, impliquée, qui peut lui permettre de développer avec les acteurs de son objet un lien suffisamment étroit et personnel pour le rendre capable de saisir leur subjectivité.

> « [Le chercheur] ne peut jamais entrer comme consocié dans un modèle d'interaction avec l'un des acteurs de la scène sociale sans abandonner, au moins temporairement, son attitude scientifique. L'observateur participant ou le chercheur sur le terrain noue un contact avec le groupe à étudier comme un homme parmi ses semblables ; l'attitude scientifique ne détermine que le système de pertinences qui fonctionne comme schème de sélection et d'interprétation, attitude que l'on laisse de côté pour le moment afin de la réintroduire par la suite[6]. »

La proximité particulière que nous entretenons avec notre objet de recherche nous apparaît ainsi pouvoir être en partie surmontée au prix d'une double dissociation. Dissociation du temps de l'acteur que nous avons été et du temps du chercheur que nous aspirons à être ici, d'une part, mais surtout dissociation au sein de notre recherche entre le temps du terrain, de l'implication subjective, et le temps du recul, de l'analyse distanciée.

Il nous a semblé qu'un tel équilibre s'instaurait au fur et à mesure que notre travail progressait. La différence de temporalité entre le temps court de l'action et le temps plus long de la réflexion, la confrontation, au cours des entretiens que nous avons conduits, à un ensemble composite de rapports à l'objet et de subjectivités que nous avons essayé de comprendre, et surtout la recherche d'une insertion théorique dans un champ disciplinaire – celui de l'analyse des politiques publiques – non spécifiquement lié à notre objet, ont tous contribué progressivement à modifier et à relativiser notre propre perception de cet objet et à acquérir à son égard une distanciation croissante, nécessaire à son analyse scientifique.

---

[6] Schutz, 1994, *op. cit.*, p. 49.

Introduction générale

La réforme instituant le contrat territorial d'exploitation intervient dans le contexte d'un secteur agricole dominé depuis le début des années 1960 par les références à la production et à l'excellence technique. S'appuyant sur la crise de sens progressive qui s'est développée devant les failles écologiques et économiques du référentiel productif, cette réforme apparaît comme un changement profond de politique rompant avec le mouvement de spécialisation et de segmentation verticale engagé au cours des décennies précédentes. Avant d'examiner précisément les mécanismes de son élaboration, il nous faut donc retracer brièvement le contexte historiquement qui l'a précédé et les principaux enjeux auxquels a été confronté le secteur agricole français.

La situation de l'agriculture et des politiques agricoles en France et en Europe avant le CTE, rapide historique

Au lendemain de la seconde guerre mondiale, l'agriculture de l'Europe de l'Ouest est entièrement à reconstruire. Seul le recours à des importations massives de viande et de céréales permet de soulager les pénuries alimentaires qui se prolongent. A la fin des années 1950, l'Europe demeure le plus gros importateur structurel mondial : son autosuffisance n'est que de 80% pour les céréales et d'à peine 10% pour les oléoprotéagineux (soja, colza...), destinés à l'alimentation animale[7]. L'établissement du rideau de fer contribue à aggraver la situation, car il coupe l'Europe de l'Ouest de certains de ses fournisseurs agricoles habituels, notamment l'Ukraine, la Hongrie et l'Allemagne de l'Est.

En France, malgré la lente évolution entamée depuis les années 1920, les structures agricoles demeurent peu favorables à une augmentation rapide de la production. Les exploitations sont de petite taille et font appel à une main d'œuvre abondante plutôt qu'à la mécanisation. L'adoption des lois d'orientation de 1960 et 1962 va concrétiser un tournant majeur, analysé par Pierre Muller dans *Le technocrate et le paysan*[8]. En cohérence avec un cadre global keynésien de modernisation de l'ensemble de l'économie sous l'impulsion des élites de l'Etat, le

---

[7] Ces chiffres ont été calculés à partir de la base de donnée internet de la FAO : « http://apps.fao.org/page/collections ». Ils correspondent à l'agrégation des données pour les quinze pays constituant actuellement l'Union européenne. Le pourcentage d'autosuffisance correspond au rapport entre consommation et production. (Les différentes adresses internet indiquées dans le cadre du présent ouvrage correspondent aux liens valables au moment de sa rédaction et peuvent avoir évolué depuis.)
[8] Muller Pierre, 1984, *Le Technocrate et le paysan*, Paris : Les Editions Ouvrières.

contexte de sens dans le secteur agricole change radicalement. L'exode rural et l'agrandissement sont encouragés, afin de moderniser les exploitations agricoles et de fournir à l'industrie en plein essor les bras dont elle a besoin. La logique d'occupation du territoire qui privilégiait une agriculture patrimoniale cède la place à une logique exclusive de production, qui vise la constitution d'exploitations « viables ». Un nouveau modèle agricole est né, fondé sur la modernisation, l'intensification des pratiques et la production massive à bas prix de produits non différentiés. « Les références morales qui imprégnaient autrefois tous les discours se sont effacées devant la montée irrésistible des objectifs économiques[9] ». Ce changement est rendu possible par l'alliance entre les élites gouvernementales et un groupe d'agriculteurs issus des Jeunesses agricoles chrétiennes (JAC), qui va bientôt fonder le Centre national des jeunes agriculteurs (CNJA) et s'imposer comme le porte-parole légitime de l'ensemble de la profession.

> « [Les lois d'orientation de 1960-1962] scellent une alliance durable entre le nouveau pouvoir gauliste et les forces syndicales progressistes de l'époque, menées par le CNJA, sur un projet volontariste d'émancipation économique par l'efficacité productive, et posent les bases d'une cogestion originale[10] ».

Sous l'impulsion de la France, le changement de politique s'étend à la jeune Communauté économique européenne (CEE). Dès la conférence de Stresa (1958), grâce un compromis entre la France et l'Allemagne, les bases d'une politique agricole européenne ambitieuse, visant à accroître la production, à moderniser les exploitations et à améliorer les revenus agricoles, alors très inférieurs à ceux des autres professions, sont jetées. La politique agricole commune (PAC) entre en vigueur en 1962. Les prix sont garantis à des niveaux très élevés et les débouchés sont assurés par le rachat des excédents.

Les politiques agricoles française et européenne s'avèrent d'indiscutables succès. Poussés par une très forte incitation à produire[11], les agriculteurs se modernisent, innovent et améliorent de façon spectaculaire leur productivité. La « révolution verte » permet à l'Europe de résorber ses importations puis progressivement de devenir un exportateur structurel de nombreux produits, notamment de lait et de céréales. Les prix communautaires étant établis à des niveaux bien supérieurs aux cours mondiaux, l'écoulement des excédents de production sur le marché est

---

[9] Gervais Michel, Jollivet Marcel et Tavernier Yves, 1976, *Histoire de la France rurale de 1914 à nos jours*, p. 670.
[10] Kroll Jean-Christophe, 2002, « Nouvelles orientations de la politique agricole française : quelques questions à propos du CTE », *Économie rurale*, n°268-269, p. 30. Pour faciliter la clarté du texte, nous utiliserons une présentation spécifique pour toutes les citations d'une certaine longueur. Les citations brèves seront en revanche maintenues dans le corps du texte.
[11] En économie classique, l'ajustement entre offre et demande s'effectue par l'intermédiaire du prix. En situation de prix artificiellement fixé à un niveau élevé, l'offre est déconnectée de la demande et les producteurs sont incités à produire jusqu'à ce que le coût marginal de chacun soit équivalent au prix garanti.

difficile. La Communauté met en place de coûteuses subventions à l'exportation (appelées restitutions) et parallèlement achète et détruit des quantités croissantes de produits. Des réformes sont envisagées pour remédier à la constitution d'excédents de plus en plus importants, mais sous la pression des agriculteurs aucune modification d'envergure n'est adoptée. Dès 1968 pourtant le mémorandum Mansholt attire l'attention sur le danger de l'inaction : « Une nouvelle et considérable augmentation des dépenses est inévitable si les conditions actuelles ne sont pas modifiées. » Les premières politiques structurelles voient le jour au début des années 1970 (plans de développement, aides à la formation ou à la cessation d'activité, indemnité spéciale montagne (ISM)), mais elles visent principalement à accompagner le mouvement de modernisation des exploitations et non à limiter l'intensification des pratiques et le développement des excédents.

Promouvant la spécialisation des exploitations, le modèle agricole français et européen engendre une structuration verticale du secteur et sa segmentation en filières. Cette organisation est confortée par la loi d'orientation agricole française préparée en 1980 par les services de Pierre Méhaignerie, alors ministre de l'agriculture. Faisant le diagnostic d'un secteur désormais parvenu à maturité économique, elle a pour objectif de renforcer sa contribution au développement économique du pays et à la balance commerciale, alors encore structurellement déficitaire[12].

> « Le gouvernement choisit d'impliquer les *interprofessions* plus directement dans ce processus. Organisées autour d'un produit particulier comme le lait, le bœuf ou les vins de table, celles-ci réunissent l'ensemble du secteur – ou de la *filière* –, du producteur à l'entreprise de transformation, aux grossistes, aux distributeurs et aux commerçants. Cette approche verticale de la structuration d'une production donnée est ultérieurement renforcée par le remplacement en 1982 de nombreuses organisations interprofessionnelles largement auto-régulées par des organismes publics – les *offices*[13]. »

---

[12] « In the first article of the 1980 law defining the basic objectives of the new policy, the lawmakers spoke directly of the need to 'increase the competitiveness of agriculture and its contribution to the economic development of the country by reinforcing its export capacity'. Rather than the 1960s approach of supporting markets to try to keep incomes in parity with other groups in society, the state now saw its task as one of orienting these markets. » : Coleman William D. et Chiasson Christine, 2002, « State power, transformative capacity and adapting to globalization: an analysis of the French agricultural policy, 1960-2000 », *Journal of European Public Policy*, vol 9, n°2, p. 177.

[13] *Ibid.*, p. 178 : « The government chose to involve *interprofessions* more directly in these processes. Focused on a given product like milk, or beef or table wines, these brought together the whole sector or *filière* from the given commodity producers, the processor firms, wholesalers, distributors and retailers. This vertical approach to organizing given commodities was solidified further when many of the largely self-regulating interprofessional organizations were replaced by public bodies or *offices* in 1982. ». Nous prendrons le parti dans l'ensemble du présent ouvrage de traduire systématiquement les citations employées dans le corps du texte et d'indiquer en note de bas de page la formulation originale. Sauf mention du contraire, les traductions sont de notre fait.

La segmentation croissante du monde agricole français rend de plus en plus délicate sa représentation unitaire. Construit depuis le milieu du siècle sur le principe devenu presque sacré de l'unité agricole – qui veut que tous les différends soient d'abord résolus en interne, afin de proposer à l'extérieur, et notamment aux pouvoirs publics, un front toujours uni –, le syndicalisme majoritaire est confronté à des tendances centrifuges de plus en plus prononcées.

> « La polyculture est remplacée par la spécialisation, avec la conséquence que les branches spécialisées de la FNSEA acquièrent leur propre importance. Elles sont dans le même temps suffisamment différentes pour que la FNSEA éprouve une difficulté croissante à trouver une position unifiée pour tous les agriculteurs[14]. »

Cette dissémination des intérêts syndicaux est renforcée par la visibilité grandissante des failles écologiques (pollution des cours d'eau en Bretagne, etc.) et économiques du modèle dominant[15]. » Celui-ci est remis en cause par le développement de modèles alternatifs s'appuyant sur des économies de coûts[16]. Ces tiraillements du syndicalisme majoritaire conduisent à plusieurs scissions (départ de la Fédération nationale des syndicats paysans (FNSP) en 1982 et de la Coordination rurale en 1991) puis à la constitution de pôles syndicaux concurrents d'une taille désormais significative : la Confédération paysanne naît en 1987 du regroupement de la FNSP et de la CNSTP (Confédération nationale des syndicats de travailleurs paysans) et la Coordination rurale union nationale est créée en 1994 par la réunion de la Coordination rurale et de la FFA (Fédération française de l'agriculture).

Au niveau européen également les années 1980 voient s'approfondir les difficultés du modèle agricole et se développer les tensions en son sein. Les excédents désormais massifs suscitent des critiques d'autant plus virulentes que le coût de leur destruction ou de leur écoulement sur les marchés internationaux augmente très rapidement. De plus, la crise économique persistante que traverse l'Europe rend particulièrement lourde à supporter cette charge budgétaire croissante. Quelques mesures sont adoptées pour tenter de pallier les dysfonctionnements les plus critiqués : mise en place en 1984 sur l'initiative de la France de quotas limitatifs pour la production du lait ; introduction en 1987/88 de quantités maximales garanties et d'une possibilité de gel volontaire des terres participant d'un système de « stabilisateurs agricoles » ; etc. Mais ces ajustements limités portent sur le traitement symptomatique de la crise de sens qui se développe peu à peu dans le

---

[14] *Ibid.*, p. 178 : « Polyculture gave way to specialization, with the result that the specialist commodity associations of the FNSEA became more important in their own right. They were sufficiently diverse that the FNSEA had increasing difficulty in finding a unified farmers' position. »

[15] Voir par exemple Rémy Jacques, 1987, « La crise de professionnalisation en agriculture : les enjeux de la lutte pour le contrôle du titre d'agriculteur », *Sociologie du travail*, n°4-87, p. 436 : « Les indices de l'échec – ou du relatif insuccès – du modèle professionnel syndical ne manquent pas sur le plan économique ».

[16] Mentionnons par exemple le Cedapa (Centre d'études pour le développement d'une agriculture plus autonome), fondé en Bretagne en 1982 par André Pochon afin de promouvoir l'alimentation des troupeaux à l'herbe (notamment association Ray gras/trèfle blanc) plutôt qu'au maïs complété de concentrés de tourteaux de soja importés des Etats-Unis.

secteur. Ils ne remettent pas en cause l'intensification continue des pratiques et ne posent pas la question d'un nouveau modèle. En outre, leurs résultats s'avèrent insuffisants pour contenir l'inflation du budget agricole. Celui-ci continue d'enfler au rythme moyen de plus d'un milliard d'écus[17] annuel, passant ainsi d'un peu moins de 30 milliards en 1988 à 35 milliards en 1992. Dans son document de réflexion de février 1991, « la commission européenne souhaite souligner que la seule option qui ne lui semble pas viable est celle du statu quo. Si la politique actuelle n'est pas modifiée rapidement, la situation des marchés et du budget deviendrait intenable, dès cette année. »

Central dans la rhétorique visant à justifier la nécessité d'une réforme, l'argument budgétaire n'apparaît pourtant pas décisif : le budget agricole de la Communauté continuera ainsi d'augmenter après 1992 au même rythme que précédemment (dépassant 45 milliards en 1996) sans provoquer les mêmes critiques ; ce n'est qu'à partir de 1999 qu'un mécanisme permettra de le stabiliser à environ 43 milliards d'euros annuels. Ainsi que le démontre Eve Fouilleux[18], la mise sur agenda d'une réforme de la politique agricole trouve son origine dans la volonté de parvenir à un accord dans les négociations commerciales internationales du GATT, lancées à Punta del Este en 1986, davantage que dans une crise interne. L'inclusion des produits agricoles dans le champ des négociations et le blocage opéré sur les autres volets par les Etats-Unis tant que le volet agricole n'aurait pas progressé produisaient « une réelle "mise sous pression" de la politique agricole commune[19]. » Le moment et la forme de la réforme de la PAC ont donc été fortement influencés par le type de politique susceptible d'être acceptée par les partenaires commerciaux internationaux de l'Union.

La réforme de la PAC en 1992 marque l'émergence de la Commission européenne comme acteur politique majeur et comme moteur des réformes. La Commission s'appuie pour cela sur un certain nombre d'atouts que lui confère sa nouvelle position institutionnelle héritée de l'adoption de l'Acte unique en 1986 :

> « ... sa capacité manifeste à anticiper les positions des Etats membres au Conseil pour s'en allier un ou plusieurs sur des points précis, la stratégie quasiment systématique des propositions par paquet pour faire passer les éléments les plus importants en les "enrobant" de propositions moins importantes, le choix des moments opportuns pour préparer et présenter ses projets de réforme, l'utilisation poussée et "politique" de l'expertise, etc.[20] »

---

[17] Autant d'euros.
[18] Fouilleux Eve, 2000, « Entre production et institutionnalisation des idées : la réforme de la Politique Agricole Commune », *Revue française de science politique*, vol 50, n°2.
[19] Fouilleux Eve, 1996, *La cogestion à la française à l'épreuve de l'Europe. L'exemple de la Politique Agricole Commune*, Grenoble: CERAT-CNRS, p. 26.
[20] Fouilleux Eve, 1997, « Changement de politique publique dans l'Union Européenne : la Politique Agricole Commune entre permanences et innovations », *Politiques et Management public*, vol 15, p. 130.

Mais elle profite surtout de l'affaiblissement politique de la France dans le champ agricole, que celle-ci dominait jusqu'alors et dont elle dirigeait les évolutions[21] : incapable de former un contre-projet de réforme car paralysée par les divergences internes d'intérêts, la France – pouvoirs publics et syndicalisme majoritaire réunis – est condamnée à une position purement défensive de préservation d'un statu quo devenu intolérable pour ses partenaires. Isolant pour la première fois la France sur un dossier agricole, la Commission parvient à faire adopter une réforme majeure de la PAC. Les travaux de l'OCDE lui fournissent la base d'expertise économique dont elle ne dispose pas en propre et la conduisent à proposer une baisse importante des prix garantis (de 15 à 30% suivant les productions), compensée intégralement par l'octroi aux agriculteurs d'aides directes proportionnelles au nombre d'hectares qu'ils exploitent et aux rendements moyens dans leur région. Diverses mesures accompagnent cette réforme, notamment la création de mesures agri-environnementales destinées à encourager l'adoption par les agriculteurs de pratiques plus respectueuses de l'environnement.

La réforme de 1992 permet la conclusion des négociations internationales de l'Uruguay Round en 1994. L'accord obtenu par les européens implique néanmoins la poursuite ultérieure de la réforme de la PAC et trace la perspective à terme d'un découplage total des aides[22]. La révision d'une part importante des soutiens communautaire en 1999 sous la dénomination d'Agenda 2000 donne à la Commission européenne l'occasion de poursuivre le basculement des aides vers des formes plus facilement défendables au niveau international. Elle fait ainsi approuver une nouvelle baisse des prix garantis communautaires compensée par de nouvelles aides directes. Elle prépare dans le même temps la transformation ultérieure de celles-ci et fait du développement rural (classé en boîte verte) le second pilier de la politique agricole en lui consacrant désormais 10% du budget, avec la perspective d'augmenter progressivement ce taux lors des réformes suivantes.

En France, l'incapacité à s'opposer à la réforme de 1992 laisse un goût amer aux organisations syndicales dominantes. Cet échec politique est d'autant plus durement ressenti qu'il intervient dans un contexte d'approfondissement de la crise de sens dans le secteur. Comme le remarque Bertrand Hervieu, « le fameux slogan "Notre métier, c'est de nourrir les hommes" ne passe plus[23]. » La crise de la vache folle qui intervient en 1996 amplifie encore le désarroi d'une profession dont les pratiques

---

[21] Notamment en raison de sa place de première puissance agricole européenne et second exportateur mondial derrière les Etats-Unis, mais également du fait du compromis fondateur de la CEE avec l'Allemagne.

[22] Les aides agricoles sont ordonnées suivant trois « boîtes ». La boîte orange regroupe les aides directement liée à la production (telles que le soutien au prix) ; elles sont jugées fausser le jeu du marché et pour cette raison interdites à court terme. La boîte bleue regroupe schématiquement les aides liées de façon indirecte à la production (telles que les aides à la surface) ; ces aides sont considérées néfastes pour le jeu du marché et doivent donc être progressivement démantelées ; l'un des enjeux majeurs des négociations est de fixer le rythme de ce démantèlement. Enfin la boîte verte regroupe les aides découplées de la production (notamment les aides environnementales), c'est-à-dire n'influençant ni les quantités ni le prix de la production d'un agriculteur ; ces aides sont pour l'instant autorisées sans restriction.

[23] Hervieu Bertrand, 1994, *Les champs du futur*, Paris: Editions Julliard, p. 73.

intensives sont de plus en plus souvent stigmatisées par les médias et dans l'opinion pour leurs conséquences environnementales et sanitaires. Des réflexions sont entamées et de nouvelles pistes sont explorées, à la recherche d'un modèle qui permette une meilleure prise en compte des défis auxquels l'agriculture se trouve désormais confrontée.

> « D'où l'émergence d'alternatives visant à mobiliser de nouvelles sources de valeur ajoutée, soit par la diversification, soit par la valorisation qualitative des productions, soit par la promotion d'itinéraires techniques plus économes en capital. D'où l'idée aussi de réorienter l'activité agricole d'abord vers la satisfaction du premier marché de la France : celui des consommateurs européens, fortement solvables et prêts à payer les produits de qualité qu'ils appellent de leurs vœux[24]. »

L'agriculture française à la recherche d'un nouveau modèle

Ce contexte général de doute, de désarroi, de crise larvée mais aussi les réflexions qu'il suscite participent du sentiment que l'agriculture française est à la recherche d'un nouveau modèle. Elle semble engagée dans une mutation que certains éléments rapprochent de la révolution connue au début des années 1960, lorsque l'ensemble du secteur, sous l'impulsion d'une alliance entre certaines élites syndicales et l'Etat, adopta l'excellence technique, la modernisation rapide et l'acte de production comme références fondamentales et identitaires.

En interne, les remises en causes de ce modèle sont désormais ouvertes et peu contestent la nécessité de le faire évoluer pour l'adapter aux nouvelles conditions d'exercice du métier d'agriculteur. La diminution des charges et l'internalisation des coûts sont considérées comme une alternative crédible à l'augmentation des rendements pour préserver les équilibres économiques des exploitations. Les aspirations à une certaine qualité de vie et à la possibilité de prendre des congés se sont développées et des expériences de ce type accèdent aux tribunes de la presse professionnelle. Les préoccupations de qualité des produits, de sûreté sanitaire et de respect de l'environnement ont acquis une légitimité nouvelle. L'insertion dans le milieu local et la complémentarité avec les autres activités rurales, notamment le tourisme, sont valorisées. La diversification et l'amélioration de la valeur ajoutée sont recherchées pour protéger les exploitations contre les fluctuations des marchés et pour arrêter la spirale du déclin continu des effectifs agricoles.

En externe, les agriculteurs doivent faire face à un bouleversement des dispositifs de soutien de la Politique agricole commune européenne (PAC). Pendant trois décennies, de 1960 à 1992, le soutien par les prix a accompagné l'augmentation impressionnante des rendements et la centralité de l'acte de production dans

---

[24] Kroll, 2002, *op. cit.*, p. 32-33.

l'identité des agriculteurs. Depuis, sous la pression des excédents, de l'inflation du budget agricole et surtout des négociations commerciales internationales, les réformes se succèdent à un rythme rapide : 1992, 1999, 2003, 2006 (réforme programmée des aides de développement rural). Le soutien par les prix a été remplacé par des aides directes conditionnées de plus en plus au respect de normes environnementales et sanitaires renforcées. L'alignement sur les cours mondiaux et la concurrence internationale fragilisent la situation de l'ensemble des filières : crises récurrentes du porc et du poulet, difficultés de la filière laitière, jusqu'alors relativement épargnée, etc.

Le débat sur l'évolution de la politique agricole gagne les médias dans des termes traduisant l'effervescence d'un secteur qui s'interroge sur la logique de fond de son modèle et non sur de simples ajustements techniques. Les titres de certains articles et tribunes publiés dans le journal Le Monde en 2001 et 2002 sont ainsi explicites : « Il faut réorienter la PAC[25] », « Jean Glavany pour un "nouveau contrat" entre les agriculteurs et l'Europe[26] », « Jeunes agriculteurs s'inquiète de l'avenir de la profession[27] », « Agriculture : la réforme en continu[28] », « PAC : la réforme indispensable[29] », « La France, fossoyeuse de la PAC ?[30] », « Agriculture : le dilemme[31] », « De nombreuses associations et deux syndicats agricoles réclament une "réorientation" de la PAC[32] ». Dans le même temps, les failles sanitaires de certaines pratiques intensives sont mise en lumière par des crises qui occupent durablement le devant de l'actualité : crises de la vache folle en 1996 puis en 2000, crise des poulets à la dioxine en 1999, crise de la fièvre aphteuse au printemps 2001.

Dans ce contexte, l'alternance politique de 1997 offre aux défenseurs d'une réforme profonde la possibilité d'accéder à l'agenda politique. Ces « réformateurs » ne présentent cependant pas un visage unifié : issus tant du forum de la rhétorique politique (réflexions conduites au sein du parti socialiste) que surtout des forums scientifique (idées avancées par certains chercheurs) et professionnel (propositions élaborées par le Centre national des jeunes agriculteurs, sous l'impulsion de Christiane Lambert), les tenants d'une remise à plat de la politique agricole partagent le constat d'une crise du modèle actuel mais divergent sur les solutions à adopter. Un compromis permet néanmoins la constitution d'une alliance de circonstance et l'adoption en 1999 d'une nouvelle loi d'orientation agricole qui, à travers la création du « contrat territorial d'exploitation » (CTE), vise à placer désormais au cœur de l'activité agricole les notions de multifonctionnalité (pluralité

---

[25] Glavany Jean, « Il faut réorienter la PAC », Le Monde, 6 avril 2001.
[26] Rivais Rafaëlle, « Jean Glavany pour un « nouveau contrat » entre les agriculteurs et l'Europe », Le Monde, 11 avril 2001. Jean Glavany était à l'époque ministre français de l'agriculture.
[27] Dupont Gaëlle, « Jeunes agriculteurs s'inquiète de l'avenir de la profession », Le Monde, 16 juin 2001.
[28] Glavany Jean et Künast Renate, « Agriculture : la réforme en continu », Le Monde, 1er août 2001.
[29] Glavany Jean, « PAC : la réforme indispensable », Le Monde, 3 août 2002.
[30] Leparmentier Arnaud, « La France, fossoyeuse de la PAC ? », Le Monde, 12 septembre 2002.
[31] Boisgontier Christian, Bové José et Duntze Nicolas, « Agriculture : le dilemme », Le Monde, 20 novembre 2002.
[32] Dupont Gaëlle, « De nombreuses associations et deux syndicats agricoles réclament une « réorientation » de la PAC », Le Monde, 17 décembre 2002.

des fonctions remplies : production de biens alimentaires, entretien des espaces, etc.) et de développement durable.

Pour ses promoteurs, cette réforme se veut la transition vers un nouveau modèle agricole et une rupture avec le référentiel issu des Trente glorieuses :

> « Si les lois de 1960 et 1962 ont constitué la base du succès pour le développement de notre agriculture, c'est surtout parce que, au-delà des doutes du quotidien, l'ensemble des responsables politiques et des grands dirigeants agricoles se les sont appropriées et se sont engagés sans réserve à les mettre en œuvre. Près de quarante ans plus tard, l'histoire se renouvelle. Cette loi d'orientation connaîtra le même destin si, par vos amendements et votre engagement, vous montrez votre volonté de consolider notre agriculture, de confirmer la construction européenne, de renforcer le rayonnement de la France dans le monde et, par là même, de faire entrer de plain-pied les agriculteurs français dans le troisième millénaire[33]. »

La genèse de cette nouvelle politique se révèle par conséquent un moment privilégié pour comprendre les évolutions profondes en cours dans le secteur agricole. A travers les discussions, les compromis, les désaccords qu'elle a engendrés, on peut distinguer les enjeux majeurs auxquels doivent faire face les acteurs du secteur mais aussi les différentes réponses apportées et le déplacement des lignes de fractures entre les différents blocs. Plus généralement, l'étude de cette phase critique permet de mieux comprendre la façon dont une réforme majeure peut ou non émerger d'un contexte de crise latente, mais aussi de quelle façon la structure institutionnelle du champ où elle prend place ainsi que le jeu des différents acteurs en influence le contenu au point, nous le verrons, de brouiller la distinction classique entre changement radical et changement incrémental. A l'inverse, nous constaterons que le processus même de construction et d'adoption de cette nouvelle politique a pu participer à une transformation sociale du secteur et à une évolution de ses références dominantes ainsi que des coordinations et relations entre les différents acteurs. Tous ces éléments nous permettront, dans un chapitre conclusif où nous tenterons d'élargir la perspective, de mieux comprendre les enjeux auxquels sera confronté l'agriculture française dans la décennie à venir et les choix fondamentaux qui s'offriront à elle.

---

[33] Christiane Lambert – présidente du CNJA de 1994 à 1998 – lors de son intervention devant l'Assemblée Nationale puis le Sénat en tant que rapporteur du Conseil économique et social (section de l'agriculture et de l'alimentation). Disponible sur le site internet de l'Assemblée Nationale : http://www.assembleenationale.fr.

Cheminement de la présentation[34]

Après un premier chapitre consacré aux outils théoriques de l'analyse, notamment à la notion d'apprentissage, nous montrerons tout d'abord que *le contrat territorial d'exploitation a bénéficié de l'ouverture importante d'une fenêtre d'opportunité*. Nous établirons ainsi l'émergence d'une prise de conscience de la nécessité de réorienter la politique agricole, l'existence d'un contexte politique favorable et le développement d'alternatives nouvelles pouvant être utilisées dans le cadre d'une réforme. Nous constaterons que *ces alternatives, bien qu'elles traduisent des préoccupations comparables, ont pour l'essentiel été élaborées de manière indépendante* les unes des autres. Nous montrerons également qu'en dépit d'une dynamique européenne globale de remise en cause du référentiel dominant *ces élaborations se sont déroulées fondamentalement dans un cadre national*, contredisant le mouvement fréquemment observé d'européanisation des politiques publiques et favorisant le développement d'une spécificité française que nous analyserons.

Nous aborderons alors dans un troisième chapitre la *phase législative* de la genèse du CTE. Nous observerons que cette phase a été *dominée par les élites politiques et syndicales*, sur lesquelles nous ferons par conséquent porter notre analyse. Nous montrerons notamment que *la nouvelle politique a résulté d'une alliance de circonstance entre le cabinet du ministre de l'agriculture et le syndicat des jeunes agriculteurs, autour d'une approche libérale et environnementale en rupture avec les normes dominantes*. Nous examinerons les raisons et les conséquences du dénouement de cette alliance, lequel a affaibli le contrôle ultérieur exercé sur le sens de la politique. Nous étudierons également les positions défendues par les autres groupes syndicaux, notamment l'hésitation de la Confédération paysanne entre accord sur les principes généraux et déception sur leur application et l'atténuation progressive de l'opposition du syndicalisme majoritaire. Nous constaterons à cette occasion que *le CTE a encouragé certaines évolutions des discours et des pratiques sans toutefois pour l'instant avoir permis un renouvellement des élites professionnelles ou une réorganisation du champ syndical*.

Dans un quatrième chapitre nous montrerons que *la phase réglementaire de la réforme a été dominée par les directions centrales du ministère* de l'agriculture, notamment la DEPSE (direction des exploitations, de la politique sociale et de l'emploi), après une période initiale de concurrence feutrée avec la DERF (direction de l'espace rural et de la forêt). Nous constaterons que *l'élaboration administrative de la nouvelle politique a été scandée en trois périodes relativement contrastées correspondant à une hésitation entre principes ambitieux et simplicité du dispositif*. Nous mettrons en lumière qu'*une anticipation déficiente de certaines contraintes (proximité des échéances, obligation de conformité au cadre européen, etc.) a obligé*

---

[34] Les résultats principaux de chaque chapitre sont ici soulignés et les résultats secondaires indiqués en italique.

la DEPSE à opérer un compromis précipité entre CTE minimaliste et CTE idéalisé et à s'appuyer majoritairement sur des instruments issus de la période précédente. Nous montrerons que *le caractère limité des réformes organisationnelles liées au changement de politique a perturbé l'émergence d'un acteur incarnant la nouvelle politique* et capable d'en contrôler le sens.

Enfin, nous nous intéresserons dans un cinquième chapitre plus prospectif à la *mise en œuvre du CTE*. Nous y constaterons que celle-ci est *dominée par la profession agricole* et que *la grande diversité de situations observées* (dont nous établirons une typologie) *correspond à une intégration plus ou moins importantes des enjeux et des acteurs territoriaux non agricoles*. Nous montrerons que *les différentes scènes locales ou départementales liées à la mise en œuvre du CTE ont suscité des opportunités d'apprentissage variées*, même s'il nous sera difficile d'estimer l'ampleur réelle de la diffusion d'un modèle multifonctionnel d'agriculture.

Ce sont ces différents éléments que nous allons à présent examiner.

Chapitre I : la notion d'apprentissage appliquée à l'analyse des politiques publiques

> *La communication des consciences suppose la communauté des inconscients.*
> Pierre Bourdieu

Ce premier chapitre est destiné à mettre en place le cadre théorique que nous appliquerons à l'analyse de la genèse du Contrat Territorial d'Exploitation (CTE). Il est organisé autour de la notion d'apprentissage, qui représente les processus d'évolution des cadres comportementaux individuels et collectifs des acteurs. Cette notion nous sera particulièrement utile pour comprendre l'évolution de la politique que nous avons prise pour objet et des acteurs qu'elle concerne. Elle nous permettra de distinguer dans l'analyse les différents éléments de cette évolution.

Avant cependant d'aborder plus précisément le contenu et l'utilisation possible de la notion d'apprentissage, il nous faut mettre en place le cadre général d'analyse dans lequel elle s'insère, et notamment préciser la distinction classique entre changements radicaux (ou paradigmatique) d'une part, et changements incrémentaux d'autre part. Cette distinction et son application au cas du CTE constitue en effet l'une des questions fondamentales, aux multiples ramifications, à laquelle nous nous efforcerons de répondre dans les pages à venir.

1 La nature cognitive et normative des changements radicaux

Changements incrémentaux et changements radicaux

Les changements qui affectent les politiques publiques peuvent être d'ampleur très variable. L'analyse des politiques publiques s'appuie classiquement sur une distinction des mécanismes et processus à l'œuvre en fonction de ce paramètre. Différents auteurs proposent des typologies pour décrire cette palette de situations et se rejoignent sur le fait qu'ampleur et nature des phénomènes sont en réalité liées. Reprenons par exemple ici l'analyse proposée par Peter Hall dans un célèbre article.

Les trois catégories de changement de Peter Hall

Peter Hall distingue trois catégories de changements suivant la partie de la politique qui en fait l'objet[35].

Lorsque l'ajustement porte uniquement sur le calibrage des instruments, Hall le qualifie de processus de changement du premier ordre[36]. Lorsque les instruments eux-mêmes sont modifiés mais que les objectifs généraux demeurent inchangés, il s'agit d'un processus de changement du second ordre[37]. Enfin, les processus de troisième ordre, plus rares, correspondent au changement simultané du calibrage des instruments, des instruments eux-mêmes et de la hiérarchie des objectifs généraux de la politique[38].

Hall observe qu'il existe une différence de nature entre les changements de premier et second ordre d'une part, et les changements de troisième ordre d'autre part :

> « On peut voir les changements de premier et de second ordre comme des cas de « production normale de politique publique », c'est-à-dire de processus qui permettent l'adaptation de la politique sans remise en cause des termes généraux du paradigme politique considéré, de manière tout à fait comparable à la « science normale ». En revanche, il est vraisemblable qu'un changement de troisième ordre traduise un processus très différent, dans lequel un « changement de paradigme » s'accompagne de changements radicaux dans le vocabulaire utilisé pour parler de la politique[39]. »

Nous regrouperons donc dans la suite les changements de premier et second ordre sous le terme d'incrémentalisme[40] ; nous qualifierons par ailleurs de

---

[35] Hall Peter, 1993, « Policy Paradigms, Social Learnings and the State. The case of Economic Policymaking in Britain », *Comparative Politics*, vol 25.
[36] *Ibid.*, p 278 : « We can call the process whereby instrument settings are changed in the light of experience and new knowledge, while the overall goals and instruments of policy remain the same, a process of first order change in policy. »
[37] *Ibid.*, p 278-279 « Changes of this sort, when the instruments of policy as well as their settings are altered in response to past experience even though the overall goals of policy remain the same, might be said to reflect a process of second order change. »
[38] *Ibid.*, p 279 « ...simultaneous changes in all three components of policy: the instrument settings, the instruments themselves, and the hierarchy of goals behind policy. Such wholesale changes in policy occur relatively rarely, but when they do occur as a result of reflection on past experience, we can describe them as instances of third order change. »
[39] *Ibid.*, p 279 : « First and second order change can be seen as cases of "normal policymaking", namely of a process that adjusts policy without challenging the overall terms of a given policy paradigm, much like "normal science". Third order change, by contrast, is likely to reflect a very different process, marked by the radical changes in the overarching terms of policy discourse associated with a "paradigm shift". »
[40] Une telle définition large de l'incrémentalisme est cohérente avec les processus que les pluralistes et néo-pluralistes (notamment Dahl et Lindblom) désignent par ce terme. Elle présente l'avantage d'aborder cette notion sous l'angle qui nous intéresse ici : le rapport des processus « normaux » de changement avec les processus « anormaux », ou changements paradigmatiques.

changements radicaux ou changements paradigmatiques les changements de troisième ordre dans la typologie de Hall, c'est-à-dire *les changements impliquant une évolution dans la hiérarchie des objectifs généraux de la politique.*

L'incrémentalisme constitue le processus habituel d'évolution des politiques

La littérature de science politique démontre abondamment la rareté des changements radicaux de politiques publiques. La remise en cause des objectifs généraux poursuivis et des leviers d'action n'est opérée que de manière exceptionnelle. Le processus « normal », habituel d'évolution d'une politique est l'ajustement régulier, fréquent mais de faible ampleur, des instruments.

Ce processus s'opère à l'intérieur d'un cadre défini – un paradigme politique – qui fournit aux acteurs des clés de lecture et d'action sur le monde. Tous les changements apportés s'opèrent à l'intérieur de ce cadre et pour cette raison préservent le « répertoire » dans lequel sont recherchées les solutions et le « vocabulaire » de leur mise en œuvre[41].

Le caractère incrémental de l'évolution d'une politique publique a plusieurs origines. Nous en mentionnerons trois principales :
1. *Le principe d'homéostasie.* Des travaux de cybernétique et de psychologie sociale ont démontré que, pour un système, le mode de réaction le plus efficace à une perturbation était la minimisation du changement nécessaire à l'atteinte d'un nouvel équilibre. Autrement dit, la meilleure réponse à une perturbation n'est pas la remise à plat (coûteuse en temps et autres ressources) de l'ensemble des éléments qui avaient précédemment permis de trouver un équilibre, mais la recherche tâtonnante d'un nouvel état stable.
2. *L'enfermement cognitif.* Des travaux sur la rationalité et des recherches des néo-institutionnalistes ont montré que, lors d'un choix, les alternatives envisagées par des individus ou des groupes étaient fortement limitées par leur cadre de représentation du monde et par le contexte dans lequel ils évoluent. En d'autres termes, il n'est possible d'envisager que ce que l'on connaît déjà[42].
3. *La dépendance au parcours.* Des travaux d'économie et de science politique ont mis en lumière les gains que procure la persévérance dans une même voie[43] :

---

[41] La comparaison avec la pratique des sciences analysée par Kuhn est ici instructive : « C'est à des opérations de nettoyage que se consacrent la plupart des scientifiques durant toute leur carrière. Elles constituent ce que j'appelle ici la science normale qui [...] semble être une tentative pour forcer la nature à se couler dans la boîte préformée et inflexible que fournit le paradigme. » : Kuhn Thomas S., 1983 (1970), *La structure des révolutions scientifiques*, Flammarion, p. 46.
[42] « Comme de plus en plus on ne perçoit que ce que l'on sait résoudre, et que l'on ne sait résoudre du moins dans le court terme que ce qui est traitable dans le cadre de construits existants, la conclusion est claire. Instruments pour la solution de problèmes, les construits d'action collective sont aussi des contraintes pour ces solutions, s'ils ne les empêchent pas totalement » : Crozier Michel et Friedberg Erhard, 1977, *L'acteur et le système*, Paris : éditions du Seuil, p. 25.
[43] Ce phénomène de portée générale a également été identifié par exemple par Kuhn dans le domaine de l'histoire des sciences : « L'une de raisons qui fait que la science normale semble progresser si

meilleur amortissement de l'investissement initial, effets de nombre, effets d'apprentissage, anticipations adaptatives... Ces gains provoquent une forte dépendance au parcours suivi jusqu'alors par la politique et rend difficile le passage à une trajectoire différente[44].

Les changements radicaux introduisent une discontinuité paradigmatique

Le cours régulier d'ajustement incrémental des politiques se trouve pourtant parfois modifié brutalement par la survenue d'un changement plus radical. Celui-ci représente une rupture du cadre habituel dans lequel était définie la politique. A ce titre, il introduit une discontinuité et ne peut résulter de la simple accumulation de changements plus mineurs. Le tournant des lois d'orientation agricole françaises de 1960 et 1962 constitue un exemple d'un tel changement. Hall décrit également en ces termes le tournant monétariste et libéral advenu en Angleterre lors de l'accession au pouvoir de Margaret Thatcher[45].

Les travaux de Kingdon[46] permettent d'identifier trois éléments principaux qui peuvent favoriser cet événement :
1. L'apparition d'anomalies que le paradigme en vigueur ne permet pas de prendre en compte engendre une pression pour leur résolution à travers l'adoption d'un cadre nouveau[47]. Par ce processus, un fait devient un problème.
2. L'existence d'alternatives disponibles au paradigme en vigueur
3. L'existence de circonstances politiques favorables à un changement (arrivée au pouvoir d'une nouvelle majorité, visibilité médiatique particulière, etc.)

La conjonction positive de ces trois éléments ouvre ce que Kingdon appelle une fenêtre d'opportunité, à l'intérieur de laquelle une rupture paradigmatique est susceptible de survenir. Il s'agit néanmoins d'une condition nécessaire mais non suffisante.

---

rapidement est que ses spécialistes se concentrent sur des problèmes que seul leur manque d'ingéniosité devrait les empêcher de résoudre. » : Kuhn, 1983, *op. cit.*, p. 63.
[44] « Policy responds less directly to social and economic conditions than it does to the consequences of past policies. » : Hall, 1993, *op. cit.*, p 277.
[45] Voir notamment *ibid.*, p. 291.
[46] Kingdon John, 1995, *Agendas, Alternatives and Public Policy*, Harper Collins.
[47] « Dans le développement politique comme dans celui des sciences, le sentiment d'un fonctionnement défectueux, susceptible d'aboutir à une crise, est la condition indispensable des révolutions. » : Kuhn, 1983, *op. cit.*, p 134.

Les analyses des changements radicaux montrent que l'évolution du contexte de sens y joue un rôle fondamental

Les changements radicaux se distinguent des changements incrémentaux par leur nature davantage encore que par leur ampleur. Ils portent sur le cadre même, le paradigme qui organise la réflexion des acteurs, et non plus seulement sur les diverses possibilités qu'offre ce paradigme. Cette propriété rend, dans le cas d'un changement radical, les alternatives en présence impossibles à comparer, incommensurables. Chaque alternative correspond à une vision différente, cohérente en elle-même et recelant ses propres critères d'appréciation. Il n'existe aucun jeu de critères commun aux différentes alternatives et permettant d'établir leurs mérites respectifs, car chacune est bâtie pour répondre à des problèmes différents et souvent tous pertinents[48].

L'absence de base technique « objective » permettant de comparer les alternatives confère aux changements radicaux un caractère fondamentalement sociologique[49]. Les phénomènes collectifs de polarisation sur une certaine conception ou de conversion à une certaine vision du monde s'avèrent par conséquent déterminants. L'explication du changement ne réside plus tant dans le contenu technique de la mesure que dans la façon dont le groupe qui la portait est parvenu à faire partager les représentations du monde sous-jacentes à d'autres et à les imposer au sein du système décisionnel. L'analyse doit par conséquent être capable de prendre en compte :
- les processus de constitution d'une vision du monde collective ou de conversion à cette vision ;
- les processus de mise en avant d'une vision du monde par le groupe qui en est porteur ;
- les processus de modification de l'allocation de l'autorité ;
- le cadre institutionnel et social dans lequel se déroule la compétition entre idées et entre groupes qui en sont porteurs.

---

[48] Ici encore, l'analogie avec la pratique des sciences analysée par Kuhn est frappante : « Comme le choix entre des institutions politiques concurrentes, celui qui doit s'effectuer entre des paradigmes concurrents s'avère être un choix entre des modes de vie de la communauté qui sont incompatibles. De ce fait, il est impossible que ce choix soit déterminé simplement par des procédés d'évaluation qui caractérisent la science normale, puisque ceux-ci dépendent en partie d'un paradigme particulier, lequel, précisément, est mis en question. » : Kuhn, 1983, *op. cit.*, p. 135-136.
[49] « The process whereby one policy paradigm comes to replace another is likely to be more sociological than scientific. » Hall, 1993, *op. cit.*, p. 280.

Les outils de prise en compte du contexte de sens

Les limites des approches séquentielles des politiques publiques

Une politique publique est en règle générale considérée comme élaborée afin de répondre à un problème donné. Divers auteurs ont formalisé cette idée en découpant la vie d'une politique publique en temps successifs. Nous nous réfèrerons ici à l'analyse de Jones[50], qui distingue cinq étapes :
1. L'émergence et l'identification d'un problème
2. La construction de diverses alternatives permettant de le résoudre et le choix d'une de ces alternatives
3. La mise en œuvre de la solution choisie
4. L'évaluation de la politique menée
5. La terminaison de la politique lorsque le problème est résolu.

Une telle approche séquentielle s'avère précieuse pour distinguer analytiquement différents éléments et ainsi simplifier leur étude. Elle permet utilement de jalonner la vie d'une politique de repères qui renvoient à des réalités juridiques et qui correspondent effectivement souvent à la perception des acteurs de la politique.

Pour autant, de nombreux travaux de science politique ont montré les limites fondamentales de ce type d'approche. Nous rappellerons ici les deux principales :

L'ordre des étapes peut être interverti et celles-ci peuvent se chevaucher. Il arrive ainsi qu'une décision soit prise avant l'existence d'un éventuel problème et que la formulation de celui-ci ne serve qu'à justifier cette décision. La récente politique américaine en Irak peut par exemple être analysée de cette façon[51]. De même, la mise en œuvre est parfois entamée avant la décision formelle, donnant alors lieu à des « coups partis ». A l'inverse, les ambiguïtés d'une politique laissent une marge d'interprétation importante lors de sa mise en œuvre, qui de ce fait prolonge et complète la phase de décision. Etc.

Les contours des différentes étapes sont parfois très difficiles à tracer. Quel est par exemple le moment de la décision ? Les phases formelles de passage en Conseil des ministres ou de vote à l'Assemblée ne font souvent qu'entériner des choix déjà arrêtés précédemment. De même, les débats qui entourent l'élaboration d'une politique sont susceptibles de produire des effets sur le comportement des acteurs avant même la mise en œuvre officielle : la politique de prévention routière passe ainsi souvent autant par la communication autour des décisions (par exemple le renforcement des contrôles sur les routes) que par leur mise en œuvre effective. Les frontières de la phase de formulation du problème sont elles aussi par nature très floues, car cette formulation renvoie à des perceptions collectives qui évoluent de façon continue.

---

[50] Jones Charles, 1970, *An Introduction to the Study of Public Policy*, Belmont : Duxbury Press.
[51] Certains considèrent ainsi que la problématisation d'une éventuelle possession par l'Irak d'armes de destruction massive servait principalement à justifier une intervention armée déjà décidée pour d'autres raisons.

Il apparaît en définitive qu'une politique publique n'émerge pas tant d'un enchaînement mécanique d'étapes que d'un

> « ... flot continu de décisions et de procédures dont il faut essayer de retrouver le sens. [...] On aura d'ailleurs souvent avantage à concevoir une politique publique non pas comme une série de séquences successives, mais comme un ensemble de séquences parallèles interagissant les unes par rapport aux autres et se modifiant continuellement[52]. »

Plus fondamentalement, on peut mettre en doute qu'une politique publique vise principalement à répondre à un problème. Cet objectif est certes le plus souvent présent et il sert de fondement rhétorique aux justifications et aux argumentaires ; mais il ne doit pas pour autant conduire à occulter les enjeux de sens et de pouvoir qu'il dissimule. « Elaborer une politique publique revient [ainsi à la fois] à construire une *représentation, une image de la réalité sur laquelle on veut intervenir* »[53] et à renforcer son autorité grâce à l'adoption de cette représentation comme référence de l'action publique. C'est cette double dimension que permettent d'appréhender les approches cognitives des politiques publiques.

Les approches cognitives des politiques publiques

Ces approches portent sur le rôle joué par les systèmes de sens collectifs, c'est-à-dire par les cadres de représentation du monde que partagent certains groupes d'acteurs. Un des intérêts principaux de ce type d'approche réside dans la possibilité d'appréhender la dimension sociale de l'activité intellectuelle. Ainsi que l'analyse Geoffrey Vickers,

> « le jugement et la décision, bien que relevant d'activités mentales des individus, sont également inscrits dans un processus social. Ils font partie et dépendent d'un réseau de communication qui ne prend du sens qu'à travers un vaste ensemble partiellement structuré de présomptions et d'attentes largement partagées, lequel est en permanence développé et modifié par les activités qu'il influence. Le décideur individuel ne peut pas plus être étudié isolément que la décision individuelle. L'activité mentale et les processus sociaux sont indissociables[54]. »

---

[52] Muller Pierre, 1990, *Les Politiques publiques*, Paris : Presses Universitaires de France, p. 33.
[53] *Ibid.*, p. 42.
[54] Vickers Geoffrey, 1995 (1965), *The Art of Judgment. A Study of Policy Making*, Sage Publications, p. 30 : « Thus, judgment and decision, though mental activities of individuals, are also part of a social process. They are taken within and depend on a net of communication, which is meaningful only through a vast, partly organized accumulation of largely shared assumptions and expectations, a structure constantly being developed and changed by the activities it mediates. The individual decider can no more be studied in isolation than the individual decision. The mental activity and the social process are indissoluble. »

La notion de « coalitions de cause »

Les principales approches cognitives des politiques publiques formalisent ce lien par l'existence de groupes sociaux partageant une même vision du monde. Ces groupes luttent simultanément pour imposer leur vision comme référence de l'action publique et pour accéder à l'exercice de l'autorité, ces deux objectifs étant intrinsèquement liés.

La notion de « coalitions de cause » (*advocacy coalitions*) développée par Paul Sabatier[55] présente ainsi les politiques publiques comme le résultat de la compétition entre des groupes d'acteurs – ou coalitions – dont la cohésion est assurée par le partage de croyances et normes communes[56]. La domination d'une de ces coalitions conduit à une période de relative stabilité, au cours de laquelle les mesures adoptées sont puisées au sein du répertoire de la coalition. Cette phase d'incrémentalisme peut parfois être remise en cause par la montée en puissance d'autres visions du monde portées par d'autres coalitions. La période de crise qui s'ensuit débouche éventuellement sur l'avènement d'une nouvelle coalition dominante, qui fournira à son tour pendant quelques temps les nouvelles références de l'action publique.

Ce cadre d'analyse se situe cependant trop dans la perspective pluraliste Nord-américaine pour être bien adapté au contexte européen et notamment français. Il s'applique implicitement au cas d'un sous-système décisionnel ouvert dans lequel la puissance publique tient un rôle d'arbitre (et non réellement d'acteur) entre les différents intérêts qui font pression sur elle. Comme le remarque Wayne Parsons,

> « si l'on applique le modèle à des systèmes politiques présentant une tradition plus étatiste – comme la France ou l'Italie – ou un style plus consensuel ou de type 'corporatiste démocratique' – comme les pays scandinaves, l'Autriche et l'Allemagne – l'approche des « coalitions de cause » paraît beaucoup moins convaincante[57]. »

La notion de « référentiel »

La notion de référentiel, développée par Bruno Jobert et Pierre Muller dans le cas français[58], ne présente pas ce défaut d'adaptation. Sans négliger le rôle des

---

[55] Voir notamment Sabatier Paul A et Jenkins-Smith Hank C. (dir.), 1993, *Policy change and Learning. An Advocacy Coalition Approach*, Westview Press.

[56] L'une des originalités de la grille de Sabatier est de hiérarchiser ces croyances et normes communes suivant trois strates successives : les croyances générales fondamentales (*core beliefs*), les croyances fortes liées au champ politique considéré (*policy beliefs*) et les convictions secondaires (*secundary aspects*). Cette hiérarchisation lui permet d'affiner la formalisation des forces cohésives au sein d'une coalition ainsi que de formuler des hypothèses relatives à l'évolution des systèmes complexes de sens soumis à des perturbations.

[57] Parsons Wayne, 1995, *Public policy. An introduction to the theory and practice of policy analysis*, Cheltenham : Edward Elgar Publishing Limited, p. 200-201 : « If we apply the model to political systems which have a more étatist tradition – such as France or Italy – or a more consensual or 'democratic corporatist' style – such as the Scandinavian countries, Austria and Germany – the AC approach seems far less convincing. »

[58] Voir notamment Jobert Bruno et Muller Pierre, 1987, *L'Etat en action. Politiques publiques et corporatisme*, Paris : Presses Universitaires de France.

acteurs, elle fait porter l'attention davantage sur les différents systèmes de sens – les référentiels[59] – que sur une forme particulière de structuration des acteurs – les coalitions de Sabatier. L'approche de Jobert et Muller reconnaît notamment le caractère proprement identitaire de la promotion d'une certaine vision du monde.

En outre, elle présente l'originalité majeure de proposer une structuration du champ cognitif : Jobert et Muller soulignent ainsi que dans nos sociétés modernes les références identitaires, cognitives et normatives des individus sont essentiellement d'origine professionnelle et dépendent directement de leur secteur d'activité. Chaque secteur se trouve de ce fait doté d'une dynamique de sens propre, qui conduit à l'établissement d'un *référentiel sectoriel* dominant. Ce référentiel fournit les principes et les normes de l'action publique dans le secteur considéré ainsi que les critères de jugement et de légitimité. Pour autant, chaque secteur s'inscrit également dans le cadre d'un *référentiel global*, sociétal, qui correspond à « la représentation qu'une société se fait de son rapport au monde à un moment donné. »[60]

L'évolution des différents secteurs n'est donc pas entièrement libre mais contrainte par les dissonances pouvant apparaître avec le niveau sociétal, ce que Jobert et Muller désignent comme le *rapport global-sectoriel*. En France, le référentiel global de l'après seconde guerre mondiale est ainsi un cadre keynésien de modernisation sous l'impulsion des élites de l'Etat. Peu à peu, sous la pression de ce nouveau contexte, les références dominantes dans les différents secteurs changent et des acteurs porteurs de référentiels sectoriels en phase avec le référentiel global s'imposent. C'est dans ces termes par exemple que Pierre Muller analyse le tournant des années 1960 dans l'agriculture française[61].

Ce référentiel global modernisateur a été remplacé progressivement au cours des dernières décennies par un référentiel global néo-libéral[62]. Le caractère européen de ce changement – des connexions étant démontrées entre les évolutions dans les différents pays – pose la question de l'évolution de la notion de global : les normes globales demeurent-elles fondamentalement au niveau de chaque Etat membre, deviennent-elles européennes ou convient-il de les dédoubler désormais entre des normes globales nationales et des normes « supra-globales » européennes ou mondiales[63] ? Cette question s'inscrit plus généralement dans le cadre des

---

[59] Selon la définition de Pierre Muller, « le référentiel d'une politique est constitué d'un ensemble de normes prescriptives qui donnent un sens à un programme politique en définissant des critères de choix et des modes de désignation des objectifs. [...] Il s'agit d'un processus cognitif dont la fonction sera de comprendre le réel en limitant sa complexité. » : Muller, 1990, *op. cit.*, p. 43.
[60] *Ibid.*, p. 47.
[61] Muller, 1984, *op. cit.*
[62] Voir notamment Jobert Bruno (dir.), 1994, *Le Tournant néo-libéral en Europe*, Paris : L'Harmattan.
[63] Le paradoxe interne du terme supra-global souligne la difficulté de vocabulaire à laquelle nous sommes confrontés ici, difficulté renforcée par l'utilisation fréquente du terme « globalisation » pour désigner l'interrelation mondiale des dynamiques et des réflexions. Nous choisirons pour cette raison de qualifier désormais de *sociétal* le référentiel en vigueur au niveau de la société formée par une nation et d'*européen* ou *mondial* le référentiel constitué des éléments de sens dominants à ces différents échelons, afin de réserver le terme *global* à l'ensemble indifférencié de ces référentiels considérés par rapport à un référentiel sectoriel.

recherches abondantes menées sur l'européanisation des politiques publiques, qui sont trop éloignées du cœur de notre recherche pour justifier ici une présentation plus poussée[64].

A cette difficulté à prendre en compte les niveaux européen et mondial dans la simple dichotomie sociétal / sectoriel s'ajoute la difficulté à prendre en considération d'autres sources que le secteur pour la constitution de référentiel infrasociétaux. Pourtant, l'augmentation des références aux territoires démontre que ceux-ci peuvent constituer des alternatives identitaires ou a minima des compléments des référents sectoriels[65]. De même que le cadre des coalitions de cause garde l'empreinte du contexte pluraliste de son origine, le cadre théorique développé par Jobert et Muller conserve ainsi la marque du contexte de sens des Trente glorieuses et d'un cloisonnement sectoriel hermétique.

En outre, s'il se situe utilement entre individualisme et structuralisme, reconnaissant à la fois que toute idée est d'abord portée par un acteur et que les référents collectifs sont davantage que la simple somme de leur composants individuels, ce cadre théorique reste relativement flou sur la genèse et le fonctionnement de ces référents collectifs. Ainsi, il n'explicite pas les rapports réciproques qu'entretiennent les différents niveaux de la construction : individus, référents collectifs et référents sociétaux.

Nous tenterons de montrer dans la suite du présent ouvrage que l'originalité de notre approche, qui s'appuie de façon centrale sur la notion d'apprentissage, permet de dépasser au moins en partie ces difficultés. Elle permet également de conjuguer les approches cognitives, que nous venons de présenter rapidement, et les approches néo-institutionnalistes, qui constituent le second courant important d'analyse des politiques publiques mettant l'accent sur le contexte cognitif, normatif et social davantage que sur le contenu technique des mesures.

Les approches néo-institutionnalistes

L'originalité des approches néo-institutionnalistes consiste à placer au centre de l'analyse les institutions et leur évolution, c'est-à-dire le cadre dans lequel les acteurs doivent manœuvrer et les organisations – notamment l'Etat – qui le façonnent. Ce cadre, comme nous l'avons souligné précédemment, est un des éléments explicatifs majeurs des changements intervenant dans les politiques publiques, et il est essentiel de disposer des outils permettant d'analyser sa constitution et son influence sur les acteurs et leurs comportements[66].

---

[64] On pourra néanmoins utilement se référer à Mény Yves, Muller Pierre et Quermonne Jean-Louis (dir.), 1995, *Politiques publiques en Europe*, Paris : L'Harmattan.
[65] Nous serons amenés à revenir en détail sur cette question dans le chapitre V.
[66] Voir notamment Weaver R. Kent et Rockman Bert A., 1993, *Do institutions matter?*, Washington D.C. : The Brookings Institution.

Le champ de ces recherches est vaste et recouvre de nombreux courants. Il ne s'agit pas ici de procéder à un état de l'art, mais plutôt de présenter un panorama général du contexte habituel de mobilisation de la notion d'institution, notion que nous serons amenés à utiliser par la suite pour la construction de notre cadre théorique.

Le néo-institutionnalisme de l'Etat

Le développement des approches néo-institutionnalistes a permis en premier lieu de reconnaître l'importance du rôle de l'Etat et de considérer désormais celui-ci comme un acteur à part entière et non comme un simple arbitre enregistrant les résultats des luttes d'influence entre acteurs[67]. Heclo démontre ainsi par exemple que le développement des politiques sociales en Suède et au Royaume-Uni a relevé beaucoup plus de l'action des fonctionnaires que de celle d'autres acteurs ou groupes d'intérêt[68]. Cette dimension de l'analyse est importante pour notre recherche car nous montrerons le rôle moteur tenu par le cabinet du ministre de l'agriculture dans l'adoption du CTE (chapitre III), ainsi que l'influence qu'ont exercée les circonstances administratives de sa mise en œuvre sur le contenu final de la politique (chapitre IV).

L'attention portée à l'autonomie de l'Etat et à son rôle dans les processus politiques a suscité un certain nombre de travaux que l'on pourrait regrouper sous le qualificatif de néo-institutionnalisme de l'Etat et qui correspondrait à ce que Parsons appelle pour sa part *political institutionalism*[69]. Ces travaux visent à la fois à analyser l'action de l'Etat en tant qu'acteur stratégique et à élargir ce champ en prenant également en compte l'influence indirecte et au moins en partie non intentionnelle qu'exerce l'Etat à travers son organisation et le contexte cognitif et normatif qu'il fournit aux autres acteurs du jeu politique. Ainsi que le résume Theda Skocpol en introduction d'un ouvrage collectif visant à faire le point sur les travaux de néo-institutionnalisme de l'Etat :

> « Les Etats revêtent une importance qui ne se limite pas aux activités téléologiques de leurs membres. Ils jouent également un rôle de par leurs configurations organisationnelles et leurs schémas généraux d'activité, qui influencent la culture politique, encouragent certains types de formation de groupes et d'actions politiques collectives (et pas d'autres) et rendent possible l'émergence de certains thèmes politiques (et pas d'autres)[70]. »

---

[67] Ces approches ont pour cette raison été élaborées principalement dans les pays anglo-saxons, dans lesquels une telle vision du rôle de l'Etat était novatrice. Les traditions juridico-politiques de la plupart des pays d'Europe continentale ont à l'inverse toujours considéré l'Etat comme un acteur central et autonome.
[68] Heclo Hugh, 1974, *Modern social politics in Britain and Sweden*, New Haven : Yale University Press.
[69] Parsons, 1995, *op. cit.*
[70] Skocpol Theda, 1985, « Bringing the State back in: strategies of analysis in current research » in Evans P. B., Rueschemeyer D. et Skocpol T. (dir.), *Bringing the State back in*, Cambridge: Cambridge University Press, p. 21 : « States matter not simply because of the goal-oriented activities of the state officials. They matter because their organizational configurations, along with their overall patterns of

Le néo-institutionnalisme du choix rationnel

En lien avec des approches plus économistes, d'autres auteurs ont élargi le champ d'investigation au-delà des frontières de l'Etat pour s'intéresser à l'ensemble des règles formelles (notamment liées à l'appartenance à une organisation ou au cadre réglementaire en vigueur) et informelles encadrant les relations entre acteurs. Ce courant, que nous qualifierons comme Hall[71] de néo-institutionnalisme du choix rationnel et qui correspond à l'institutionnalisme économique (*'economic' institutionnalism*) de Parsons, considère les institutions comme les éléments stabilisateurs permettant d'organiser et de garantir les rapports entre les acteurs[72]. Il correspond à une approche fonctionnaliste selon laquelle l'existence d'une institution et la forme qu'elle prend découle de la fonction qu'elle remplit. Dans cette optique, l'activité politique prend la forme d'une succession d'arbitrages collectifs potentiellement conflictuels dans lesquels les interactions stratégiques s'avèrent déterminantes. Les institutions représentent alors une condition nécessaire de cette activité, en assurant à chacun le respect de certaines règles communes et des décisions prises[73].

Si son caractère souvent déductif le rend facilement mobilisable, le néo-institutionnalisme du choix rationnel conduit à un rétrécissement à notre sens excessif des conditions d'évolution des institutions, en ne prenant pas suffisamment en compte les dimensions non stratégiques du comportement des acteurs et le contexte culturel et normatif qui les environne.

Le néo-institutionnalisme sociologique

A la frontière des travaux de sociologie et notamment de sociologie des organisations, un ensemble de travaux – pour lesquels nous reprendrons l'appellation de néo-institutionnalisme sociologique donnée par Hall et Parsons – visent au contraire directement à prendre en compte le contexte de sens qui influence les acteurs. Ces travaux s'appuient en général sur une définition très large des institutions, qui inclut

---

activity, affect political culture, encourage some kinds of group formation and collective political actions (but not others), and make possible the raising of certain political issues (but not others). »

[71] Hall Peter A. et Taylor Rosemary C. R., 1996, « Political Science and the Three New Institutionalisms », *Political Studies*, vol XLIV, n°5.

[72] Williamson (Williamson Oliver E., 1985, *The economic institutions of capitalism*, New York : The Free Press) analyse ainsi que les institutions peuvent faciliter les interactions en réduisant les coûts de transaction, notamment en situation d'incertitude ou lorsque la liberté de choix des acteurs est contrainte (actifs spécifiques, etc.).

[73] « It is not that ideology or norms do not matter; […] however, the returns on opportunism, cheating, and shirking rise in complex societies. A coercive third party is essential. One cannot have the productivity of a modern high income society with political anarchy. Indeed, effective third-party enforcement is best realized by creating a set of rules that then make a variety of informal constraints effective. » : North Douglas C., 1990, *Institutions, institutional change and economic performance*, Cambridge : Cambridge University Press, p. 35.

« ... non seulement les règles formelles, les procédures ou les normes, mais également les systèmes symboliques, les trames cognitives et les modèles moraux qui fournissent les « cadres de sens » guidant l'action humaine[74]. »

Ils insistent sur le contexte social et culturel, dont les institutions constituent la cristallisation[75]. En ce sens, ils permettent d'intégrer dans l'analyse le phénomène d'enfermement cognitif, que nous avons évoqué précédemment. Ils permettent également de prendre en compte le rôle important de légitimation sociale rempli par les institutions en complément des fonctions de régulation des interactions que leur reconnaît le néo-institutionnalisme du choix rationnel.

Symétriquement, le néo-institutionnalisme sociologique souligne que l'activité cognitive, normative, culturelle ou sociale ne se déroule jamais hors des institutions et que par conséquent celles-ci déterminent largement les idées et les intérêts des acteurs[76]. March et Olsen introduisent ainsi par exemple la notion d'« appropriétude » (*appropriateness*), qui représente l'internalisation par l'individu de son contexte institutionnel (et du comportement qu'il suppose). Ils défendent l'idée que c'est notre conception de ce qui est approprié qui guide fondamentalement notre action[77].

Le néo-institutionnalisme historique[78]

D'autres auteurs enfin ont mis l'accent sur l'hérédité des institutions, en montrant l'existence d'une forte dépendance au parcours institutionnel emprunté jusqu'alors[79]. Il apparaît ainsi que l'évolution des institutions repose pour une part importante sur une dynamique propre, interne ; de même que les politiques ne doivent pas être envisagées uniquement comme la réponse à un problème identifié, les institutions ne résultent pas seulement d'une tentative d'adaptation à des modifications du contexte extérieur mais traduisent également les conséquences de déséquilibres internes qui les mettent en mouvement et les font cheminer sur des trajectoires potentiellement divergentes. Cette mise en perspective s'avère utile pour rendre compte de la grande diversité de situations observées et notamment des spécificités des différentes trajectoires nationales. Elle permet également d'analyser

---

[74] Hall, 1996, *op. cit.* p. 947 : « ... not just formal rules, procedures or norms, but the symbol systems, cognitive scripts, and moral templates that provide the 'frames of meaning' guiding human action. »

[75] « Institutional forms and procedures used by modern organizations were not adopted simply because they were most efficient. [...] These forms and procedures should be seen as culturally-specific practices, akin to the myths and ceremonies devised by many societies, and assimilated into organizations. » : *ibid.*, p. 946.

[76] « Ideas and interests [...] are considered as essentially framed by the institutions within which they are set. » : Parsons, 1995, *op. cit.*, p. 224.

[77] March James G. et Olsen Johan P., 1989, *Rediscovering Institutions : The Organizational Basis of Politics*, New York : Free Press.

[78] Nous reprenons ici encore la terminologie de Hall.

[79] Voir par exemple Weaver et Rockman, 1993, *op. cit.* et Pierson Paul, 1997, *Increasing returns, path dependence and the study of politics*, chair paper, Florence : Institut Universitaire Européen, Centre Robert Schuman.

la grande inertie des changements de cadre institutionnel, en identifiant les forces cohésives qui s'opposent aux changements radicaux.

Les approches néo-institutionnalistes permettent de conjuguer la dimension stratégique du comportement des acteurs et l'influence du contexte social dans lequel ils évoluent. Si elles parviennent mieux que les approches cognitives à rendre compte du cadre général de normes et de routines qui régulent les interactions, elles demeurent en revanche floues sur des points fondamentaux de notre analyse comme la construction de sens au sein de différents groupes et les dynamiques de confrontation entre groupes et systèmes de sens concurrents.

D'une manière plus générale, les limites que nous avons soulignées des approches cognitives et des approches néo-institutionnalistes nous semblent relever, malgré leur ambition, du caractère statique des notions centrales mobilisées dans ces cadres d'analyse. Les éléments qu'ils visent à identifier – les coalitions de groupes d'acteurs, les systèmes de sens des différents groupes, le cadre institutionnel, etc. – correspondent en effet à des *états* et non à des *processus*. Ils sont observables à un moment précis sur une photographie du système social étudié. Leur évolution est certes analysée mais elle est perçue essentiellement à travers une comparaison d'états successifs, à la manière du cerveau qui interprète la succession d'images projetées sur un écran de cinéma ou de télévision.

De façon complémentaire à ces approches, *il conviendrait donc de disposer d'un cadre d'analyse centré sur le processus même qui relie deux états de sens successifs*, c'est-à-dire sur le processus par lequel le cadre de référence d'un acteur ou d'un groupe d'acteurs évolue. *C'est ce processus que nous désignerons par le nom d'apprentissage*[80] *et qui constituera le fondement théorique de notre recherche*[81].

2 L'intérêt d'analyser un changement de politique publique en termes d'apprentissage

Une politique publique est à la fois facteur, lieu et objet d'apprentissage

La notion d'apprentissage permet de distinguer différentes dimensions d'une politique publique. Celle-ci est en effet à la fois facteur d'apprentissage (en ce que son existence est susceptible de faire évoluer le comportement des acteurs), lieu

---

[80] Il s'agit bien sûr d'une première définition que nous serons amenés à préciser et à amender de façon importante par la suite.
[81] La notion d'apprentissage présentera en effet par rapport au simple *récit* la qualité de permettre une différentiation des éléments du processus d'évolution et une caractérisation plus poussée des spécificités de chacun.

d'apprentissage (en ce que le processus de son élaboration est susceptible de provoquer des modifications du comportement des acteurs) et objet d'apprentissage (en ce qu'une politique résulte elle-même d'un processus d'apprentissage).

Une politique publique comme facteur d'apprentissage

Les politiques publiques font partie du contexte institutionnel dans lequel évoluent les acteurs. Qu'elles imposent des contraintes, fixent des normes, créent des opportunités, incitent à certains actes ou agissent sur les acteurs par d'autres biais, elles visent à modifier le comportement de ceux-ci[82]. En ce sens, elles constituent un important facteur d'apprentissage. Ainsi, par exemple, le Contrat territorial d'exploitation était présenté par le ministère comme un moyen d'encourager les agriculteurs à adopter des pratiques plus favorables à l'environnement en leur proposant une incitation financière forte. De même, la définition d'un nouveau délit par le législateur est susceptible d'entraîner la forte réduction du comportement visé, en faisant désormais peser sur les acteurs la crainte d'une sanction.

L'importance de l'impact d'une politique publique sur les *pratiques* des acteurs ne doit pas occulter son impact conjoint sur leurs *représentations* et leurs cadres de référence. Celui-ci résulte en premier lieu de processus d'accoutumance : toute modification durable des pratiques d'un acteur finit ainsi par se traduire par une modification de son système de représentation du monde. Comme le note Pascal,

> « combien y a-t-il peu de choses démontrées ! Les preuves ne convainquent que l'esprit. La coutume fait nos preuves les plus fortes et les plus crues ; elle incline l'automate, qui entraîne l'esprit sans qu'il y pense. Qui a démontré qu'il sera demain jour, et que nous mourrons ? Et qu'y a-t-il de plus cru ? C'est donc la coutume qui nous persuade[83]. »

En second lieu, comme le soulignent March et Olsen, « les conséquences symboliques de la prise de décision politique sont au moins aussi importantes que ses conséquences concrètes[84]. » Une politique publique constitue un ensemble de normes, de filtres cognitifs et normatifs ou de routines par rapport auxquels les individus sont amenés à se positionner. Elle traduit une manière de voir le monde que les acteurs concernés sont invités à adopter. En étant institutionnalisée par un acteur public sous la forme d'une politique, cette vision du monde reçoit l'onction officielle qui assure qu'elle correspond à la vision légitime d'un certain champ. Elle

---

[82] Même les politiques qualifiées de redistributives en économie et qui visent à modifier les situations des acteurs (en corrigeant les inégalités de revenus, les handicaps divers, etc.) induisent évidemment dans un second temps une modification de leur comportement, même si tel n'en était pas l'objectif explicite.
[83] Bourdieu Pierre, 1980 (1), *Le sens pratique*, Paris : Editions de Minuit, p. 82, citant Pascal (Pensées). Nous reviendrons plus loin dans le chapitre sur l'analyse que fait Bourdieu des processus d'apprentissage.
[84] March James G. et Olsen Johan P., 1989, *Rediscovering Institutions : The Organizational Basis of Politics*, New York : Free Press, p. 52 : « The symbolic consequences of political decision making are at least as important as the substantive consequences. »

acquiert de ce fait un statut de référence pour l'ensemble des acteurs, qui ressentent une pression à s'y conformer.

Par son existence même, une politique est ainsi susceptible d'induire des modifications du comportement des acteurs. C'est en référence à cette dimension que nous la qualifions de facteur d'apprentissage.

Une politique publique comme lieu d'apprentissage

Une politique publique n'influence pas les acteurs uniquement par son existence ; elle pèse également sur eux par l'intermédiaire des processus de son évolution. C'est en référence à cette seconde dimension que nous la qualifions de lieu d'apprentissage.

Les débats et les réflexions que l'élaboration – ou plus généralement l'évolution – d'une politique publique suscite modifient les cadres de référence de ceux qui y participent. Il ne s'agit plus ici, même si nous constaterons que les deux aspects sont liés, de considérer la dimension symbolique de la décision politique, mais plutôt les conséquences propres de toute activité intellectuelle de construction de sens et de confrontation des idées.

Vickers analyse très finement la nature de ce processus :

> « L'exercice d'un jugement appréciatif produit plus qu'une solution exécutable. Il change également les références de l'esprit de l'individu en matière d'appréciation, dans des champs potentiellement éloignés de ceux du jugement émis. Il s'agit là de la dimension éducatrice de l'activité mentale que j'appelle appréciation, qui constitue systématiquement un exercice d'auto-éducation ainsi fréquemment que d'éducation des autres[85]. »

Il remarque notamment que la dimension collective de l'activité de construction du sens renforce l'intensité des apprentissages qu'elle induit. Il observe ainsi ce phénomène dans le cadre de la réalisation d'un rapport de diagnostic par une commission d'expert :

> « Le rapport, comme tout exercice de ce type, n'est pas simplement l'élaboration d'un plan pour une réorganisation de nos institutions. C'est également un prétexte à la réorganisation de nos pensées[86]. » « Les commissaires utilisèrent les normes qu'ils avaient apportées avec eux à la table de conférence, mais ces normes furent modifiées par le processus même de leur application – par l'impact du jugement de réalité qu'elles

---

[85] Vickers Geoffrey, 1995 (1965), *The Art of Judgment. A Study of Policy Making*, Sage Publications, p. 69 : « The exercise of appreciative judgment does more than produce an executive solution. It also changes the appreciative setting of the mind concerned, perhaps in fields remote from those of the actual judgment [...]. This is the educational significance of the mental activity I call appreciation, which is an exercise always in self-education and usually in the education of others also. »

[86] *Ibid.*, p. 74 : « The report, like all such exercise, is not merely a plan for a reorganization of our institutions. It is also a plea for the reorganization of our thought. »

concentraient, par l'impact, l'érosion et la stimulation opérés par chaque commissaire sur les autres, et par l'application de leur propre esprit de différentes manières sur chaque hypothèse successivement, à la recherche d'une meilleure adéquation[87]. »

Il est possible d'aller plus loin. La dimension collective de l'élaboration d'une politique publique engendre non seulement une confrontation des activités individuelles de construction de sens, mais également des rencontres, des échanges, des relations entre acteurs qui sont l'occasion pour chacun de vivre et d'exercer ses cadres cognitifs, normatifs ou relationnels en rapport avec d'autres. Les ajustements qui en résultent participent donc à l'émergence de références communes. L'intensification des rapports sociaux qui est susceptible d'accompagner l'élaboration d'une politique stimule les apprentissages de chacun et de tous. Crozier et Friedberg soulignent ainsi que toute action – notamment sociale et d'autant plus qu'elle consiste à se confronter à la réalité pour tenter de résoudre un problème – peut être analysée comme un processus d'apprentissage :

« Il faut [...] penser l'action humaine comme un *processus actif* où des individus parent au plus pressé pour surmonter et dépasser les difficultés de l'action. Comme un processus, en somme, où ils *apprennent* constamment à se servir des *instruments matériels* et – c'est ce qui nous intéresse ici – *culturels* à leur disposition pour résoudre à chaud les problèmes qu'ils rencontrent[88] ».

Nous aurons l'occasion de revenir sur cette question de la production collective de sens. Soulignons simplement à ce stade que l'activité d'élaboration d'une politique publique ne se limite pas à cette dimension mais inclut également un travail sur des éléments plus techniques et concrets. Le champ des apprentissages induits s'avère pour cette raison particulièrement large, comprenant notamment de nouvelles normes ou de nouveaux filtres cognitifs, mais également des connaissances, des savoir-faire, etc.

Soulignons également que si ce processus est principalement inconscient et non intentionnel, il peut également être influencé de manière stratégique par les acteurs[89]. Nous retrouvons là par un aspect supplémentaire le caractère

---

[87] *Ibid.*, p. 79 : « The commissioners used the norms that they brought with them to the conference table; but these norms were changed by the very process of applying them – by the impact of the reality judgment that they focused; by the impact, attrition, and stimulus of each commissioner on the others; and by the exercise of their own minds as they applied them in one way or another, on one hypothesis after another, in the search for a better "fit". »
[88] Crozier Michel et Friedberg Erhard, 1977, *L'acteur et le système*, Paris : éditions du Seuil, p. 206.
[89] « L'action sur le référentiel » est par exemple l'une des quatre stratégies de changement mobilisables qu'identifient Bruno Palier et Giuliano Bonoli dans leur analyse des évolutions de la politique sociale en Europe, au côté des stratégies de « confrontation », d'« action sur la structure des intérêts » et de « stratégie de changement progressif ». Ils cantonnent néanmoins – à notre sens abusivement – l'action sur le référentiel à des moyens particulièrement explicites (campagnes de presse, etc.) et négligent cette dimension dans l'activité de négociation et d'élaboration collective de dispositifs (Palier Bruno et Bonoli Giuliano, 1999, « Phénomènes de *Path Dependence* et réformes des systèmes de protection sociale », *Revue française de science politique*, vol 49, n°3).

fondamentalement lié de l'allocation et l'exercice de l'autorité, d'une part, et de la construction du sens, d'autre part.

Une politique publique comme objet d'apprentissage

Une politique publique peut enfin être vue comme une entité institutionnelle susceptible de subir des modifications à la lumière de l'expérience ou en réponse à des perturbations. L'absence de conscience de cette entité ne disqualifie pas selon nous l'appellation d'apprentissage que l'on peut conférer à de telles modifications. Elle la rapproche seulement de la définition cybernétique du terme : l'aptitude d'un système à améliorer son fonctionnement par la prise en compte des résultats passés. L'intentionnalité de l'amélioration est ici remplacée par le principe d'homéostasie selon lequel tout système autonome soumis à une perturbation évolue spontanément d'une façon qui lui permette de l'intégrer.

Nous avons souligné qu'une politique publique ne se réduisait pas à un dispositif formel mais était également constituée d'un ensemble de normes, routines, symboles, etc. Des travaux de psychologie sociale – et notamment ceux de Festinger sur la dissonance cognitive – ont montré que le principe d'homéostasie développé en cybernétique s'appliquait également à de tels systèmes cognitifs et normatifs. Ainsi que le résume Alex Mucchielli dans le cas d'un individu[90],

> « le système de connaissances, de croyances et de représentations d'un individu (son système cognitif et culturel identitaire) intervient sur ses perceptions, ses pensées et ses conduites, pour réduire les désaccords logiques, les incohérences qui peuvent y apparaître. [...] Cela renvoie au grand principe cybernétique de l'homéostasie des systèmes, c'est-à-dire leur force propre de retrouver toujours leur équilibre. Si un fait vient compromettre l'équilibre du système, et que la négation pure et simple de ce fait, ou son interprétation tendancieuse soient impossibles, alors le système, mis en déséquilibre, évolue de la manière la plus « économique » possible pour intégrer le facteur de perturbation[91]. »

Le système constitué par une politique publique n'évolue pas uniquement sous l'effet de perturbations extérieures. Son hétérogénéité – notamment la coexistence de différentes dimensions formelles et informelles – engendre des évolutions contrastées de ses différents constituants et aboutit à des dissonances internes presque permanentes[92]. Il s'agit ainsi d'un système en déséquilibre structurel, dont les évolutions découlent pour une part importante d'une tentative interne de réguler

---

[90] Nous aborderons dans la suite du chapitre les similarités entre référents individuels et collectifs qui nous permettent ici d'inférer qu'ils sont tous deux sensibles au principe d'homéostasie.
[91] Mucchielli Alex, 2001, *La psychologie sociale*, Paris : Hachette, p. 59-60.
[92] « The formal rules change, but the informal constraints do not. In consequence, there develops an ongoing tension between informal constraints and the new formal rules, as many are inconsistent with each other. » : North Douglas C., 1990, *Institutions, institutional change and economic performance*, Cambridge : Cambridge University Press, p. 91.

les contradictions engendrées par ses états précédents. Cette régulation s'opère préférentiellement d'une manière incrémentale, selon le principe de l'homéostasie, mais peut prendre une forme de changement plus radical si la perturbation s'avère trop importante pour les capacités d'auto-régulation du système. C'est en ce sens que nous dirons qu'une politique publique peut être un *objet* d'apprentissage.

Une première tentative de définition du terme apprentissage

Les réflexions que nous avons développées dans les paragraphes précédents nous ont permis de mettre en lumière une grande diversité de phénomènes recouverts par la notion d'apprentissage. Cette diversité est notamment traversée par une quadruple polysémie du terme :
- il désigne à la fois un processus et son résultat[93] ;
- il s'applique à des champs très variés : connaissances, savoir-faire, croyances, normes, comportements, routines, procédures, etc. ;
- il renvoie à la fois à un processus d'accumulation, d'agrégation de certains éléments (connaissances, savoir-faire, routines d'action, etc.) qui s'ajoutent les uns aux autres dans une tension permanente entre mémorisation et oubli, et à un processus de changement, de remplacement de certains éléments par des versions nouvelles, un élément se substituant à son prédécesseur ;
- il peut être le fait d'un individu, d'un groupe, d'une organisation ou plus généralement de tout système autonome s'appuyant sur un cadre de sens et/ou d'action.

Il nous semble important à ce stade de tenter de clarifier ce champ et d'élaborer une première définition de la notion d'apprentissage.

Comme nous l'indiquions précédemment, nous privilégierons l'acception *processus* du terme. Pour autant, nous réserverons son usage aux seuls cas où un changement est effectivement intervenu, où le processus a débouché sur un résultat jugé significatif. Le reste du temps, nous dirons que l'apprentissage a échoué ou du moins est demeuré incomplet.

Cette distinction soulève le problème de la réappropriation et de l'intériorisation du résultat d'un apprentissage. Cette intériorisation nous semble essentielle, même si elle reste souvent inconsciente. Il n'apparaît en effet pas pertinent de parler d'apprentissage lorsque, par exemple, une connaissance a été acquise mais n'est jamais mobilisée, utilisée, même dans les circonstances prévues de son application.

La définition de l'apprentissage donnée par Heclo (« une altération relativement durable du comportement qui découle de l'expérience »[94]) revêt dès lors un caractère

---

[93] « "Learning" may signify either a *product* (something learned) or the *process* that yields such a product » : Argyris Chris et Schön Donald A., 1996, *Organizational learning II: theory, method, and practice*: Addison - Wesley publishing company, p. 3

unificateur : *que l'objet de l'apprentissage soit des savoirs, des savoir-faire, des normes, des règles de conduite, des références, etc., on parlera d'apprentissage si et seulement si le changement intervenu dans ces champs se traduit par une modification structurelle du comportement*[95]. La *manifestation* d'un apprentissage est donc toujours le comportement, même si le *vecteur* de cet apprentissage est tour à tour l'acquisition d'un savoir-faire, l'adoption d'une norme, etc.

Cette unification conduit à privilégier le caractère « remplacement » du processus d'apprentissage par rapport à son caractère « accumulation ». En effet, même si une phase d'accumulation de connaissances peut constituer une étape importante du phénomène (par exemple, acquérir la connaissance de certaines règles de politesse), l'aspect décisif de l'apprentissage se situe dans la cristallisation de ces nouvelles connaissances dans le comportement, en remplacement de routines comportementales antérieures (dans l'exemple précédent, la connaissance des règles de politesse n'implique pas leur application, critère pourtant déterminant du « succès » de leur apprentissage).

Il est clair pour autant qu'on ne peut qualifier d'apprentissage toute modification du comportement. *La spécificité du processus d'apprentissage réside dans son lien à l'expérience.* Le comportement d'un individu – ou d'un groupe, etc. – peut en effet changer en raison d'une modification de la situation, sans pour autant que l'individu lui-même ait encore évolué d'une quelconque façon. Ainsi, par exemple, un sportif modifiant sa place sur le terrain suite à la blessure d'un partenaire changera aussitôt son comportement sans qu'il soit possible à ce stade d'identifier un quelconque apprentissage. De même, un parti accédant aux responsabilités adoptera-t-il fréquemment une attitude et des propos plus policés que lorsqu'il se situait encore en opposition au pouvoir en place ; pour autant, cette modification de son comportement ne peut être encore reliée à un apprentissage, même si nous avons souligné précédemment qu'une modification de la situation d'un acteur – et donc de ses pratiques – est susceptible d'engendrer par la suite des apprentissages.

Il apparaît donc que *l'apprentissage ne porte pas tant sur le comportement lui-même que sur le cadre comportemental d'un acteur*, lequel regroupe l'ensemble des références intériorisées en fonction desquelles cet acteur détermine son comportement[96]. Les processus d'apprentissage passent ainsi à travers les cadres comportementaux des acteurs et c'est uniquement par leur intermédiaire qu'ils influencent leur comportement (hormis dans le cas limite de l'acquisition d'un pur réflexe conditionné Pavlovien). La réussite, la réalité de l'apprentissage *se mesurent*

---

[94] Heclo, 1974, *op. cit.*, p. 306 : « ... a relatively enduring alteration in behaviour that results from experience ».
[95] L'usage du terme comportement n'implique ici aucune intentionnalité et peut donc s'appliquer également aux systèmes autonomes – tels que les groupes d'individus, les organisations ou les politiques publiques - qui « agissent » mais sont dépourvus d'intentionnalité.
[96] Certains auteurs intègrent cette distinction dans leur analyse, même si fréquemment ils se limitent à un des aspects dudit cadre comportemental. Ainsi par exemple March définit l'apprentissage d'une organisation comme l'activité d'encodage d'inférences issues de l'expérience dans des routines comportementales (« encoding inferences from history into routines that guide behavior » : Leavitt B. et March J.G., 1988, "Organizational learning", *Annual review of sociology*, 14 :319-40, p. 319, cité par Argyris et Schön, 1996, *op. cit.* p. 196).

effectivement à l'aune des modifications du comportement, seules accessibles au regard de l'observateur ; mais l'apprentissage lui-même prend place au niveau des normes et routines comportementales. Ainsi, le processus d'adoption d'une croyance différente ou un changement de perception constitueront des apprentissages *pour autant* qu'ils se traduisent effectivement par une modification du comportement de l'individu.

Nous retiendrons par conséquent à ce stade la définition suivante de l'apprentissage : un processus d'altération relativement durable du cadre comportemental[97] qui découle d'une intériorisation de l'expérience.

3   La nécessité d'élargir l'usage classique de la notion d'apprentissage en science politique

Avant d'aborder les spécificités de notre approche, il nous paraît important d'examiner l'usage classique de la notion d'apprentissage en science politique et de justifier les points sur lesquels des amendements ou des approfondissements nous semblent souhaitables. Nous distinguerons ici quatre principaux courants de mobilisation de cette notion. Nous considérerons leurs apports mais aussi leurs limites en vue de l'analyse du CTE que nous souhaitons mener. Cet examen nous conduira à proposer un triple élargissement, auquel nous tenterons de procéder dans la suite de l'ouvrage.

Les divers courants de mobilisation de la notion d'apprentissage et leurs limites

Bien qu'encore assez peu exploré, le champ de la notion d'apprentissage en science politique a donné lieu à quelques contributions importantes. Celles-ci ont principalement visé à préciser l'influence que peuvent exercer les apprentissages opérés par les acteurs sur le cours d'une politique publique. Nous les regrouperons pour cette raison sous l'appellation « apprentissage relatif à une politique » ou *policy learning*. Contrairement à certains auteurs, nous réserverons le terme d'« apprentissage social » (*social learning*) pour rendre compte des processus d'apprentissage intervenant dans les groupes sociaux engagés dans des réflexions ou des actions collectives. Nous distinguerons en outre ici spécifiquement, au sein du courant général du *policy learning*, le courant du *lesson drawing*, qui concerne les modalités d'ajustements techniques des instruments d'une politique, et le courant de

---

[97] Nous parlerons également de façon synonyme dans la suite de cadre ou système de sens et d'action.

l'*organizational learning*, commun avec les sciences économiques, qui vise à expliquer les processus d'apprentissage collectif au sein des structures organisées.

L'apprentissage d'un sous-système en charge d'une politique, ou *policy learning*

Les travaux sur l'apprentissage relatif à une politique ont pour objectif d'analyser les mécanismes par lesquels les acteurs du sous-système considéré[98] intègrent l'évolution de la situation dans le contenu et la forme d'une politique publique. Ainsi que le formule Hall,

> « on peut définir l'apprentissage [relatif à une politique][99] comme une tentative délibérée d'ajustement des objectifs et des techniques d'une politique en réponse à l'expérience passée et à de nouvelles informations[100]. »

Il s'agit par conséquent de comprendre les transformations d'une politique publique à la lumière des apprentissages que pratiquent ceux qui l'élaborent et la gèrent. Ces apprentissages peuvent être d'ampleur variable et conduire à des évolutions plus ou moins radicales de la politique. Le régime « normal » consistera cependant en des apprentissages limités et portant principalement sur des aspects techniques de la politique. En complément des causes que nous avons déjà évoquées dans le chapitre d'introduction générale, Sabatier identifie deux raisons principales à ce fonctionnement incrémental :
- les dispositions et modalités techniques d'une politique peuvent beaucoup plus facilement être confrontées à l'expérience que les normes et croyances qui en sont à l'origine ;
- les cadres de sens et d'action dont une politique est l'expression sont hiérarchisés et un acteur préférera faire évoluer ses croyances secondaires (réglages des instruments, modalités de mise en œuvre, etc.) avant d'envisager toute modification plus radicale[101].

---

[98] Certains auteurs envisagent également les apprentissages en démocratie via la rétroaction du vote, qui contribue à modifier les politiques menées (voir par exemple Stewart Jenny, 1992, « Corporatism, pluralism and political learning: a systems approach », *Journal of Public Policy*, vol 12, n°3). Cette dimension reste toutefois en général mineure dans les différents travaux.

[99] Hall emploie ici le terme d'apprentissage social mais nous avons indiqué que nous réservions ce terme pour un autre emploi. Nous modifions donc en « apprentissage relatif à une politique » afin d'éviter les confusions.

[100] Hall Peter, 1993, « Policy Paradigms, Social Learnings and the State. The case of Economic Policymaking in Britain », *Comparative Politics*, vol 25, p. 278 : « We can define social learning as a deliberate attempt to adjust the goals or techniques of policy in response to past experience and new information. »

[101] Sabatier Paul A. et Jenkins-Smith Hank C. (dir.), 1993, *Policy change and Learning. An Advocacy Coalition Approach*, Westview Press, p. 44 : « First, the policy core consists largely of items that are primarily normative – and thus largely beyond direct empirical challenge – while the secondary aspects consist of items more susceptible to change on the basis of empirical experience. Second, the advocacy coalition framework assumes that beliefs are hierarchically organized, with the deep core and, to a lesser extend, the policy core consisting of rather abstract values learned in childhood that are tenaciously held. »

Dans ce contexte, les apprentissages relatifs à une politique prendront le plus souvent la forme d'ajustements techniques, dont le courant du *lesson drawing* vise à analyser le déroulement.

L'apprentissage technique relatif à une politique, ou *lesson drawing*

Les travaux portant sur les apprentissages incrémentaux relatifs à une politique reposent sur le principe cybernétique de l'amélioration issue des leçons de l'expérience. Ils accordent de ce fait pour la plupart une large place aux processus d'évaluation et de confrontation des résultats souhaités avec la réalité, le décalage constaté étant analysé puis traduit par une modification de la politique. Ce processus repose sur la capacité de *choix* des acteurs davantage que sur une imprégnation progressive. Parsons[102] cite par exemple les travaux de Lindblom[103], Browne et Wildavsky[104], qui soulignent le caractère continu des processus d'auto-évaluation et d'apprentissage, ou encore Collingridge[105], qui analyse l'utilisation (ou plutôt la non-utilisation) de méthodes d'essai-erreur dans une série de grandes décisions.

Ce champ regroupe différents niveaux analytiques. Il mêle les aspects individuels et collectifs (notamment organisationnels) et dans ce dernier cas les rapports internes et externes des groupes considérés. Heclo note ainsi dans le cas des politiques sociales en Europe qu'« il est possible de suivre au niveau international la diffusion des innovations en matière de politique sociale » et que dans le même temps « une autre dimension de l'apprentissage de groupe prend place au sein des organisations particulières elles-mêmes, à partir du cumul de leurs expériences et de leurs capacités de réponse[106]. »

Les apprentissages identifiés dans le cadre du *policy learning* ou du *lesson drawing* se limitent cependant pour l'essentiel aux apprentissages intentionnels et dirigés. Sabatier montre par exemple que les différents groupes en compétition pour la définition d'une politique ont tous intérêt à pratiquer ce qu'il appelle « l'apprentissage dirigé vers une politique » (*policy-oriented learning*)[107]. La remise

---

[102] Parsons, 1995, *op. cit.*
[103] Lindblom Charles E., 1990, *Inquiry and change: the troubled attempt to understand and shape society*, New Haven : Yale University Press.
[104] Browne Angela et Wildavsky Aaron, 1984, « What should evaluation mean to implementation? » in Pressman et Wildavsky, *Implementation*, Berkeley : University of California Press.
[105] Collingridge David, 1992, *The management of scale: big organisations, big decisions, big mistakes*, London : Routledge.
[106] Heclo, 1974, *op. cit.*, p. 307 : « Political learning may encompass a variety of analytic levels. Internationnaly, the spread of social policy innovations can be mapped [...]. Another range of group learning occurs within particular organizations themselves, growing from their accumulated experiences and capacities for response. »
[107] Sabatier et Jenkins-Smith, 1993, *op. cit.*, p. 55 : « Advocacy coalitions – particularly if they are not dominant – have substantial incentives to engage in policy-oriented learning in order to (1) document performance gap in existing governmental programs and (2) improve their understanding of the causal reasons for such gaps. The dominant coalition has incentives to provide evidence that no such gaps exist. »

en cause de la politique s'opère ainsi toujours au sein du sous-système politique considéré[108].

Howlett et Ramesh[109] qualifient ces apprentissages d'endogènes dans le sens où ils font partie de la vie « normale » d'une politique publique et ne sont pas imposés par des événements extérieurs. Les grilles d'analyse développées dans ce cadre permettent par conséquent de rendre compte des changements incrémentaux de politique publique, mais pas des changements radicaux. Comme le note Peter Hall,

> « le processus d'apprentissage en cause dans les changements importants de troisième ordre d'une politique peut s'avérer une question beaucoup plus large impliquant de puissantes influences de la part de la société et de l'arène politique[110]. »

L'apprentissage collectif au sein d'une organisation, ou *organisational learning*

L'étude de l'apprentissage organisationnel (*organizational learning*) vise à comprendre les dynamiques des apprentissages collectifs au sein de structures formelles telles que les organisations. Elle est essentielle à l'analyse plus globale de l'évolution des termes du débat politique, car cette évolution repose de manière fondamentale sur les apprentissages de ses participants, même si ce lien est difficile à formaliser. Comme le résume Heclo dans son analyse des politiques sociales en Europe,

> « progressivement les attitudes individuelles évoluent et, à la façon d'interactions adaptatives dans les groupes, modifient le contenu des dispositions collectives. La politique sociale n'a pas été engendrée par la rencontre fortuite de sphères de pouvoir à la manière de boules de billard impénétrables, mais par des hommes qui pouvaient apprendre et dont le point de vue pouvait changer. Un tel apprentissage, réalisé par l'intermédiaire des perceptions des acteurs politiques et de leurs hôtes organisationnels, a participé au décalage des termes du débat politique vers une nouvelle perspective – un fait qu'il est plus facile d'illustrer que de démontrer de façon irréfutable[111]. »

---

[108] « 'Policy learning' appears to be a process which is restricted to the subsystem actors: interest groups; think tanks, civil servants, politicians and professionals. » : Parsons, 1995, *op. cit.*, p. 202.
[109] Howlett M et Ramesh M, 1995, *Studying Public Policy. Policy Cycles and Policy Subsystems*, Oxford : Oxford University Press, p. 175-177. Les auteurs interprètent néanmoins à notre sens abusivement les travaux de Hall et Heclo et estiment que la forme et l'ampleur des apprentissages sont liées à la configuration du sous-système politique, et notamment à la participation plus ou moins large des acteurs sociaux. Nous serions tentés d'inverser la causalité et de considérer que les frontières du sous-système fluctuent suivant la nature des apprentissages en jeu.
[110] Hall, 1993, *op. cit.*, p. 288 : « The process of learning associated with important third order changes in policy can be a much broader affair subject to powerful influences from society and the political arena. »
[111] Heclo, 1974, *op. cit.*, p. 321 : « Gradually individual attitudes have also changed and, like adaptive group interactions, affected the content of collective provision. Social policy was not created by the bumping of impenetrable billiard balls of power, but by men who could learn and whose viewpoint could

La prise en compte des apprentissages organisationnels exige en premier lieu d'identifier les spécificités de ceux-ci par rapport aux apprentissages réalisés par des individus. Les travaux de référence d'Argyris et Schön en la matière proposent d'envisager les organisations non comme des acteurs autonomes mais comme des cadres stabilisés au sein desquels des acteurs individuels interagissent : « Nous devrions penser l'apprentissage organisationnel dans les termes de « l'environnement organisationnel » à l'intérieur duquel pensent ou agissent les individus[112]. »

L'apprentissage organisationnel repose ainsi toujours sur des apprentissages individuels. Ceux-ci ne deviennent organisationnels que dans la mesure où ils sont effectués *pour le compte* et *au nom* de l'organisation. Evoquant le développement en secret dans les années 1950 aux Etats-Unis d'un nouveau missile par une équipe relativement indépendante au sein de sa structure, Argyris et Schön soulignent cette dimension :

> « Un tel programme peut devenir organisationnel et les apprentissages qui lui sont liés engendrer un apprentissage organisationnel si [...] le projet dissimulé est découvert, publiquement légitimé et formellement adopté par l'organisation[113]. » (ce qui arriva dans ce cas précis.)

C'est donc la cristallisation d'un apprentissage au sein des références partagées d'une organisation qui lui confère son caractère collectif.

Cette caractérisation relativement large permet aux auteurs de distinguer les apprentissages suivant leur ampleur et leur nature. Ils identifient ainsi les processus d'apprentissage à simple boucle (« par apprentissage à simple boucle nous désignons l'apprentissage instrumental qui modifie les stratégies d'action ou les hypothèses soutenant ces stratégies d'une manière qui préserve inchangées les valeurs de la théorie d'action[114] »), les plus faciles et plus fréquents, et les apprentissages à double boucle (« par apprentissage à double boucle nous désignons l'apprentissage qui débouche sur un changement des valeurs de la théorie en usage, ainsi que des stratégies et des hypothèses qui y sont liées. La double boucle fait référence aux deux boucles de rétroaction qui relient les effets observés de l'action aux stratégies et aux valeurs dont elles sont l'expression[115]. »), plus intéressants car plus profonds et plus substantiels mais plus délicats à obtenir.

---

change. Such learning, mediated through the perceptions of political actors and their organizational hosts, has helped shift the terms of policy debate toward a new perspective – a fact that is easier to illustrate than to prove conclusively. »

[112] Argyris et Schön, 1996, *op. cit.*, p. 7 : « We should think of organizational learning in terms of the "organizational environments" within which individuals think or act. »

[113] *Ibid.*, p. 17-18 « Such a development may become organizational and its learning product an organizational one, if [...] the covert project is discovered, publicly legitimized, and formally adopted by the organization. ».

[114] *Ibid.*, p. 20 « By single loop learning we mean instrumental learning that changes strategies of action or assumptions underlying strategies in ways that leave the values of a theory of action unchanged. »

[115] *Ibid.*, p. 21 « By double loop learning, we mean learning that results in a change in the values of theory-in-use, as well as in its strategies and assumptions. The double loop refers to the two feedback loops that connect the observed effects of action with strategies and values served by strategies. »

La démarche normative et l'approche individualiste et intentionnelle de l'apprentissage adoptées par Argyris et Schön les poussent à faire de l'activité d'enquête (*inquiry*) le fondement de l'apprentissage. Ils définissent celle-ci comme le mélange de réflexion et d'action qui, en menant du doute à sa résolution, conduit à un apprentissage. Cette approche présente notamment l'intérêt d'identifier le rôle moteur du doute et de l'incertitude, sur lequel nous reviendrons dans le chapitre II.

Elle implique en revanche à nos yeux plusieurs difficultés dans le cadre de l'analyse d'un changement radical de politique publique, tel que celui que nous nous proposons d'examiner. Nous en relèverons ici cinq principales :
- la dimension normative et prescriptive de la démarche, qui vise à la fois à enseigner comment apprendre et à différentier bons et mauvais apprentissages, ne correspond pas à l'angle que nous avons choisi d'adopter ; en outre, nous avons souligné qu'il était difficile d'émettre un jugement comparatif sur les alternatives en présence lors d'un changement radical, en raison de leur caractère fondamentalement incommensurable ;
- l'accent mis sur les structures formelles (organisations) doit être élargi aux structures plus informelles de coordination (y compris les réseaux, communautés épistémiques, etc.), qui peuvent également jouer un rôle majeur en matière d'apprentissage ; en outre, la coexistence de diverses sphères de référence pour un individu n'est pas abordée ;
- seuls les processus intentionnels d'apprentissage (notamment ceux survenant à travers l'activité d'*inquiry*) sont envisagés ; or nous avons souligné précédemment que d'autres processus, tels que l'accoutumance, pouvaient également jouer un rôle important ;
- l'importance des liens entre apprentissage et exercice de l'autorité n'est pas reconnue ;
- la centralité de l'individu dans l'approche fait l'impasse sur les processus liés à l'autonomie partielle des structures sociales collectives ; nous chercherons pour notre part une voie médiane entre individualisme méthodologique et structuralisme holiste.

L'apprentissage au sein des groupes sociaux, ou *social learning*

Le courant de l'apprentissage social (*social learning*) porte sur l'identification des processus d'apprentissage se déroulant dans les groupes sociaux engagés dans des réflexions ou des actions collectives. Il trouve son origine aux Etats-Unis dans les critiques adressées, à partir principalement de la fin des années 1960, à l'encontre du caractère élitiste des approches traditionnelles de la planification. Visant à modifier en profondeur ces approches en reconnaissant le rôle majeur du dialogue entre les acteurs locaux dans l'émergence de trajectoires de développement adéquates, il se démarque notamment d'une conception désincarnée de la connaissance scientifique selon laquelle celle-ci pourrait s'appliquer aux problèmes sociaux hors de tout cadre social. Comme le résume Parsons dans sa présentation des travaux d'Edgar Dunn,

> « l'idée que le savoir puisse être développé et appliqué aux problèmes sociaux comme aux problèmes de physique échoue à prendre en compte le caractère fondamentalement social de l'apprentissage humain. Le savoir humain n'est pas extérieur au système social, il est profondément inscrit en lui[116]. »

La planification n'est ainsi plus considérée tant comme la réalisation scientifique et abstraite de plans par des élites que comme un processus local d'apprentissage mutuel reposant sur le dialogue et la conciliation des dimensions théoriques et pratiques. Ainsi que l'observe John Friedmann,

> « la planification sociale est le processus par lequel la connaissance scientifique et technique est reliée à l'action organisée. Cette formulation rend possible la description de l'apprentissage social comme une approche de la planification dans laquelle la pratique serait reliée à la théorie en un seul mouvement[117] ».

Ce processus d'apprentissage social est analysé comme reposant principalement sur de petits groupes d'acteurs – des cellules (*cells*). Ceux-ci présentent la flexibilité nécessaire à la confrontation et à la prise en compte des apports de tous leurs membres et favorisent de ce fait le développement de pratiques expérimentales innovantes. Ils constituent ainsi le fondement d'un projet politique d'allocation de pouvoir aux acteurs locaux et de repolitisation de la société. « L'approche de l'apprentissage social est un modèle de planification politisée. C'est également un modèle de remontée des changements innovants "depuis la base"[118]. »

Cette approche, si elle pointe avec justesse la nécessité, pour comprendre l'évolution d'un champ, d'envisager les apprentissages de tous les groupes d'acteurs y participant, aborde néanmoins de manière réductrice ces processus. Par sa dimension prescriptive de prise de pouvoir par les acteurs locaux, elle focalise son attention sur les seuls mouvements ascendants de diffusion des apprentissages et sur l'élaboration depuis la base de modèles innovants. Elle néglige ce faisant les apprentissages descendants et les mécanismes de construction de sens au niveau des élites du champ considéré ou de la société dans son ensemble, qui pourtant sont

---

[116] Parsons, 1995, *op. cit.* p. 598 : « The idea that knowledge could be developed and applied to social problems, as to problems in physics, failed to take into account of the fact that human learning is fundamentally social. Human knowledge is not external to the social system, it is deeply embedded in it. » (L'idée développée par Parsons est issue de Dunn E.S., 1971, *Economic and Social Development : A Process of Social Learning*, Baltimore : John Hopkins University Press.)

[117] Friedmann John, 1984, « Planning as Social learning » in Korten D. C. et Klauss R. (dir.), *People-centered Development: Contibutions towards Theory and Planning Frameworks*, West Hartford, Conn.: Kumarisna Press, p. 191 : « [Social planning] is the process by which scientific and technical knowledge is joined to organized action. This formulation [make] it possible to describe social learning as an approach to planning in which practice would be joined to theory within a single movement ».

[118] *Ibid.*, p. 194 : « The social learning approach is a model of politicized planning. It is also a model to bring about innovative changes "from below". »

susceptibles d'influencer fortement les réflexions et actions engagées par les différents groupes d'acteurs.

En outre, même si cette approche reconnaît qu'un apprentissage collectif traduit le résultat d'une lutte politique[119], elle ne permet ni d'envisager la structuration des luttes de pouvoir par l'établissement de liens formels ou informels entre les différents acteurs collectifs, ni de clarifier les rapports entre construction de sens et lutte pour l'autorité.

Enfin, elle ne considère que les apprentissages issus d'une démarche intentionnelle et organisée de réflexion et d'action collective (notamment de planification), et omet l'ensemble des processus d'apprentissage inconscients ou reposant sur des expériences non provoquées[120].

La nécessité d'un triple élargissement, en termes de champ d'acteurs, de diversité des processus et de rapports entre apprentissages individuels et collectifs

Cette présentation des diverses approches classiques de la notion d'apprentissage en science politique montre à notre sens qu'elles se révèlent inadaptées à l'analyse des processus d'apprentissage impliqués dans un changement radical de politique publique. Une telle analyse nécessite d'élargir ces approches dans une triple direction.

En premier lieu, il convient de *prendre en compte l'ensemble des acteurs et groupes d'acteurs du champ considéré*, ainsi que leurs interactions avec le reste de la société.

Un changement radical de politique publique présente en effet un caractère paradigmatique. Il procède d'une confrontation entre des visions du monde incommensurables qu'aucun critère de jugement commun ne permet de départager. Le processus de changement, comme le montre Hall dans le cas de la politique monétaire du Royaume-Uni[121], est par conséquent susceptible d'être fondamentalement social et non scientifique.

Cette constatation suggère trois conséquences principales, qui impliquent d'élargir le champ des acteurs considérés. En premier lieu, elle confère aux jeux de

---

[119] « Social learning [...] is the consequence of an innovative practice that characteristically takes the form of a political struggle to overcome the *status quo*. » : *Ibid.*, p. 192.

[120] « [The learning] process has four major phases: *observation, experimentation, evaluation,* and *redirection of effort.* » (Friedmann John, 1973, *Retracking America*, Garden City (New York) : Anchor Books Edition, p. 225-226). Cette restriction du champ d'investigation résulte non d'une négation des autres modalités d'évolution des systèmes de sens des acteurs mais de l'adoption d'une posture prescriptive, ainsi que l'indique Friedmann : « The only theory capable of providing [a major principle of societal guidance] is the theory of experimental evolution. Central to its concern is the principle of learning. » (*Ibid.*, p. 231).

[121] Hall, 1993, *op. cit.*

pouvoir et d'autorité (et à tous les acteurs y participant) un rôle déterminant dans l'alternative finalement choisie[122]. En second lieu, elle fait dépendre le processus également d'acteurs situés en dehors du sous-système décisionnel habituel : il ne s'agit pas en effet de mobiliser une expertise pour trancher un problème technique mais bien de procéder au choix d'un modèle professionnel ou social – même si bien sûr des dimensions techniques seront utilisées comme argument dans le débat. Enfin, elle exprime l'importance des phénomènes d'adhésion des différents acteurs du champ à la nouvelle politique proposée, la phase de mise en œuvre d'une politique nouvelle pouvant notamment être l'occasion d'une reformulation importante[123].

Il convient ensuite d'*élargir les processus d'apprentissage considérés aux processus non intentionnels, non conscients ou non dirigés.*

Nous avons souligné précédemment l'importance des phénomènes d'accoutumance dans l'adoption de croyances ou de représentations du monde. Nous avons indiqué également que les processus mêmes de réflexion et de confrontation des opinions survenant lors de l'élaboration d'une politique publique étaient susceptibles, par l'activité cognitive et normative qu'ils impliquent, de provoquer une évolution des cadres comportementaux des différents acteurs. Il apparaît plus généralement que l'évolution du système de sens et d'action d'un acteur échappe pour une part importante à son contrôle et à sa décision. Elle ne relève pas entièrement, ni même sans doute principalement, d'activités orientées en partie vers une telle finalité, telles que l'enquête (*inquiry*) ou la planification.

Il convient enfin de *considérer la question des rapports entre apprentissages individuels et apprentissages collectifs*, en identifiant l'influence réciproque qu'ils exercent l'un sur l'autre.

Les apprentissages des individus s'effectuent en effet dans un contexte institutionnel qui contraint fortement leur direction et leur ampleur possibles sans pour autant les déterminer totalement. Inversement, les systèmes collectifs de sens et d'action sont engendrés par les individus qui y prennent part, mais ils possèdent une réalité qui ne peut être réduite à une somme de référents individuels. Apprentissages individuels et collectifs présentent donc des dynamiques propres dont il s'agit d'identifier les spécificités mais qui ne peuvent être envisagés séparément. Ils imposent de rechercher une voie médiane entre individualisme et holisme.

---

[122] Parsons procède d'ailleurs de ce point de vue à une critique assez sévère de la grille de Sabatier : « Are beliefs (rather than greed, self interest, power) the 'glue' which holds ACs and the political system together? Sabatier has little to say on the question of where this model of the policy process stands in relation to 'power' theories, such as non-decision-making, or more radical neomarxist frameworks It may be that the belief systems – or ideologies – of coalitions change because of a desire to maintain and advance core interests rather than because of a rational learning process. » : Parsons, 1995, *op. cit.* p. 202

[123] Certains acteurs peuvent par exemple – notamment dans le cas d'un système de type néocorporatiste comme le secteur agricole français (voir chapitre III) – disposer des moyens de faire échouer la politique. Que cette menace soit ou non mise en œuvre, elle rend nécessaire de considérer ces acteurs dans l'analyse.

Les lacunes que nous avons relevées dans les approches existantes de la notion d'apprentissage ainsi que les élargissements que nous avons soulignés ici comme nécessaires requièrent l'élaboration d'un cadre théorique complémentaire adapté à l'analyse des changements majeurs de politique publique. C'est à cette tâche qu'est consacrée la suite du présent chapitre. Il nous semble cependant intéressant de ne pas limiter notre présentation aux seuls éléments théoriques que nous mobiliserons ensuite pour l'analyse de la genèse du CTE, mais d'esquisser une réflexion globale sur la caractérisation et l'évolution des systèmes de sens et d'action individuels et collectifs.

4 La notion de référent collectif

Les individus ont besoin d'un « prêt à penser » économisant leurs ressources cognitives

L'activité intellectuelle d'un individu lui permet à tout moment de réagir aux événements en analysant les situations et en choisissant les options qui lui semblent les meilleures. Cette activité a un coût en termes de temps et de ressources intellectuelles disponibles pour d'autres tâches. De ce fait, un individu ne peut s'investir à chaque instant dans une analyse globale des alternatives qui se présentent à lui, même en procédant à cette analyse de manière séquentielle et non pas synoptique et en cherchant une alternative simplement satisfaisante et non pas optimale[124]. Il trouve un bénéfice à disposer de certaines routines comportementales qu'il peut reproduire chaque fois que des analogies suffisamment importantes rapprochent des situations. Les ressources intellectuelles qu'il libère ainsi sont alors disponibles pour d'autres activités ou pour les décisions réellement importantes.

> « En dessinant un arrière-plan stable à partir duquel l'activité humaine peut suivre son cours avec la plupart du temps un minimum de pouvoir de décision, [l'accoutumance] libère l'énergie nécessaire en certaines occasions pour de telles décisions. En d'autres termes, l'arrière-plan de l'activité rendue habituelle révèle un avant-plan profitable à la réflexion et à l'innovation[125]. »

Un individu a ainsi besoin d'un certain nombre de principes, de jugements a priori, etc. qui constituent un « prêt à penser » permettant de régler son

---

[124] Ainsi que le prévoit le paradigme de la rationalité limitée. Voir les analogies avec les notions de rationalité a posteriori et a priori développées par Crozier et Friedberg (Crozier et Friedberg, 1977, *op. cit.*)

[125] Berger Peter et Luckmann Thomas, 1986, *La construction sociale de la réalité*, Paris : Méridiens Klincksieck, p. 77-78.

comportement courant, en réservant la pratique d'une analyse plus poussée à certaines situations seulement. Contrairement au caractère péjoratif qui leur est associé, les préjugés sont nécessaires aux acteurs. Comme le remarque Wildavsky, « le dogmatisme est délétère, le scepticisme est sain ; pourtant le dogmatisme est indispensable : si l'on n'accepte pas parfois certaines choses sans discussion, tout se trouve en question de sorte que rien n'est disponible à l'examen[126]. »

Nous appellerons idéologie le prêt à penser individuel ou collectif offrant aux acteurs des réponses comportementales ne nécessitant pas de nouvel investissement évaluatif. Nous nous rapprochons ainsi de certains travaux de psychologie sociale, tels que ceux de Beauvois et Joule, qui conçoivent l'idéologie comme une superstructure qui renverrait « aux évaluations quotidiennes que font les acteurs sociaux des objets essentiels de leur environnement[127] ». Une telle définition correspond en fait à la suppression de la composante téléologique des définitions plus classiques telle que celle que donne Mucchielli : « Une idéologie est l'organisation, en système théorique, des idées d'un groupe et leurs expressions en actions dans le but de l'exercice du pouvoir social[128] ».

Notre définition de l'idéologie présente une grande proximité avec la notion de paradigme, notamment celle de paradigme scientifique développée par Kuhn. Si une analyse systématique de leurs similitudes et de leurs différences dépasserait le cadre de cet ouvrage, remarquons néanmoins qu'idéologie et paradigme permettent tous deux dans des cadres différents l'essor de la réflexion en évitant la remise en cause permanente des fondements de celle-ci[129].

Il apparaît également que la notion d'idéologie telle que nous la mobilisons entretient des rapports étroits avec la notion d'institution. En effet, comme le note Smyrl, les institutions peuvent être vues comme les

> « ... règles explicites qui ordonnent la vie politique. Le rôle essentiel de ces règles est de permettre aux acteurs de résoudre les problèmes d'action collective et d'approcher (sinon d'atteindre) une situation d'équilibre. Sans structures de ce genre, qui ordonnent et limitent les choix possibles, l'incertitude liée à l'imperfection de l'information rendrait la coordination entre acteurs quasiment impossible. La présence de règlements structurants,

---

[126] Wildavsky Aaron, 1979, *The art and craft of policy analysis*, London : Macmillan Press, p. 16 : « Dogma is deleterious; skepticism is sound; Yet dogma is indispensable; without taking some things for granted some of the time, everything is in flux so that nothing comes amenable to examination. »
[127] Beauvois J.L., Joule R.V., 1981, *Soumission et idéologie*, Paris, Presses Universitaires de France, p. 17, cités par Roussiau Nicolas et Bonardi Christine, 2001, *Les représentations sociales. Etat des lieux et perspectives*, Liège : Mardaga, p. 193.
[128] Mucchielli, 2001, *op. cit.*, p. 14.
[129] « Nous avons vu que l'établissement d'un paradigme apporte à une communauté scientifique, entre autres choses, le moyen de choisir des problèmes dont on peut supposer qu'ils ont une solution, tant que l'on tient le paradigme pour acquis. [...] Les scientifiques travaillent d'après des modèles qui leur viennent de leurs études ou de ce qu'ils ont lu ensuite, et bien souvent ils ne savent pas, ou n'ont pas besoin de savoir, quelles caractéristiques ont donné à ces modèles valeur de paradigmes pour le groupe. » : Kuhn, 1983 (1970), *op. cit.*, respectivement p. 63 et pp. 74-75.

en revanche, donne à chaque acteur une connaissance partielle mais utile des actions probables des autres[130]. »

Les institutions fournissent ainsi aux acteurs un prêt à penser collectif par rapport auquel se positionner et sur lequel s'appuyer pour déterminer son comportement et construire son idéologie individuelle.

L'inscription dans un groupe ou une organisation

Eprouvant le besoin de disposer de référents stables apportant des réponses a priori aux questions incessantes que suscite son environnement, un individu peut rationnellement rechercher ceux-ci dans des normes collectives. *L'inscription dans un groupe ou une organisation procède ainsi du partage de certains éléments d'appréhension du monde (représentations, croyances, algorithmes interprétatifs, etc.) ou de comportements (routines d'action, normes comportementales, etc.)* qu'il convient de mieux caractériser avant de poursuivre notre raisonnement. Il nous semble notamment utile de nous interroger ici successivement sur trois dimensions distinctes : la diversité des éléments de référence partagés au sein d'un groupe ; le fondement de leur nature collective ; et enfin la coexistence de référents collectifs provenant de différents cercles d'appartenance.

Le contenu de la notion de référent collectif

Les éléments de sens et d'action que partagent les individus appartenant à un même groupe sont de nature le plus souvent très différentes et constituent de ce fait une composition hétéroclite. Afin de ne pas alourdir à l'excès le raisonnement, il est donc nécessaire de disposer d'un terme générique recouvrant cette diversité. Pour désigner le système de sens et d'action partagé au sein d'un groupe ou d'une organisation – et notamment l'ensemble des attitudes propositionnelles[131] guidant le comportement des individus y appartenant – nous emploierons les termes de « cadre comportemental », « cadre de sens et d'action », « système de sens et d'action » ou « vision du monde ». Pour désigner l'un quelconque des éléments de ce système de sens, nous privilégierons le terme de « référent », du moins lorsque la précision de sa nature (représentation, croyance, connaissance, savoir-faire, routine d'action, etc.) ne sera pas utile à la discussion. Notons que l'emploi du terme de « référent » dans le contexte d'un acteur collectif ne doit pas occulter la possibilité pour les individus d'interpréter ce référent de manière personnelle ; cette possibilité sera dans certains

---

[130] Smyrl Marc, 2002, « *Politics* et *policy* dans les approches américaines des politiques publiques : effets institutionnels et dynamiques de changement », *Revue française de science politique*, vol 52, n°1, p. 45.
[131] « Comme leur nom l'indique, ces attitudes propositionnelles sont censées relier une "attitude psychologique" du type : "croire que", "désirer que", "craindre que", "avoir l'intention de", etc., à une proposition portant sur le monde. » : Dupuy Jean-Pierre, 2000, *Les savants croient-ils en leurs théories?*, Paris : INRA Editions, p. 36.

cas encadrée par l'existence d'une dimension coercitive, transformant alors le référent en règle.

Il peut être intéressant cependant à ce stade de préciser le contenu de la notion de référent et notamment d'évoquer deux notions classiques qu'elle englobe : la représentation (sociale) et la croyance (collective)[132].

Le concept de représentation sociale en psychologie sociale

Une littérature abondante de psychologie sociale traite du concept de représentation. Il n'est pas dans notre ambition ici de procéder à un état de l'art exhaustif mais simplement de proposer un éclairage des principaux aspects de ce concept à partir de quelques travaux issus de cette discipline.

Contrairement à une perception, une représentation – notamment sociale – procède d'une activité intellectuelle et manifeste par conséquent un caractère par essence subjectif, interprétatif. Elle s'applique à un fait, un objet, mais retravaille celui-ci afin qu'il s'intègre dans l'ensemble d'un système de sens. Mucchielli souligne ainsi que

> « la représentation sociale est un objet mental, une "forme de savoir pratique", consistant en une intégration spécifique des informations possédées sur un fait. C'est une base de connaissances "socialement élaborées et concourant à la construction d'une réalité commune à un ensemble social"[133] ».

Une représentation sociale ne se limite cependant pas à une perception ou une information intellectualisées. Elle est également utilisée par l'individu comme un outil d'appréhension du monde et d'action. Mucchielli complète d'ailleurs sa définition précédente en remarquant que

> « la représentation sociale [...] fonctionne comme un "système d'interprétation régissant notre relation au monde et aux autres, orientant et organisant les conduites et les communications sociales". Elle fonctionne comme un système cognitif (avec ses implications affectives et sociales normatives) d'interprétation et d'action sur le monde. Les représentations sociales d'un groupe prennent appui sur la mentalité du groupe, c'est-à-dire sont reliées à son système de valeurs et à sa vision du monde[134]. »

---

[132] Il conviendrait bien sûr de considérer également spécifiquement les autres types de référents (routines, savoir-faire, normes comportementales, etc.) et les recouvrements partiels et interactions entre eux, mais, en raison de la complexité et de la longueur d'un tel examen, nous avons préféré nous limiter ici aux éléments les plus fondamentaux des systèmes de sens et d'action. Pour une analyse spécifique de la notion de norme sociale, voir notamment Hechter Michael et Opp Karl-Dieter (dir.), 2001, *Social Norms*, New York : Russel Sage Foundation.
[133] Mucchielli, 2001, *op. cit.*, p. 92. Les formules citées par Mucchielli sont tirées de Jodelet, 1989, *Les représentations sociales*, Presses Universitaires de France, p. 36.
[134] *Ibid.*, p. 92.

Certains psychosociologues ont ainsi signalé la proximité de ce concept avec celui d'habitus développé par Bourdieu. Tous deux sont des systèmes cognitifs filtrant les informations et orientant l'appréhension du monde ; tous deux sont issus des expériences passées et des pratiques individuelles et collectives ; enfin tous deux constituent des structures génératrices de valeurs et d'actions. Pour autant, une représentation sociale concerne un objet alors que l'habitus forme une structure globale de sens, synthétisant un ensemble de représentations ; en outre, l'habitus est d'abord individuel, même s'il est fondé sur des appartenances collectives, alors que les représentations sociales peuvent constituer des éléments de sens collectifs ; enfin, l'habitus est un système de sens dont l'évolution échappe pour l'essentiel à la volonté, à la conscience ou à l'intérêt de l'individu, ce qui n'est pas nécessairement le cas des représentations sociales.

Dans cette optique, la courte définition donnée par Abric permet de recentrer la notion de représentation autour de ses aspects les plus importants : « *ensemble organisé et hiérarchisé des jugements, des attitudes et des informations qu'un groupe social donné élabore à propos d'un objet*[135] ». Cette définition reprend bien les trois dimensions principales identifiées par Moscovici :

> « une dimension structurale (la représentation est un ensemble organisé) ; une dimension attitudinale (position évaluative vis-à-vis de l'objet de représentation) et un niveau d'information détenu par l'individu à l'intérieur de son (ou ses) groupe(s) d'appartenances et à propos d'un objet donné[136]. »

Elle souligne également qu'une représentation est la synthèse d'éléments de nature cognitive, normative et comportementale et que ces éléments forment une structure hiérarchisée[137].

Notons pour conclure que le caractère collectif d'une représentation sociale fait reposer son élaboration sur les dynamiques relationnelles et de sens (c'est-à-dire cognitives, normatives et comportementales) dans lesquelles sont engagés les membres du groupe.

---

[135] Abric, J.C., 1996, « De l'importance des représentations sociales dans les problèmes de l'exclusion sociale », p. 11 in Abric J.C. (dir.), *Exclusion sociale, insertion et prévention*, Saint-Agne : Eres, cité dans Roussiau et Bonardi, 2001, *op. cit.*, p. 15.
[136] Moscovici S., 1976 (1961), *La psychanalyse, son image et son public*, Paris : Presses Universitaires de France, cité dans Roussiau et Bonardi, 2001, *op. cit.*, p. 15.
[137] Telle que la structuration en trois couches identifiée par Sabatier (Sabatier et Jenkins Smith, 1993, *op. cit.*) ou la structuration en deux couches dérivée du concept de noyau central (voir par exemple Roussiau et Bonardi, 2001, *op. cit.*, p. 125 : « Le système central, normatif et stable, gère les incohérences et la diversité de la périphérie pour les rassembler fondamentalement autour d'une même norme socialement admise par le groupe de référence du sujet. […] Le système périphérique est prescripteur de comportements, souple et mobile. Dans la plupart des cas, la transformation d'une représentation doit logiquement s'effectuer en priorité au niveau de la périphérie puis, lorsque l'impact des informations ou des pratiques est suffisamment important, le système central pourra être affecté, voire aller jusqu'à se déstructurer, ce qui est à vrai dire assez rare. »)

« On peut énoncer qu'une représentation est une organisation d'opinions socialement construites relativement à un objet donné [...] ; que cette représentation résulte d'un ensemble de communications sociales (infra et intergroupes) qui permettent de maîtriser l'environnement (en orientant notamment les conduites) et de se l'approprier en fonction d'éléments symboliques propres à son ou ses groupes d'appartenances[138]. »

Les frontières du concept de croyance collective

Une croyance collective, comme une représentation sociale, est un élément de sens qui oriente la perception, le jugement et l'action et qui est susceptible de s'intégrer dans une structure hiérarchisée. Pour autant, il est important de distinguer les deux notions. Nous tenterons d'y procéder en négligeant temporairement leur caractère potentiellement collectif ou social.

Les représentations visent à traduire la réalité sous la forme d'objets mentaux manipulables par l'esprit. Elles constituent ainsi le passage d'une réalité objective à une réalité subjective, qui peut servir de fondement à l'activité intellectuelle de l'individu. Les croyances, en revanche, sont le fait d'« *être disposé à juger (à un certain degré) qu'un contenu propositionnel est vrai*[139]. » Il s'agit d'actes de foi visant à la vérité.

Ces deux notions diffèrent également par leur dynamique de création et d'évolution : une représentation procède d'une construction ; une croyance procède d'une adhésion, d'une conversion. Si elle peut être causée par certains autres états mentaux, notamment lorsqu'ils véhiculent une certaine information sur le monde, une croyance demeure avant tout un état cognitif passif et non pas actif ou volontaire[140]. Les croyances sont toutefois sujettes à un idéal d'intégration ou de cohérence. La structuration cognitive qui en résulte les fait reposer sur des raisons, et non uniquement sur de simples causes.

Bien qu'elles s'appuient sur une adhésion des acteurs, les croyances doivent être distinguées des acceptations. Ces dernières correspondent à la décision de tenir pour vrai un certain contenu propositionnel, dans un but épistémique ou pratique. Cette notion est plus opérante que celle de croyance pour rendre compte des engagements cognitifs de groupes organisés dans un certain objectif, tels que ceux qui interviennent dans l'élaboration d'une politique publique. Ainsi par exemple, « si la communauté scientifique accepte telle théorie, c'est parce qu'elle entend qu'il *vaut mieux* la croire que ne pas la croire, et prescrit de la croire[141]. » De même, l'adhésion

---

[138] Roussiau et Bonardi, 2001, *op. cit.*, pp. 18-19.
[139] Engel Pascal, 1997, « Croyances collectives et acceptations collectives » in Boudon R., Bouvier A. et Chazel F. (dir.), *Cognition et sciences sociales*, Paris : Presses Universitaires de France, p. 163.
[140] La comparaison représentation / croyance doit bien sûr être entendue en termes relatifs : une part importante du processus de construction d'une représentation demeure inconsciente et involontaire ; réciproquement, comme nous l'évoquerons plus loin, les choix opérés par les acteurs peuvent indirectement influencer leurs croyances.
[141] Engel, 1997, *op. cit.*, p. 166.

à un certain modèle professionnel ne signifie pas une croyance dans la vérité éternelle de celui-ci mais plutôt la conviction qu'il *vaut mieux* croire à ce modèle (pour des raisons pouvant être aussi bien stratégiques ou concrètes que morales). Il convient par conséquent de réserver la notion de croyance aux dimensions ou aux groupes non organisés en vue d'un but (comme une classe sociale ou une famille) et d'utiliser la notion d'acceptation pour les références cognitives que développe un individu ou un groupe organisé dans un certain objectif.

L'appartenance à un groupe comme attente réciproque et réflexive du partage de certains référents

Nous disposons à présent des éléments pour examiner ce qui fonde le caractère *collectif* de certains référents et les processus spécifiques qui leur donne naissance. La littérature de sociologie propose classiquement deux manières canoniques de répondre à cette question : la thèse de l'individualisme méthodologique et celle du structuralisme constructiviste. Nous en proposons ici une présentation rapide, avant d'essayer de dépasser leur opposition par l'utilisation de la notion d'attente réciproque. (Nous complèterons par la suite cette réflexion par l'analyse des notions d'anticipation et de spécularité, puis surtout par l'analyse de la résolution de la spécularité infinie en spécularité nulle.)

L'individualisme méthodologique suggère que les croyances ont des raisons

Dans la continuité de Tocqueville ou de Max Weber, l'individualisme méthodologique considère qu'à l'origine de tout fait social se trouvent d'abord des acteurs individuels et que c'est à cette échelle que doivent être recherchées les origines des formes collectives. L'explication sociologique est donc « ascendante » dirigée des individus, objets centraux de l'analyse, vers les structurations sociales qu'ils engendrent.

Dans cette optique, les référents collectifs ne sont pas analysés comme des objets désincarnés ou partiellement autonomes mais comme l'expression de l'activité intellectuelle et sociale des individus. Si les individus adoptent ces référents, c'est en fait qu'ils y trouvent plus ou moins consciemment des raisons. Comme le souligne Boudon – sur lequel nous appuierons ici la majeure partie de notre analyse[142] –,

> « cette recommandation weberienne nous invite donc à adopter un double postulat, à savoir que les croyances individuelles doivent être analysées comme faisant sens pour l'acteur, et que les croyances collectives résultent

---
[142] Dans toutes les citations de Boudon reprises ici, celui-ci parle de croyances. Nous généralisons son analyse et il convient par conséquent d'entendre plutôt le terme de référents.

de ce qu'un individu quelconque a des raisons de les endosser personnellement[143]. »

Considérons successivement ces deux dimensions.

En premier lieu, la nécessité de faire sens permet de rendre compte des faits de conscience sans tomber dans la prétention à un caractère volontaire ou maîtrisé du processus. Elle découle d'une obligation régulière de justifier ses référents :

« Le fait que le sujet doive souvent défendre ses croyances, fût-ce à ses propres yeux, suggère qu'il n'y a pas de conviction qui ne s'appuie sur un système de raisons perçues comme plus ou moins solides par le sujet[144]. »

Dans le même temps, elle traduit la sensation psychologique qui accompagne la plupart des références cognitives, normatives ou comportementales, notamment

« ... le fait que chacun ait l'impression que tous doivent partager le même sentiment à partir du moment où il est convaincu que "X est vrai" ou que "X est bon". [Elle explique également] que la croyance s'accompagne d'un sentiment de "conviction" et non de "contrainte" ou d'"intériorisation"[145]. »

Comprendre un référent collectif, nous dit Boudon, c'est également et surtout comprendre quelles raisons poussent les individus d'un certain groupe à s'y conformer. Le terme « raison » ne doit pas ici induire en erreur : Boudon introduit ainsi le terme de

« ... raisons *"transsubjectives"* pour indiquer qu'afin d'être crédibles, ces raisons doivent être vues par le sujet, sinon comme démonstratives, du moins comme convaincantes. Cet adjectif permet de caractériser les raisons qui ont une capacité à être endossées par un ensemble de personnes, même si l'on ne peut parler à leur propos de validité objective[146]. »

Il ne s'agit pas d'analyser effectivement les raisons qu'ont *tous* les individus d'un groupe de suivre un certain référent – tâche évidemment hors de portée – mais plutôt de fabriquer mentalement un individu virtuel représentatif des membres du groupe et sur lequel on fera porter l'analyse. On qualifiera cet individu d'*idéal-typique* et on cherchera à montrer que le référent considéré fait sens pour lui et qu'il a des raisons solides de l'endosser[147].

---

[143] Boudon Raymond, 1997, « L'explication cognitiviste des croyances collectives » in Boudon R., Bouvier A. et Chazel F. (dir.), *Cognition et sciences sociales*, Paris : Presses Universitaires de France, p. 21.
[144] *Ibid.*, p. 23.
[145] *Ibid.*, p. 53.
[146] *Ibid.*, p. 23.
[147] La notion d'idéal type a été développée par Max Weber. Il s'agit d'« une construction théorique qui accentue certains traits de la réalité pour en faciliter la compréhension. C'est donc une abstraction mentale et intellectuelle qui ne reflète pas la réalité telle qu'elle est mais qui la clarifie. » (Barbusse Béatrice et Glaymann Dominique, 2000, *Introduction à la sociologie*, Paris : Editions Foucher, p. 36)

Le structuralisme constructiviste défend que les croyances résultent de l'intériorisation de l'histoire sociologique des individus

A l'opposé de l'individualisme Boudonnien, et dans la continuité de Lévi-Strauss, Durkheim ou Dumont, se situe le structuralisme constructiviste développé par Pierre Bourdieu. L'explication de la causalité entre individus et formes collectives est ici retournée comme un gant :

> « Par structuralisme ou structuraliste, je veux dire qu'il existe, dans le monde social lui-même, et pas seulement dans les systèmes symboliques, langage, mythes, etc., des structures objectives, indépendantes de la conscience et de la volonté des agents, qui sont capables d'orienter ou de contraindre leurs pratiques ou leurs représentations[148]. »

Pour Bourdieu et les structuralistes, l'explication sociologique est « descendante », dirigée des structurations sociales, objets centraux de l'analyse, vers les individus qu'elles modèlent. L'individu ne se développe en effet pas hors de tout contexte. Il naît et grandit au contraire au sein d'un monde social toujours déjà là et qui le façonne. Son système de référence constitue l'intériorisation des formes sociales dans lesquelles il évolue et des expériences auxquelles il est confronté.

Bourdieu désigne par le terme « habitus » ce système de référence socialement déterminé : « Les dispositions des agents, leur habitus, c'est-à-dire les structures mentales à travers lesquelles ils appréhendent le monde social, sont pour l'essentiel le produit de l'intériorisation des structures du monde social[149]. » Comme nous l'indiquions précédemment, cet habitus se situe au niveau des individus mais il intègre des dimensions collectives, traduisant la dimension constructiviste du structuralisme Bourdieusien :

> « Par constructivisme, je veux dire qu'il y a une genèse sociale d'une part des schèmes de perception, de pensée et d'action qui sont constitutifs de ce que j'appelle habitus, et d'autre part des structures sociales, et en particulier de ce que j'appelle des champs et des groupes, notamment de ce qu'on nomme d'ordinaire les classes sociales[150]. »

La dimension temporelle de cette construction est essentielle car pour Bourdieu l'apprentissage se conçoit comme imprégnation progressive. L'habitus d'un individu traduit ainsi à tout moment l'intégration – au sens mathématique du terme – de son histoire personnelle et, par l'intermédiaire du contexte social dans lequel elle s'est déroulée, collective[151]. « Propension à » ou « disposition à » plus que stratégie ou

---

[148] Bourdieu Pierre, 1987 (1), « Espace social et pouvoir symbolique » in Bourdieu P. (dir.), *Choses dites*, Paris : Editions de Minuit, p. 147.
[149] *Ibid.*, p. 155.
[150] *Ibid.*, p. 147.
[151] « L'habitus, qui est le principe générateur de réponses plus ou moins adaptées aux exigences d'un champ, est le produit de toute l'histoire individuelle, mais aussi, au travers des expériences formatrices de la prime enfance, de toute l'histoire collective de la famille et de la classe » : Bourdieu Pierre, 1987 (2), « L'intérêt du sociologue » in Bourdieu P. (dir.), *Choses dites*, Paris : Editions de Minuit, p. 129.

déterminisme, l'habitus offre à l'individu l'illusion de la finalité et de l'indépendance alors qu'il est pour l'essentiel le jouet de son contexte social[152].

Ce mécanisme d'intériorisation est le processus fondamental d'action des forces sociales et détermine par conséquent la forme que celle-ci prendra :

> « Les dispositions intérieures, intériorisation de l'extériorité, permettent aux forces extérieures de s'exercer, mais selon la logique spécifique des organismes dans lesquels elles sont incorporées, c'est-à-dire de manière durable, systématique et non mécanique : système acquis de schèmes générateurs, l'habitus rend possible la production libre de toutes les pensées, toutes les perceptions et toutes les actions inscrites dans les limites inhérentes aux conditions particulières de sa production, et de celles-là seulement[153]. »

La dimension collective des référents provient donc d'une homologie des expériences intériorisées dans les habitus de chacun. Cette homologie engendre une certaine homogénéité des habitus dans le groupe considéré, qui a pour conséquence que

> « ... les pratiques et les œuvres sont immédiatement intelligibles et prévisibles, donc perçues comme évidentes et allant de soi : l'habitus permet l'économie de l'intention, non seulement dans la production, mais aussi dans le déchiffrement des pratiques et des œuvres[154]. »

Le caractère collectif des référents, issu de l'homogénéité des habitus, permet donc de clarifier les attentes réciproques des différents membres du groupe et d'ainsi favoriser la coordination entre eux et l'activité de chacun.

L'attente réciproque confère à un référent son caractère collectif

La prévisibilité des comportements et des références, qui chez Bourdieu n'apparaît que comme une conséquence de la genèse des habitus des membres d'un même groupe social, nous semble constituer plutôt une cause de la dimension collective de ces comportements et références. Il est important en effet de distinguer un référent collectif – c'est-à-dire un référent que les membres d'un même groupe *savent* partager – d'un référent commun – c'est-à-dire un référent auquel chacun se conforme isolément. La différence repose ici sur la publicité du partage dudit référent, ou plus exactement sur l'attente que chacun a du fait que les autres membres du groupe s'y conforment également[155]. *L'essence d'un groupe ne réside*

---

[152] A être pour partie illusoire le vécu des acteurs n'en devient pas pour autant négligeable et Bourdieu convient qu'il doive être intégré dans l'analyse.
[153] Bourdieu, 1980 (1), *op. cit.*, p. 92.
[154] *Ibid.*, p. 97.
[155] Les expressions « partager » ou « se conformer » à un certain référent doivent ici et par la suite être entendues dans un sens extensif. Elles ne signifient pas que tout caractère collectif s'établit « en plein », par une action positive ; il peut notamment également s'opérer « en creux » : un groupe peut par exemple être soudé par l'opposition à une même catégorie sociale ou par le rejet d'une même norme ; cette

ainsi pas tant dans l'existence d'une similarité entre ses membres que dans l'anticipation par ceux-ci d'une telle similarité[156].

Il nous apparaît en effet qu'un ensemble d'individus agissant sur un certain point exactement de la même manière mais ignorant parfaitement cette similarité ne forment pas un groupe ou une collectivité : le fait que les autres aient le même comportement ne change rien à la manière d'agir de chacun ; cet ensemble d'individus n'a donc aucune spécificité, aucun rapport à l'altérité justifiant la dénomination de groupe, en dehors du regard de l'observateur extérieur. En revanche, dès lors que chacun de ces individus pense – à raison ou à tort, d'ailleurs – que les autres partagent avec lui une certaine similarité, notamment un certain référent, il intègre cette conviction dans sa représentation du monde et en tient compte, désormais, dans son comportement. Si j'anticipe par exemple que les autres automobilistes partagent avec moi le respect du code de la route, je franchirai les feux verts sans modifier mon allure ; si en revanche j'ignore que chacun le respecte, je m'arrêterai au feu pour vérifier qu'aucun véhicule n'arrive.

L'usage de la notion d'anticipation ne signifie pas que la référence considérée et son partage soient parfaitement conscients[157]. Il renvoie à un ressenti, à une attente intériorisée ou pour être plus précis à une représentation du monde intégrant cette information. *La dimension collective réside donc d'abord dans l'esprit de chacun et non dans le comportement de tous*. Il faut et il suffit pour un individu d'estimer (plus ou moins consciemment) partager une certaine référence avec certaines personnes pour se ressentir former sur ce point avec elles un groupe : le fait que ces personnes se conforment en réalité ou non à cette référence n'intervient qu'indirectement (par intériorisation dans ses attentes) dans le caractère collectif qu'il lui confère[158].

Cette dimension est essentielle car elle permet de rendre compte de l'existence d'un groupe dès lors qu'il fait sens aux yeux de ses membres sans nécessiter la condition exorbitante que chacun se conforme scrupuleusement aux référents collectifs qui le fondent. Ainsi les frontières d'un groupe résulteront-elles davantage du vécu, des attentes de ses membres que de leurs pratiques exactes telles que perçues par le chercheur.

---

cohésion reposera alors toutefois d'abord sur le partage d'une certaine représentation négative de cette catégorie ou de cette norme, ou plus exactement reposera sur l'anticipation d'une similarité d'attitude des autres membres du groupe par rapport à cette catégorie sociale ou cette norme.

[156] Une telle propriété est par exemple relevée par Hechter et Opp dans le cas des normes sociales (Hechter et Opp, 2001, *op. cit.*, notamment page 403).

[157] L'explicitation d'une référence peut même être considérée comme une altération de celle-ci. Comme le remarque Anthony Giddens, « la formulation discursive d'une règle est déjà une interprétation de cette règle » (Giddens Anthony, 1987 (1984), *La constitution de la société*, Paris : Presses universitaires de France, p. 72).

[158] Il convient toutefois de souligner que nos anticipations relatives au partage de certaines similarités reposent bien sûr fortement sur des épreuves de réalité et sont constamment ajustées en fonction de celles-ci. Notre propos est simplement ici d'indiquer que le sentiment d'appartenance d'un individu à une collectivité (et l'influence qu'un tel sentiment exerce sur son comportement) ne s'appuie pas directement sur la réalité mais est médiatisé par l'anticipation que cet individu forme du partage de certaines similarités avec les membres de cette collectivité.

Une attente est une représentation. A ce titre elle est un état mental résultant des relations sociales de l'individu et d'une appropriation s'appuyant sur son contexte symbolique. Elle ne se construit pas par l'analyse systématique des comportements potentiels des autres personnes mais par des inférences fondées sur des schématisations mentales simplifiant les individus sous forme d'idéaux-typiques.

Ainsi, nous pourrons dire qu'*un référent est collectif, c'est-à-dire partagé par un certain groupe*, dès lors qu'un individu idéal-typique de ce groupe anticipe qu'un autre individu idéal-typique du groupe suive ce référent ; en d'autres termes, *dès lors qu'un membre quelconque du groupe a des raisons de s'attendre à ce qu'un autre membre du groupe pris au hasard partage avec lui ce référent.* Par extension, *nous définirons l'appartenance à un groupe comme l'attente réciproque et réflexive par les membres du groupe du partage de certains référents.*

Cette approche emprunte à l'individualisme méthodologique l'inférence du groupe à partir du vécu de ses membres et emprunte au structuralisme constructiviste le fait que la proximité des contextes sociaux des individus se trouve intériorisée dans une anticipation de proximité des comportements et des référents, anticipation qui nourrit à son tour le sentiment d'appartenir à un même groupe. L'opposition de ces deux courants peut ainsi être en partie surmontée par l'adoption d'une vision dynamique dans laquelle ils s'enchaînent à l'infini : les attentes des individus engendrent des structures collectives qui influencent en retour leur comportement et déterminent leurs attentes. Cette boucle sera le fondement du mécanisme d'auto-transcendance que nous examinerons dans la cinquième partie du chapitre.

Anticipation et spécularité

Le rôle fondamental que nous donnons à l'anticipation par les acteurs des référents suivis par les autres individus pose cependant la difficulté de la stabilité d'un référent collectif en fonction de la personne qui le considère. En effet, le contenu d'un référent dépend du regard qui le définit.

> « Lorsqu'on interroge quelqu'un sur la façon dont il se comporterait dans certaines circonstances, sa réponse livre habituellement sa théorie d'action embrassée pour cette situation. Il s'agit de la théorie d'action à laquelle il se soumet et qu'il communique aux autres lorsqu'ils la lui demandent. Cependant, la théorie qui dirige en réalité ses actions est sa théorie en usage, qui peut ou non être compatible avec sa théorie embrassée ; de plus, l'individu peut ou non être conscient de l'incompatibilité des deux théories[159]. »

---

[159] Argyris Chris et Schön Donald A., 1974, *Theory in practice. Increasing professional effectiveness*, San Francisco : Jossey-Bass, p. 6-7 : « When someone is asked how he would behave under certain circumstances, the answer he usually gives is his espoused theory of action for that situation. This is the theory of action to which he gives allegiance, and which, upon request, he communicates to others. However, the theory that actually governs his actions is his theory-in-use, which may or may not be

Il existe donc une dissonance intrinsèque entre les référents auxquels un individu pense se conformer et les référents auxquels il se conforme réellement.

Le regard du chercheur ajoute une troisième épaisseur à cette construction. Lorsque j'observe par exemple un acteur en train de parler,

> « qu'est-ce que je nomme "la règle d'après laquelle il procède" ? L'hypothèse qui décrit de façon satisfaisante son usage des mots que nous observons ; ou la règle à laquelle il se réfère au moment de se servir des signes ; ou celle qu'il nous donne en réponse à notre question quand nous lui demandons quelle est sa règle[160] ? »

Un référent comportemental peut ainsi désigner :
- un référent auquel un acteur pense/veut se référer (niveau 1, celui de la conscience de l'acteur) ;
- ou un référent auquel il se réfère effectivement dans son comportement (niveau 2, celui du système de sens et d'action de l'acteur)
- ou un référent auquel, vu de l'extérieur, il semble se référer dans son comportement (niveau 3, celui de la reconstruction par le chercheur (*tout se passe comme si...*))

Il n'existe bien sûr pas de réponse évidente à cette dissonance, chaque regard apportant des informations et des éléments complémentaires. L'importance que nous avons accordée aux dynamiques d'anticipation dans la définition du caractère collectif d'un phénomène permet cependant d'orienter notre choix entre ces différentes approches. Nous adopterons ainsi la convention suivante : nous parlerons de référent collectif lorsqu'un individu idéal-typique d'un groupe s'attend à ce qu'un autre membre pris au hasard intègre ce référent dans son comportement. Cette définition correspond à imbriquer deux références de niveau 3 et une référence de niveau 2 :
- l'observateur imagine un individu virtuel représentatif du groupe : référence de niveau 3 effectuée par l'observateur ;
- cet individu virtuel prête aux autres membres du groupe le partage d'un certain référent qui influencerait leur comportement : référence de niveau 3 effectuée par l'individu idéal-typique ;
- cette anticipation constitue une information dont il tient compte dans son comportement (déclenchant par là la réalité du référent collectif qu'il suppose) : référence de niveau 2 effectuée par l'individu idéal-typique.

Les anticipations collectives des acteurs reposent donc de manière fondamentale sur leur capacité à se projeter dans autrui pour deviner son comportement. Jean-Pierre Dupuy appelle

> « ... spécularité l'acte mental par lequel un esprit humain se met à la place d'un autre ; et degré de spécularité, dans une situation où cet acte se

---

compatible with his espoused theory; furthermore, the individual may or may not be aware of the incompatibility of the two theories. »

[160] Bourdieu, 1980 (1), *op. cit.*, p. 66-67, citant Wittgenstein, 1961, Investigations philosophiques.

redouble un nombre donné de fois, le nombre d'emboîtements successifs du type : "je pense que tu penses qu'il pense..." moins un. [...] Une visée de transparence totale se guide sur l'horizon d'une spécularité infinie. On débouche ainsi sur la notion de *Common knowledge*[161] ».

La spécularité est ainsi une action projective sur l'autre qui implique de procéder à une supposition relative à sa façon de fonctionner et notamment relative au déroulement de son activité mentale. La spécularité implique notamment d'anticiper les normes, valeurs, croyances, etc. en un mot les référents auxquels l'autre se conforme dans son raisonnement et dans son action. L'anticipation telle que nous l'avons définie jusqu'à présent apparaît ainsi comme une spécularité de degré 1 consistant à se mettre à la place de l'autre afin d'imaginer son comportement[162].

Le comportement d'autrui dépendra cependant, de même que le nôtre, de la façon dont il anticipera le comportement de ceux qui l'entourent. Si je souhaite anticiper correctement son comportement, il convient donc que j'anticipe notamment la façon dont il anticipe mon propre comportement. En poursuivant par récurrence ce raisonnement, il est clair qu'en fait l'anticipation du comportement d'autrui repose sur des dynamiques de spécularité infinie. Nous devons modifier en conséquence notre définition d'un *référent collectif* et considérer celui-ci comme un *référent dont le partage est common knowledge au sein du groupe considéré* (c'est-à-dire dont chacun s'attend à ce qu'il soit partagé par les autres *et* s'attend à ce que les autres s'attendent à ce qu'il soit partagé par les autres, et ainsi de suite jusqu'à l'infini).

Appartenances multiples et référents dominants

Que l'on se place au niveau d'un secteur, d'une organisation, d'un groupe ou même d'un individus, des référents de différentes origines participent à la définition du système de sens et d'action qui guide le ou les comportements. Chaque acteur, individuel ou collectif, est amené à se définir par rapport à un contexte de sens riche de nombreuses facettes.

Les différents référents qu'un acteur intègre dans son cadre comportemental présenteront le plus souvent certaines contradictions ou au moins certaines dissonances. Comment concilier par exemple son comportement de consommateur et celui de citoyen ? Ses convictions religieuses ou morales et le soucis d'efficacité pragmatique ? Tout acteur est contraint à des arbitrages entre différents référents auxquels il adhère mais qui prescrivent des réponses comportementales différentes.

---

[161] Dupuy, 1989, *op. cit.*, p. 366. Cette notion présente de nombreux points communs avec la notion de sympathie chez Adam Smith et celle de position originelle chez John Rawls.
[162] Notons toutefois que Dupuy définit la spécularité comme un *acte* mental alors que nous avons jusqu'à présent considéré l'anticipation comme une représentation, donc comme un *état* mental. La différence entre les deux ne doit cependant pas être surestimée car toute représentation se construit à partir des réflexions et des relations de l'individu et de même toute réflexion prend place dans le cadre des représentations de l'individu.

Il convient donc de hiérarchiser les référents d'un acteur suivant la priorité qu'il leur donnera lorsqu'ils seront en désaccord. Nous parlerons ainsi de *système de sens et d'action dominant* pour désigner l'ensemble des référents relativement cohérents entre eux qui déterminent prioritairement le comportement de l'acteur considéré. Au sein d'un groupe, d'une organisation ou d'un secteur, ce système de sens et d'action dominant sera celui auquel on peut s'attendre, lorsqu'on ne dispose pas d'informations supplémentaires, qu'un membre se conformera.

Ce cadre comportemental dominant coexistera le plus souvent avec un ensemble de cadres comportementaux mineurs. Cet ensemble influencera seulement à la marge le comportement agrégé de l'acteur mais il est susceptible, à la faveur de certains événements, de gagner une place plus favorable. Cette réflexion nous paraît valide à la fois à un niveau individuel et à un niveau collectif : ainsi au sein d'un groupe, d'un secteur, etc. coexistent un cadre dominant, qui se donne à l'extérieur comme le cadre légitime, et un ou plusieurs autres cadres portés éventuellement par des sous-groupes minoritaires visant à imposer leur vision du monde. Dans une organisation, selon Crozier et Friedberg,

> « le "rôle" tel que l'entend l'analyse classique pourrait ainsi se reconceptualiser comme un état d'équilibre relativement stable entre, d'une part, une *stratégie dominante et majoritaire* et, d'autre part, une ou plusieurs stratégies minoritaires, état d'équilibre défini par un seuil au-delà duquel il y aurait basculement, une nouvelle stratégie dominante prenant la place de l'ancienne[163] ».

L'état d'équilibre temporaire entre cadre comportemental dominant et cadres minoritaires peut être modifié par des processus que nous tenterons d'expliciter.

Origines et impacts des forces cohésives des référents collectifs

Les référents collectifs que nous venons de caractériser sont soumis à d'importantes forces centrifuges menaçant leur pérennité : incompatibilité partielle entre les référents provenant de diverses appartenances simultanées, contradiction potentielle entre référents collectifs et intérêt personnel, etc. Leur existence suppose donc de puissantes forces cohésives. Nous voudrions ici évoquer brièvement deux des plus importantes de ces forces : le caractère composite de la rationalité des acteurs et le mimétisme. Nous reviendrons au cours du chapitre V sur l'influence d'un troisième élément cohésif majeur : la proximité entre acteurs.

---

[163] Crozier et Friedberg, 1977, *op. cit.*, p. 120.

Les dualités irréductibles de la rationalité

Les individus ne sont pas entièrement mus par la poursuite égoïste de leur intérêt matériel. Leur rationalité est beaucoup plus complexe et favorise la cohésion des groupes de référence dans lesquels ils s'insèrent par au moins deux aspects que nous développerons ici : sa dimension axiologique (c'est-à-dire relative aux valeurs) et sa temporalité sociologique.

Rationalité finalisée et rationalité axiologique

Max Weber a montré que la rationalité des acteurs était double : fondée à la fois sur la poursuite de fins, d'objectifs (*Zweckrationalität* ou rationalité finalisée) et sur le respect de valeurs et de normes (*Wertrationalität* ou rationalité axiologique)[164]. Ce second aspect est irréductible à une dimension affective ou irrationnelle du comportement. Il établit au contraire qu'il est rationnel pour un individu de respecter les valeurs qu'il a intériorisées même si celles-ci viennent en contradiction avec son intérêt matériel.

Le fonctionnement de cette dimension de la rationalité est rendu par la notion d'*appropriétude* (c'est-à-dire le fait d'être adéquat, approprié) développée par March et Olsen. Ceux-ci considèrent « la logique de l'appropriétude comme une logique fondamentale de l'action politique. Les actions sont adaptées aux situations par leur caractère approprié et à l'intérieur d'une conception de l'identité[165]. » March et Olsen montrent ainsi que *nous agissons non selon notre intérêt mais selon notre conception du comportement que notre position suppose*[166]. Ce point est fondamental pour comprendre la transformation du comportement d'un individu lorsqu'il change de position – notamment professionnelle – et la facilité avec laquelle il endosse les référents collectifs de sa nouvelle appartenance.

La dimension axiologique de la rationalité constitue ainsi un élément essentiel de cohésion des groupes sociaux, en favorisant l'intériorisation de la position de chacun et des comportements et référents qu'elle suppose sous la forme d'un sens de l'approprié. Cette propriété implique également cependant un renforcement de la reproduction sociale et de l'inertie des évolutions, comme le souligne Bourdieu : « Les dispositions acquises dans la position occupée impliquent un ajustement à cette position, ce que Goffman appelait le *sense of one's place*[167]. »

---

[164] Cette distinction ne doit pas cependant laisser supposer que ces deux dimensions de la rationalité d'un acteur sont indépendantes. Les valeurs (et plus généralement l'ensemble du système de sens) que développe un individu sont ainsi influencées par ses intérêts objectifs, à travers la médiation à la fois de son environnement et des choix comportementaux qu'ils l'amènent à opérer. Ce lien transparaît par exemple dans l'existence d'une corrélation partielle entre la position sociale d'un acteur et son orientation politique et idéologique.
[165] March et Olsen, 1989, *op. cit.*, p. 38 : « We see the logic of appropriateness as a fundamental logic of political action. Actions are fitted to situations by their appropriateness within a conception of identity. »
[166] Une certaine mauvaise foi, au sens sartrien de mensonge à soi-même, peut néanmoins accompagner ce fonctionnement : « Having determined what action to take by a logic of appropriateness, in our culture we justify the action (appropriately) by a logic of consequentiality. » : *ibid.*, p. 162.
[167] Bourdieu, 1987 (1), *op. cit.*, p. 153.

La double temporalité de la rationalité

De même que deux fondements de la rationalité s'affrontent en nous (finalités contre valeurs), deux temporalités de la rationalité guident nos actions. Les deux phénomènes sont fortement liés mais ils ne se correspondent pas termes à termes et nous préférons de ce fait les distinguer analytiquement.

Deux êtres s'opposent en nous :

> « *Homo sociologicus* est poussé de l'arrière : il se comporte comme il le fait parce qu'il a acquis et intériorisé, selon un processus nommé socialisation, des normes, valeurs, coutumes et habitudes : celles-ci, automatiquement, mécaniquement, le déterminent à agir […]. Par contraste, *Homo oeconomicus* est dégagé de tout ce qui fait la vie en société : influences, imitations, subordinations, déterminations sociales […]. Ce sont les conséquences de ses actions telles qu'il peut les appréhender qui guident son choix, alors qu'on peut *définir* les normes sociales, comme le fait J. Elster, par ceci qu'elles sont des principes d'action non guidés par les résultats[168]. »

Ces deux êtres diffèrent fondamentalement par la direction temporelle de la détermination de leur comportement. Le cadre comportemental que nous avons construit au cours de notre socialisation est une traduction de notre passé ; il nous influence dans le temps de l'action, c'est-à-dire dans le sens de l'écoulement normal du temps : du passé vers le futur. A l'inverse, le raisonnement économique que nous opérons pour déterminer notre intérêt face à une certaine situation est rétrograde : il part d'une analyse du futur pour déterminer quel devrait être notre comportement dans le présent. « Le sociologisme est donc un déterminisme, et l'économisme un finalisme[169]. »

Aucune de ces deux temporalités ne peut être exclue de l'analyse. Notre comportement résulte de l'intégration d'éléments complexes et potentiellement contradictoires, notamment la confrontation de la façon dont notre histoire personnelle et collective nous a appris à réagir et de la façon dont l'exploration mentale des trajectoires possibles pour le futur nous suggère d'agir. Le paradigme de la rationalité développé par les économistes est donc sur ce point également incomplet et « c'est cette incomplétude essentielle qui oblige le temps télescopé de la déduction formelle à laisser une place au temps réel des processus effectifs[170]. »

---

[168] Dupuy Jean-Pierre, 1989, « Convention et Common knowledge », *Revue économique*, vol 40, n°2, p. 361-362.
[169] *Ibid.*, p. 362.
[170] *Ibid.*, p. 398.

Le rôle du mimétisme

Plusieurs auteurs ont souligné que le mimétisme constituait l'une des forces fondamentales qui poussent les hommes les uns vers les autres. Plusieurs raisons sont à l'origine de ce phénomène.

En premier lieu, l'imitation peut constituer une attitude rationnelle face à l'incertitude.

> « Dans une situation d'incertitude radicale, non probabilisable, [...] la seule conduite rationnelle, selon Keynes, est d'imiter les autres. [...] Si je ne sais rien de la situation dans laquelle je me trouve [...], je peux me dire qu'il y a une chance que les autres sachent : à les imiter, je tirerai parti de leur savoir[171]. »

Le mimétisme permet ainsi de réduire l'isotropie du monde – c'est-à-dire la similitude apparente des différentes directions envisageables – et d'orienter l'action vers une direction privilégiée dont on peut rationnellement s'attendre à ce qu'elle soit meilleure que les autres.

> « L'imitation n'est pas un comportement déviant : tout au contraire, en état d'incertitude, au sens que F.H. Knight attachait au terme « uncertainty », elle constitue même l'attitude rationnelle par excellence[172]. »

L'imitation est donc intrinsèquement liée à l'incertitude : si une direction logique d'action est disponible, l'intérêt de l'imitation diminue fortement. « La propension à adopter un comportement imitatif est d'autant plus forte que nos connaissances sont mal assurées[173]. »

Le recours fréquent des individus à l'imitation leur fournit toutefois une seconde raison d'adopter une telle attitude : tout acteur, en effet, doit tenir compte de l'évolution de l'état du monde que les actions des autres engendrent. Dans ce contexte, les effets de coordination et les phénomènes d'anticipation adaptatives[174] incitent à se conformer au comportement que l'on voit adopter par les autres, afin d'éviter de se trouver dans une position marginale et donc potentiellement inefficace. Si par exemple une grande majorité des automobilistes s'arrête désormais au feu vert et passe au feu rouge, il est rationnel (en faisant abstraction des dimensions juridiques) pour chacun de faire de même.

Nous venons d'évoquer les fondements de l'imitation portant sur la rationalité finalisée de l'individu, sur un calcul de son intérêt : utiliser les connaissances des autres pour réduire l'incertitude de sa situation ; bénéficier des effets de coordination ; ne pas prendre le risque de rater un tournant pris par les autres. Le mimétisme intervient cependant à un niveau plus fondamental dans la détermination

---

[171] Dupuy, 1989, *op. cit.*, p. 372.
[172] Orléan André, 1986, « Mimétisme et anticipations rationnelles : une perspective keynésienne », *Recherches Economiques de Louvain*, vol. 52, n°1, p. 46.
[173] *Ibid.*, p. 48.
[174] Nous reviendrons sur ces notions dans le chapitre IV.

du comportement humain et dans sa propension à se rallier aux comportements et aux référents des autres. René Girard, dans ses travaux anthropologiques de référence sur ce sujet, montre en effet que le désir humain est constitué pour une part essentielle d'une composante mimétique[175].

Cette dimension du désir est magnifiée par des boucles d'auto-renforcement qui peuvent conduire jusqu'à un ordre auto-réalisateur. Ainsi,

> « soient deux sujets A et B qui s'imitent réciproquement. L'objet de leur imitation mutuelle est par hypothèse indéterminé. Mais supposons qu'un bruit, qu'une rumeur, fasse penser à A que B désire (recherche, veut acheter, se fie à, espère, etc.) l'objet O. A sait désormais ce qu'il lui faut désirer (respectivement : rechercher, etc.) : il prend les devants, désigne par là même à B l'objet O et lorsque B manifeste à son tour son intérêt pour O, A a la preuve que son hypothèse de départ était correcte. Sa représentation, si implausible fût-elle *a priori*, s'est trouvée *autoréalisée*. Cette émergence d'une objectivité, d'une extériorité par la clôture sur soi d'un système d'acteurs qui tous s'imitent, acquiert une vigueur accrue à mesure qu'augmente le nombre de ceux-ci[176]. »

Le mimétisme de nos désirs transforme ceux qui nous entourent en modèles en puissance[177]. Il nous pousse à reprendre à notre compte leur comportement, les règles qu'ils observent, les jugements qu'ils portent, en un mot il crée une pression d'imitation et de conformisme qui rend attractifs les référents collectifs qui nous environnent. Cette force d'attraction est d'autant plus forte que davantage de personnes (et des personnes plus admirables à nos yeux) embrassent les référents considérés, ce qui a pour conséquence d'encourager la permanence des systèmes de sens déjà dominants. Cela peut également contribuer à expliquer le caractère révolutionnaire que peut prendre le basculement vers un autre système de sens : de manière comparable à une réaction en chaîne, le phénomène s'accélère au fur et à mesure que le nombre de convertis s'accroît, rendant l'ancien système moins désirable et renforçant l'attrait du nouveau. Enfin, la considération de l'autre comme modèle implique, comme le montre René Girard, la possibilité de s'identifier à lui et s'appuie donc fondamentalement sur les proximités qui unissent les individus. Le mimétisme se nourrit de l'indifférenciation et non de la hiérarchisation sociale[178].

---

[175] Voir notamment Girard René, 1978, *Des choses cachées depuis la fondation du monde*, Paris : Editions Grasset et Fasquelle.
[176] Dupuy, 1989, *op. cit.*, p. 373.
[177] Notons toutefois que cette force d'attraction est paradoxale et sujette au *double bind*, puisque l'imitation finit par engendrer la rivalité et la violence.
[178] Voir également l'analyse de Tocqueville dans Tocqueville Alexis de, 1997, *De la démocratie en Amérique*, Paris : Garnier-Flammarion.

5 Les dynamiques d'évolution des systèmes de sens et d'action

Notre description est jusqu'ici demeurée essentiellement statique, prêtant le flan aux reproches même que nous opposions précédemment aux approches cognitives et néo-institutionnalistes des politiques publiques. Nous avons caractérisé la notion de référent collectif et évoqué l'organisation de tels référents en systèmes cohérents guidant le comportement des individus ; il convient à présent d'examiner la dimension dynamique de tels systèmes, en explicitant notamment d'une part les mécanismes d'apprentissage qui gouvernent leur évolution et d'autre part les imbrications fondamentales des différents niveaux d'apprentissage : individuel, collectif et sociétal.

Les mécanismes de l'apprentissage

L'apprentissage par l'expérience : modalités et origine

Les processus d'apprentissage se distinguent des autres modifications du comportement par le fait qu'ils s'appuient sur une intériorisation de nos expériences (laquelle se traduit par une altération relativement durable de notre cadre comportemental). Les diverses formes que peuvent prendre ces expériences sont donc susceptibles d'engendrer des phénomènes d'apprentissage différents, que nous allons ici examiner successivement, en fonction de leur degré de conscience ou d'intentionnalité : nous analyserons ainsi le cas des apprentissages provoqués par une réflexion volontaire ; à l'inverse le cas des apprentissages liés à la répétition ou à l'accoutumance ; et enfin le cas intermédiaire des apprentissages liés à des expériences que nous qualifierons de marquantes.

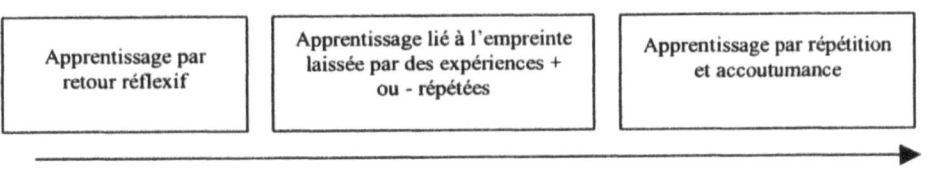

Schéma I.3 : Typologie des apprentissage en fonction de l'intentionalité du retour sur l'expérience

L'apprentissage par le retour réflexif sur une expérience

Par sa capacité à se projeter en pensée dans le temps – et notamment dans le passé –, l'homme peut procéder à une lecture critique de ses comportements antérieurs et décider d'apporter certaines modifications aux règles qu'il observe. Si ces modifications se traduisent par une modification structurelle relativement durable de son cadre comportemental, nous pourrons estimer que le retour sur son expérience effectué par l'individu était un apprentissage.

De nombreux exemples d'une telle démarche peuvent être avancés. Ainsi, un joueur d'échecs revenant sur le déroulement d'une partie analysera les erreurs qu'il a commises (ou que d'autres ont commises) et ses coups judicieux ; cela le conduira à modifier ou à conforter certains aspects de sa façon de jouer.

Le même rapport peut être envisagé avec des référents collectifs. Un agriculteur peut par exemple être amené à remettre en cause tout ou partie du modèle qu'il appliquait en constatant que celui-ci a dégradé sa situation économique, son environnement ou ses conditions de travail. Il pourra dans ce cas se tourner vers d'autres modèles qui lui semblent mieux prendre en compte les aspects posant problème.

Un acteur collectif lui-même peut s'engager dans une démarche de ce type. Argyris et Schön font ainsi du processus d'enquête (*inquiry*) le fondement des processus d'apprentissages organisationnels[179]. De même, en matière de politiques publiques, le lancement d'une évaluation ex post correspond en première instance à un processus de réflexion collective visant à tirer les enseignements de l'expérience et à modifier en conséquence la politique ou la façon dont elle est mise en œuvre (sous réserve que cette évaluation soit effectivement animée par les acteurs responsables de la politique ou que ceux-ci y soient étroitement associés).

L'apprentissage par l'accoutumance et la pratique

Nous avons souligné précédemment que les pratiques des acteurs, par les phénomènes d'accoutumance et de répétition qu'elles impliquent, se traduisaient progressivement par une modification de leur cadre comportemental, c'est-à-dire par un apprentissage. Nous voulons ici développer un peu plus avant cette idée et tenter d'en clarifier les mécanismes essentiels.

Cette dimension de l'apprentissage est importante car, comme le notent Peter Berger et Thomas Luckman, « Tout activité humaine est sujette à l'accoutumance. Toute action répétée fréquemment se fond dans un modèle[180] ». Le mécanisme fondamental à l'œuvre ici est la *rationalisation*, c'est-à-dire la tentative de réduction de la dissonance entre nos pratiques et notre système de croyances et de représentations (i.e. entre notre théorie embrassée et notre théorie en usage). Si ainsi nos pratiques sont l'expression de notre cadre comportemental, inversement « nous

---

[179] Voir Argyris et Schön, 1996, *op. cit.* et précédemment la présentation du courant de l'apprentissage organisationnel.
[180] Berger et Luckman, 1986, *op. cit.*, p. 77.

ajustons nos croyances à ce que nous faisons réellement pour pouvoir continuer à penser que ce que nous faisons correspond à ce que nous croyons[181] ».

Le mécanisme de cette rationalisation et de la diffusion des pratiques dans les éléments de notre cadre comportemental est modélisé en quatre temps par Flament :

> « tout d'abord, des circonstances (sociales ou naturelles) externes se modifient ; puis c'est au tour des pratiques sociales qui leur correspondent d'évoluer ; ce sont elles qui déclencheront alors des transformations, en général au niveau des prescripteurs conditionnels de la représentation (c'est-à-dire de ses éléments périphériques) ; mais, le cas échéant, les transformations se manifesteront au niveau des prescripteurs absolus (les éléments du noyau central)[182]. »

Notons pour conclure que les modalités de ce processus d'apprentissage le rendent par nature beaucoup plus lent et progressif que les apprentissages par retour réflexif sur l'expérience. L'adoption définitive des évolutions du cadre comportemental est donc liée à une relative persistance des circonstances se trouvant à l'origine de la modification des pratiques.

A la frontière de l'accoutumance et du retour réflexif : l'apprentissage par expérience marquante

La frontière que nous avons établie ici entre des apprentissages intentionnels d'une part, fondés sur un retour réflexif sur l'expérience, et des apprentissages purement innintentionnels d'autre part, fondés sur l'ajustement de notre cadre comportemental aux pratiques que nous impose notre environnement, est bien sûr fictive. Ces deux types d'apprentissage constituent les pôles artificiels d'un *continuum* de situations d'apprentissage reflétant des intentionnalités et des niveaux de conscience différents. Beaucoup de nos expériences se trouvent à mi chemin entre des habitudes répétées et une expérience unique sur laquelle on s'interroge.

Au cours de son activité, un acteur reçoit en permanence des informations de différentes natures sur l'état et l'évolution du monde qui l'entoure. Ces informations sont conformes dans la plupart des cas à la représentation du monde issue de son système de sens, mais présentent parfois des singularités que cet acteur ne sait interpréter, gérer ou anticiper. Il est confronté alors à un élément que son cadre cognitif ne lui permet pas de prendre en compte. L'énergie produite par le choc de cette expérience est susceptible d'engendrer une modification de son cadre comportemental sans requérir pour autant de réflexion intentionnelle dans ce sens. Ces expériences laissent sur nous une empreinte d'autant plus forte qu'elles auront

---

[181] Ibanez T., 1989, « Faire et croire », p. 45, dans Beauvois J.L., Joule R.V. et Monteim J.M. (dir.), *Perspectives cognitives et conduites sociales*, tome 2, Fribourg, Delval, cité par Roussiau et Bonardi, 2001, *op. cit.*, p. 194. Il s'agit d'un mécanisme psychologique proche de ce que les économistes nomment le sophisme de l'amortissement (*sunk cost fallacy*).
[182] Flament C., 1994, « Structure, dynamique et transformation des représentations sociales » in Abric J.C. (dir.), *Pratiques sociales et représentations*, Paris : Presses Universitaires de France, cité par Roussiau et Bonardi, 2001, *op. cit.*, p. 189.

été fréquentes et intenses, c'est-à-dire qu'elles auront présenté un décalage important entre les attentes que nous formulions (consciemment ou non) et la réalité de l'expérience vécue.

L'apprentissage s'appuie sur les dissonances entre système de sens et environnement

Il semble possible d'unifier en partie le champ que nous avons typifié selon trois catégories : si les *modalités* des apprentissages demeurent différentes, les *origines* de ceux-ci semblent similaires. Les apprentissages apparaissent ainsi systématiquement provoqués par les dissonances entre d'une part le système de sens et d'action d'un acteur et d'autre part son environnement (au sens état du monde) ; les évolutions engendrées par ces dissonances peuvent en revanche être médiatisées de plusieurs façons différentes, correspondant aux trois catégories que nous avons identifiées[183] :
- par le raisonnement, en constatant un décalage entre le cadre comportemental effectivement suivi et le cadre comportemental qui permettrait d'atteindre l'environnement souhaité ; il s'agit de l'apprentissage par retour réflexif sur expérience ;
- par l'ajustement progressif du cadre comportemental aux modifications de l'environnement vécu, grâce à la médiation des pratiques ; il s'agit de l'apprentissage par accoutumance ;
- par le constat, à l'occasion d'expériences particulières, d'une différence significative entre l'environnement perçu et la représentation qu'en donne le cadre de sens et d'action ; il s'agit de l'apprentissage par expérience marquante.

L'apprentissage représente ainsi le processus par lequel un système de sens et d'action s'adapte à l'environnement qu'il souhaite, qu'il vit ou qu'il perçoit (ces trois dimensions renvoyant aux trois médiations que nous avons distinguées ci-avant).

Les cadres comportementaux constituent la mémoire des apprentissages passés

Le résultat d'un apprentissage est cristallisé sous la forme d'une modification du cadre comportemental de l'acteur considéré. Dans le cas d'un acteur collectif, ce processus est similaire aux mécanismes d'institutionnalisation analysés par Berger et Luckman[184] et par lesquels une routinisation de l'expérience commune se traduit par la génération de référents collectifs[185]. La cristallisation d'un apprentissage sous la forme de cadres comportementaux individuels ou collectifs permet sa mobilisation ultérieure sans requérir le renouvellement de l'investissement qu'il représente.

---

[183] Il convient toutefois de rester conscients, comme nous l'indiquions précédemment, que ces catégories décrivent en réalité un continuum de modalités d'apprentissage.
[184] Berger et Luckmann, 1986, *op. cit.*
[185] « L'institutionnalisation se manifeste chaque fois que des classes d'acteurs effectuent une typification réciproque d'actions habituelles. » : *ibid.*, p. 78.

Talbot relève ainsi qu'« il est nécessaire qu'une part importante des acquisitions se transforment en habitudes ne relevant plus de décisions conscientes[186] ».

Cette propriété est particulièrement importante dans le cas d'apprentissages collectifs. C'est en effet la médiation du cadre comportemental collectif qui permet la transmission de l'apprentissage aux individus qui n'ont pas eux-mêmes vécu l'expérience qui l'a engendré. Comme le soulignent March et Olsen : « Nous considérons les règles comme reflétant l'expérience passée d'une manière qui rende ces règles – mais non l'expérience – accessibles aux individus qui n'ont pas eux-mêmes vécu l'expérience considérée[187]. » Le cadre comportemental collectif d'un groupe ou d'une organisation en forment la mémoire. Talbot résume ainsi que « les institutions constituent un procès de mémorisation et de transmission inter-générationnel des connaissances[188]. »

Les référents collectifs, entre source et limite de l'apprentissage des individus

L'apprentissage naît d'une pression à évoluer que l'environnement fait porter sur les référents comportementaux d'un acteur. Or les référents collectifs par rapport auxquels il détermine son système de sens et d'action sont un élément essentiel de cet environnement et sont en permanente évolution.

La dissonance qui se développe alors entre le cadre comportemental d'un acteur et les cadres comportementaux collectifs dans lesquels il s'insère engendre une forte pression d'apprentissage. L'inscription d'un individu dans un groupe, une organisation, un secteur (ou même plus généralement dans la société dans son ensemble) constitue ainsi une source essentielle d'apprentissage, en ce double sens qu'elle crée une pression favorisant des processus d'apprentissage (l'individu est incité à « suivre » les évolutions du cadre collectif[189]) et qu'elle indique une direction pour le déroulement de ceux-ci.

Pour autant, le caractère orienté de cette pression limite fortement la nature et la direction des apprentissages qu'elle suscite. L'adhésion d'un individu à un système de sens et d'action collective contrarie tous les apprentissages qui pourraient l'en éloigner et accentuer encore la pression de la dissonance cognitive entre son cadre comportemental et les référents collectif dans lesquels il s'inscrit. Ainsi, « instruments indispensables pour l'action, les construits d'action collective une fois

---

[186] Talbot Damien, 1995, « Les groupes et l'articulation local-global : une approche institutionnaliste », colloque de l'ASRDLF *Dynamiques industrielles, dynamiques territoriales*, Toulouse, p. 4.
[187] March et Olsen, 1989, *op. cit.*, p. 38 : « We see rules as reflecting historical experience in a way that ordinarily makes the rules, but not the experience, accessible to individuals who have not themselves lived through the experience. »
[188] Talbot, 1995, *op. cit.*, p. 4.
[189] Nous pourrions, par analogie avec la génétique, parler de « pression de mutation », laquelle correspond à une incitation de l'ADN à s'adapter à une évolution de l'environnement de l'individu ou de l'espèce.

institués sont en même temps des obstacles à l'apprentissage, c'est-à-dire à l'invention de nouveaux construits[190]. »

Systèmes de sens et d'action collectifs ou individuels fournissent un cadre dans lequel prennent place les réflexions des acteurs. Les inflexions qu'ils pourront – consciemment ou non – envisager d'apporter à leur comportement dépendront fortement de ces croyances, représentations, normes, connaissances, routines. L'imagination s'appuie sur l'existant. « Les institutions influencent le comportement non seulement en précisant ce que chacun devrait faire mais également en précisant ce que chacun peut s'imaginer faire dans un contexte donné[191]. » Comme l'analysent Crozier et Friedberg dans le cadre des jeux relationnels qui gouvernent le fonctionnement des organisations,

> « on n'est capable d'apercevoir que les problèmes que l'on sait traiter, et l'on ne sait traiter que les problèmes qui sont traitables dans le cadre des jeux organisés anciens qui sont en accord avec la capacité relationnelle et la capacité intellectuelle développées par et pour ces jeux. Le jeu ancien ne peut engendrer automatiquement ou naturellement le jeu nouveau. Au contraire, à y regarder de près, il en paralyse la genèse[192]. »

Pour l'essentiel cette réflexion peut être étendue aux cadres comportementaux collectifs : les capacités d'apprentissage d'un système ne sont ainsi pas homogènes ou uniformes ; l'aptitude de celui-ci à évoluer dépend au contraire fortement de la direction de cette évolution.

De même que la science « normale » – telle que définie par Kuhn – se révèle capable d'avancer très rapidement dans la direction qui découle de son paradigme mais ne parvient pas à rendre compte des anomalies qui apparaissent[193], un système autonome intègrera facilement les éléments qui correspondent à son cadre de sens et d'action mais éprouvera de grandes difficultés à prendre en compte les perturbations qui n'en relèvent pas. Le référentiel agricole productif qui a prévalu en France à partir des années 1960 a ainsi permis une croissance extrêmement forte de la production et des performances économiques, en favorisant une optimisation permanente des normes techniques et des structures économiques. En revanche, il n'est pas réellement parvenu à intégrer les anomalies territoriales, environnementales et sociales qui se développaient en marge des références économiques et techniques dominantes.

Lorsque de telles anomalies apparaissent en trop grand nombre et dépassent la capacité du système à les intégrer, celui-ci entre en crise et devient susceptible de connaître une évolution radicale qui, en fournissant un nouveau cadre de sens et

---

[190] Crozier et Friedberg, 1977, *op. cit.*, p. 394.
[191] Hall Peter A. et Taylor Rosemary C. R., 1996, « Political Science and the Three New Institutionalisms », *Political Studies*, vol XLIV, n°5, p. 948 : « Institutions influence behaviour no simply by specifying what one should do but also by specifying what one can imagine oneself doing in a given context. »
[192] Crozier et Friedberg, 1977, *op. cit.*, p. 396.
[193] Voir notamment Kuhn, 1983 (1970), *op. cit.*

d'action, rendra ces anomalies intégrables dans le système. Dans le cas de systèmes sociaux, la crise sera avant tout une crise de sens et des anticipations. Elle traduira un écart désormais trop important entre le cadre dominant et son environnement, écart qui engendre l'accumulation d'un nombre croissant d'anomalies, que le système ne sait pas prendre en compte par ses mécanismes d'apprentissage habituels[194].

Le mimétisme est au cœur des processus d'apprentissage

Force cohésive fondamentale des référents collectifs et des groupes, le mimétisme joue naturellement un rôle important dans les processus d'apprentissage, rôle qu'il nous paraît utile de préciser ici.

Le mimétisme présente en premier lieu pour l'individu l'intérêt majeur de lui fournir des modèles comportementaux disponibles. Non seulement ces modèles sont par nature susceptibles de réduire la dissonance entre son cadre comportemental et les référents collectifs par rapport auxquels il le construit, puisque ces modèles sont portés par ceux avec qui il partage ces référents ; mais surtout ils réduisent le coût de l'apprentissage en proposant pour celui-ci une direction à suivre. L'imitation constituera donc la voie la plus naturelle et la plus facile de l'apprentissage. Comme le remarquait déjà Aristote, « l'homme est le plus mimeur (*mimetikotaton*) de tous les animaux et c'est en mimant (*dia mimeseos*) qu'il acquiert ses premières connaissances[195] ».

En second lieu, le mimétisme permet d'accéder à des modèles comportementaux intégrés et complets :

> « Les recherches qu'ont réalisées certains éducateurs (tels René Deleplace) dans leur effort pour rationaliser l'apprentissage des pratiques sportives ou artistiques en essayant de favoriser la *prise de conscience* des mécanismes qui sont réellement à l'œuvre dans ces pratiques, montrent que, faute de se fonder sur un *modèle formel* portant à l'état explicite les principes que le sens pratique (ou, plus précisément, le « sens du jeu » ou l'intelligence tactique) maîtrise à l'état pratique et qui s'acquièrent pratiquement par *mimétisme*, l'enseignement des pratiques sportives doit se rabattre sur des règles, voire des recettes, et concentrer l'apprentissage sur des phases typiques (des coups), s'exposant ainsi à produire bien souvent des dispositions dysfonctionnelles faute de pouvoir fournir une vision adéquate de la pratique prise *dans son ensemble*[196] ».

---

[194] Nous procédons ici en quelque sorte à une généralisation de la notion de rapport global/sectoriel développée par Jobert et Muller, en l'extrapolant à la pression que subit tout système autonome de sens et d'action de la part de son environnement et en reprenant l'idée que cette pression est à l'origine de décalages que le système ne sait pas intégrer.
[195] Cité par Bourdieu en introduction du Sens pratique (Bourdieu, 1980 (1) *op. cit.*)
[196] *Ibid.*, p. 176.

Même si elle ne permet pas de l'expliciter, l'imitation permet ainsi de préserver le sens profond d'un comportement et de limiter les déformations que pourrait occasionner une transposition passant par une interprétation et une réappropriation. Le mimétisme permet la transposition du tout, lequel possède un sens qui dépasse celui des différentes parties qui l'engendrent.

Tout apprentissage par imitation s'appuie sur un modèle dont les caractéristiques sont susceptibles d'influencer profondément le processus. Trois dimensions nous paraissent ici essentielles (nous désignerons par le terme d'apprenant l'acteur qui imite et par le terme de modèle l'acteur qui est imité[197]) :
- la question de la *légitimité* du modèle à être pris pour tel et donc à influencer les cadres comportementaux de l'apprenant. Cette question importante implique plus généralement celle de l'évaluation des apprentissages, du point de vue des faits (pertinence, efficacité, etc.) comme de celui des valeurs (légitimité, justice, etc.). Il s'agit néanmoins d'un champ extrêmement vaste auquel nous avons choisi de ne pas nous intéresser ici ;
- la question de l'*autorité* du modèle, dans sa capacité à recueillir l'adhésion (consciente ou non) de l'apprenant quant au processus d'apprentissage en cours. Une telle adhésion est en effet susceptible de renforcer le processus d'apprentissage. Nous avons déjà souligné à plusieurs reprises l'imbrication fondamentale des processus d'autorité et de sens ;
- la question de la *confiance* que l'apprenant a dans le modèle. Cette question recouvre partiellement les deux précédentes, en ce que la confiance renvoie comme la légitimité à une dimension axiologique et comme l'autorité à un renforcement de la conviction de la *justesse* du modèle. Mais elle possède également ses dimensions propres. Par l'intériorisation du modèle qu'elle implique, la confiance influence notamment la pérennité de l'apprentissage : la différence entre autorité et confiance dans le processus d'apprentissage peut ici être envisagée comme la différence entre l'action de persuader et celle de convaincre[198].

Les caractéristiques qui fondent la probabilité d'un acteur à être pris comme modèle ne sont pas intrinsèques ou uniformes ; elles dépendent fortement de la nature des relations qui unissent l'apprenant et le modèle, et notamment de la proximité qui les lie. L'appartenance à un même groupe ou une même organisation est ainsi susceptible de renforcer la confiance et la légitimité accordée par un acteur

---

[197] Par souci de simplicité, nous n'envisagerons ici que le premier degré de la spécularité, même si nous sommes conscient que le modèle prend lui-même modèle sur celui qui prend modèle sur lui, etc., et que ces spécularités emboîtées modifient en partie les propriétés du processus.
[198] Persuader – « amener (qqn) à croire, à vouloir, à penser, à faire quelque chose » - est fondé sur le préfixe « per », qui signifie à travers et traduit l'idée de franchir les défenses (par la raison, la rhétorique, la ruse ou toute autre méthode) de l'autre afin de lui imposer une certaine vue ; en revanche, convaincre – « amener (qqn) à reconnaître la vérité d'une proposition ou d'un fait » - est fondé sur le préfixe « con », qui signifie avec, en compagnie de, et traduit l'idée d'emporter l'adhésion en partenariat avec l'autre, en s'appuyant essentiellement sur la raison, à la manière d'une démarche socratique.

à un autre. L'existence d'une relation hiérarchique peut de même accroître l'autorité de celui qui en bénéficie.

Au-delà de ces liens formels, nous voudrions ici insister sur l'importance des liens informels de proximité qui unissent certains acteurs et qui peuvent à ce titre considérablement renforcer les processus d'apprentissage. Nous souhaitons notamment souligner le rôle que peuvent jouer les réseaux – ou plus généralement toute scène reposant sur une proximité non triviale de ses membres – dans les processus d'apprentissage et dans la diffusion de leurs résultats. Les réseaux de politique publique favorisent la propagation en leur sein de référents partagés en renforçant la crédibilité des différents membres à se prendre les uns et les autres comme modèles. Les liens de proximité institutionnelle qu'ils véhiculent soutiennent le développement d'un mimétisme important entre leurs membres.

Les développements que mériterait cette réflexion impliqueraient cependant de convoquer l'ensemble du corpus théorique de l'analyse des réseaux de politique publique[199] et dépasserait à notre sens le cadre du présent ouvrage. Précisons toutefois que la grande diversité des réseaux[200] laisse supposer que des processus spécifiques de diffusion des apprentissages y prennent place.

Les cadres institutionnels résultent d'une auto-transcendance des cadres comportementaux des acteurs

En tant que représentation, un référent collectif se construit « en le disant »

L'élaboration d'une politique publique – par les débats, rencontres, confrontations d'idées, rapports sociaux, réflexions, etc. qu'elle suscite – constitue un lieu privilégié d'apprentissages individuels et collectifs. Elle ne peut se résumer au choix d'un système de sens et d'action et à sa déclinaison réglementaire ; elle ne consiste pas uniquement dans la construction technique de règles et incitations traduisant un certain modèle professionnel. Elle implique en parallèle une modification en profondeur des rapports entre les acteurs, de leurs attentes mutuelles, de leurs modalités de coordination. Comme le remarquent Crozier et Friedberg,

---

[199] Voir notamment Le Galès Patrick et Thatcher Mark (dir.), 1995, *Les Réseaux de politiques publiques*, Paris : L'Harmattan.
[200] « Les deux pôles de ce modèle sont les *issue networks* (plutôt pluralistes, ils se caractérisent comme des réseaux d'échange d'informations, chaque organisation restant relativement libre des autres), et les *policy communities* (plus oligarchiques, les membres et leurs rapports sont plutôt stables, l'interdépendance est forte et il y a un degré élevé d'isolement du réseau par rapport à l'extérieur). » : Smith Andy, 1995, « Les idées en action: le référentiel, sa mobilisation et la notion de *policy network* » in Faure A., Pollet G. et Warin P. (dir.), *La Construction du sens dans les politiques publiques*, Paris : L'Harmattan, p. 112.

> « le changement [n'est pas] la conception et mise en œuvre d'un modèle plus « rationnel » d'organisation sociale. Il ne peut se comprendre que comme un processus de création collective à travers lequel les membres d'une collectivité donnée *apprennent* ensemble, c'est à dire *inventent et fixent* [...] une nouvelle praxis sociale, et acquièrent les capacités cognitives, relationnelles et organisationnelles correspondantes[201]. »

L'apprentissage collectif qui se déroule lors d'un changement de politique publique est lié aux nouvelles habitudes de coordination qui se développent à cette occasion mais également, et peut-être surtout, à la dimension cognitive de cette activité. Toute représentation et plus généralement tout système de sens sont, pour une part importante, construits lors de et par leur explicitation. Comme le remarque Vickers, « tout essai d'influencer un autre par la communication est, qu'elle soit intentionnel ou non, une tentative d'éducation[202]. » En d'autres termes, dire le sens est le construire. Les discours tenus dans le cadre de l'élaboration d'une politique sont ainsi des *discours performatifs*, visant à produire et à imposer comme légitime ceci même qu'ils formulent.

Cette caractéristique explique en partie le lien fondamental unissant construction du sens et exercice de l'autorité. En effet, « l'efficacité du discours performatif qui prétend faire advenir ce qu'il énonce dans l'acte même de l'énoncer est proportionnelle à l'autorité de celui qui l'énonce[203]. »

Les luttes politiques sont ainsi fondamentalement également des luttes symboliques, visant à produire du sens dans le mouvement même de l'élaboration d'une action. Toute promotion d'une politique publique mêle actes signifiants et discours performatifs. Comme le résume Bourdieu,

> « du côté objectif, on peut agir par des actions de représentation, individuelles ou collectives, destinées à faire voir et à faire valoir certaines réalités. [...] Du côté subjectif, on peut agir en essayant de changer les catégories de perception et d'appréciation du monde social, les structures cognitives et évaluatives. [...] Les mots, les noms qui construisent la réalité sociale autant qu'ils l'expriment, sont l'enjeu par excellence de la lutte politique, lutte pour l'imposition du principe de vision et de division légitime[204]. »

---

[201] Crozier et Friedberg, 1977, *op. cit.*, p. 35.
[202] Vickers, 1995 (1965), *op. cit.*, p. 112 : « Every attempt by one to influence another by a communication is, whether deliberately or not, an essay in education. »
[203] Bourdieu, Pierre, 1980 (2), « L'identité et la représentation. Eléments pour une réflexion critique sur l'idée de région », *Actes de la recherche en sciences sociales*, n°35, p. 66.
[204] Bourdieu, 1987 (1), *op. cit.*, p. 159.

Apprentissages de l'individu / du groupe / de la société

Nous avons jusqu'à présent abordé la question de l'apprentissage en nous intéressant implicitement prioritairement à l'apprentissage des acteurs individuels. Pourtant, même si les structures collectives découlent effectivement des stratégies et des actions des individus, elles ne peuvent être réduites à une simple agrégation de ceux-ci. Comme l'affirment les approches holistes, il y a dans le tout davantage que la somme de ses parties.

Il convient par conséquent d'essayer d'identifier cette part supplémentaire, proprement collective, et de caractériser son évolution. Il s'agira d'analyser les groupes, les organisations ou toute autre forme collective de sens et d'action comme un acteur à part entière, disposant d'un cadre comportemental, de relations avec d'autres acteurs et de capacités d'apprentissage (le vocabulaire, employé par extrapolation de celui utilisé pour un individu, devant bien sûr être clarifié). Nous rejoindrons en cela l'analyse que Crozier et Friedberg font des organisations :

> « [Les structures à l'intérieur desquelles doit se déployer l'action sociale des individus] – en délimitant un cadre contraignant pour l'action et l'expérience des individus, en faisant participer ceux-ci à une sorte de « capital relationnel », à des modèles de relations déjà institués – peuvent elles-mêmes s'analyser comme des capacités proprement collectives, irréductibles à celles des individus qu'elles conditionnent à leur tour. On ne peut donc se contenter d'une analyse au niveau des individus. Car des capacités relationnelles existent aussi au niveau des groupes, des organisations, voire des systèmes[205]. »

Nous examinerons successivement, par ordre « d'humanité » décroissante les apprentissages des différents systèmes de sens et d'action dans lesquels peuvent s'inscrire les individus. Nous aborderons ainsi le cas d'un groupe, de la société dans son ensemble, d'une organisation et nous conclurons ce paragraphe en considérant le cas des politiques publiques.

L'apprentissage d'un groupe

La première difficulté à laquelle nous sommes confrontés est celle de définir la notion de « comportement » d'un groupe. En effet, en dehors du cas très spécifique où le groupe envisagé est réuni et agit de façon totalement unitaire, l'analogie entre un groupe et un individu n'est pas possible. De même, fonder comme le font par exemple Argyris et Schön le caractère collectif d'une action individuelle sur le fait que celle-ci est opérée *au nom* du groupe[206] traduit une vision des phénomènes collectifs qui demeure fondamentalement individualiste.

---
[205] Crozier et Friedberg, 1977, *op. cit.*, p. 215.
[206] Voir notamment Argyris et Schön, 1996, *op. cit.*

Davantage que sur des « actions », l'essence d'un groupe repose à notre sens sur la coordination qu'il assure entre ses membres[207] et sur l'organisation de leur comportement vis-à-vis de l'extérieur.

> « Un groupe est toujours une construction sociale qui n'existe et perdure que pour autant qu'il peut s'appuyer sur des mécanismes permettant d'intégrer les stratégies et les orientations différentes des individus-membres et de réguler ainsi leurs conduites et interactions. Ce sont ces mécanismes ou, si l'on veut, ces construits, qui constituent la *capacité collective du groupe*[208]. »

La notion de groupe sera par conséquent à entendre d'abord comme une référence, un environnement dans lequel baignent des individus et qui affecte leur comportement.

Une telle approche est cohérente avec notre choix de définir l'apprentissage comme portant sur les cadres comportementaux des acteurs et non directement sur leur comportement. Ainsi, la notion d'apprentissage appliquée à un groupe doit être vue non tant comme la modification du « comportement » du groupe considéré comme un acteur, que comme la modification du *cadre comportemental* que représente le groupe pour les individus qui le constituent. Il est fondamental de distinguer cette modification du cadre collectif de la somme des modifications des cadres individuels : elles ne sont en effet pas de même nature. Indiquer par exemple que le groupe social des jeunesses agricoles chrétiennes (JAC) a fait au cours des années 1950 l'apprentissage d'un modèle agricole « modernisateur » ne signifie pas affirmer que chaque membre de ce groupe pris individuellement a fait cet apprentissage mais plutôt que les normes comportementales que tout membre recevait de ce groupe d'appartenance incluaient désormais l'acceptation de ce modèle. L'apprentissage au niveau collectif s'applique ainsi non tant à un comportement identique et coordonné de tous les membres du groupe qu'aux référents comportementaux collectifs, qui résultent comme nous l'avons vu dans la partie précédente d'une spécularité infinie des anticipations des membres du groupe. *L'apprentissage du groupe représente une modification des référents comportementaux collectifs dont chaque membre du groupe s'attend qu'ils soient également endossés par les autres*[209].

Les propriétés de cet apprentissage sont en outre comparables à celles des apprentissages individuels (même s'il conviendra de préciser ultérieurement le degré de leur similitude). Les apprentissages d'un groupe traduiront ainsi également les dissonances entre d'une part son système de sens et d'action et d'autre part l'environnement qu'il souhaite, vit ou perçoit. Les référents du groupe seront modifiés à la fois par la réflexion critique sur les expériences du passé, par

---

[207] Même si l'action concertée est une façon de fonder cette coordination.
[208] Crozier et Friedberg, 1977, *op. cit.* p. 215.
[209] Notre définition est cohérente avec celle de Crozier et Friedberg : « Nous appelons apprentissage collectif le processus à travers lequel un ensemble d'acteurs, partie prenante d'un système d'action, apprennent – c'est-à-dire inventent et fixent – de nouveaux modèles de jeu, avec leurs composantes affectives, cognitives et relationnelles. » : *ibid.*, p. 395.

l'empreinte progressive des habitudes et par les chocs ressentis à l'occasion de certaines expériences marquantes. Ces référents influenceront fortement les apprentissages du groupe et ceux de ses membres, favorisant les apprentissages qui se déroulent dans leur cadre et entravant ceux qui s'en éloignent. Enfin, les dimensions mimétiques des référents collectifs continueront à faire sentir leurs effets en incitant les apprentissages collectifs à s'appuyer sur la référence à des modèles (ou tout aussi bien à des contre-modèles) : on cherchera à reproduire le « modèle breton » d'élevage porcin (en se préservant toutefois de ses excès), on s'inspirera des normes et pratiques économiques d'outre atlantique, etc.

L'apprentissage de la société

Le passage du niveau du groupe au niveau de la société prise dans son ensemble impose de généraliser notre propos. Plus qu'une entité agissante dont on pourrait décrire le comportement, nous considérerons la société comme un acteur produisant un cadre de coordination dans lequel interagissent les individus. De même que Jobert et Muller identifient un référentiel global comme la montée en généralité des référentiels sectoriels (plus que comme leur synthèse)[210], nous identifierons la société comme l'ensemble des référents collectifs par rapport auxquels les individus et les groupes déterminent leurs cadres comportementaux. Ces référents collectifs ne sont pas tous bien sûr pourvus du même poids : nous considérerons par facilité cet ensemble comme un équilibre dynamique entre des référents dominants et des référents plus ou moins minoritaires.

De ce fait, l'apprentissage au niveau de la société peut être vu comme la modification du système de sens et d'action dominant, ou pour le dire autrement du comportement d'un individu idéal-typique de la société tel qu'anticipé par un autre individu idéal-typique[211]. L'érosion des références à la famille et à la religion constatée dans nos sociétés occidentales au cours du vingtième siècle correspond ainsi à un apprentissage de la société *en ce sens que* ces références ne sont plus dominantes, c'est-à-dire qu'on ne s'attend plus spontanément à ce qu'un individu typique, sur lequel on ne dispose d'aucune information spécifique, les endosse.

La démarche intellectuelle en jeu ici pour identifier ces référents est similaire à l'exercice mental du « voile d'ignorance » de John Rawls, destiné à se placer dans la « position originelle »[212]. Cette démarche a pour objectif de déterminer ce que tout individu, indépendamment des circonstances particulières de sa situation, devrait penser. Elle consiste à se mettre à la place d'un individu idéal-typique, à se projeter en lui, en oubliant mentalement tous les éléments qui font notre propre spécificité et

---

[210] Jobert et Muller, 1987, *op. cit.*
[211] En réalité, toute modification de l'importance d'une quelconque des références collectives existant au niveau de la société (y compris l'apparition ou la disparition de certaines), c'est-à-dire toute modification de sa probabilité anticipée d'être suivie par des individus, constitue un apprentissage de la société. Pour autant, nous réserverons ce terme aux modifications réellement substantielles, impliquant une modification des références *dominantes*.
[212] Rawls John, 1997 (1971), *Théorie de la justice*, Paris: éditions du Seuil.

nous distinguent de lui. Ainsi, « quelle que soit la position temporelle d'un individu, chacun est forcé de choisir pour tous[213]. »

L'apprentissage d'une organisation

Une organisation peut être considérée, suivant les définitions que nous adoptons ici, comme un groupe doté d'une structure formelle. En ce sens, l'apprentissage d'une organisation peut être envisagé comme la modification du cadre comportemental formel (organigrammes, règles, hiérarchie, etc.) et informel (représentations ou croyances collectives, routines informelles, etc.) dans lequel les différents membres de l'organisation évoluent. Il faut veiller ici de nouveau à ne pas confondre apprentissage *d'une* organisation et apprentissage *au sein d'une* organisation, même si ces deux éléments de nature différentes s'influencent mutuellement et sont tous deux indispensables dans l'analyse.

La distinction que nous opérons ici complète celle de Vickers :

> « Si l'acteur est une institution, il peut se réorganiser plus avant en modifiant les relations mutuelles de ses membres – (a) en changeant son organisation, comme le manager change l'organisation de son service des approvisionnements ; (b) en changeant ce qui pourrait par défaut être appelé sa culture, en particulier les attentes de ses membres envers eux-mêmes et les autres ; ou (c) en changeant son personnel[214]. »

Les trois éléments identifiés par Vickers ne sont en effet pas indépendants. Ainsi la rotation du personnel, si elle préserve les éléments *collectifs* des apprentissages de sens et d'action effectués, conduit à la disparition des éléments *individuels*, c'est-à-dire des apprentissages ayant eu lieu *au sein de* l'organisation. *L'apprentissage survenant dans une organisation devra ainsi être considéré comme la synthèse des apprentissages de l'organisation (c'est-à-dire la modification du système collectif formel et informel de sens et d'action) et des apprentissages au sein de l'organisation (c'est-à-dire la modification des différents systèmes de sens et d'action individuels des membres de l'organisation).*

L'apprentissage d'une politique publique

A ce stade, la définition implicite de l'apprentissage appliqué au cas d'un individu, d'un groupe, de la société ou d'une organisation appartient au registre essentiellement psychologique, puisqu'elle envisage l'apprentissage sous l'angle de la modification des cadres comportementaux des acteurs (même si nous avons indiqué précédemment le sens relativement extensif que nous donnions à ce terme). Le caractère partiellement téléologique d'une organisation (une organisation peut

---

[213] *Ibid.*, p. 172.
[214] Vickers, 1995 (1965), *op. cit.*, p. 104 : « If the agent is an institution, it may further reorganize itself by changing the mutual relations of its members – (a) by changing its organization, as the manager changed the organization of his supplies department; (b) by changing what may loosely be called its culture, in particular the mutual expectations and self-expectations of its members; or (c) by changing its personnel. »

être vue comme ayant un objet, une fonction ou un but) rend toutefois également pertinente l'utilisation du registre cybernétique, selon lequel l'apprentissage est l'aptitude d'un système à améliorer son fonctionnement.

Ce glissement est substantiel car *il permet d'envisager d'appliquer la notion d'apprentissage à tout système de règles formelles et informelles portant sur un ensemble d'individus, que cet ensemble soit incarné ou non dans un représentant ou des acteurs individuels habilités à parler en son nom* : l'apprentissage *de* ce système sera la modification des référents collectifs dont il est constitué et devra être distingué de l'apprentissage *au sein du* système, qui sera la modification des cadres comportementaux individuels des individus participants à ce système collectif.

Cette extension de la notion d'apprentissage nous permet de l'appliquer au cas d'une politique publique, considérée comme une entité portant un système collectif de sens et d'action, et offre une grille de lecture éclairante des changements incrémentaux ou radicaux qu'elle subit. Ces changements constituent en effet une façon pour une politique publique d'adapter – même si les connotations normatives (adapter comme améliorer) et intentionnelles (choisir consciemment les changements) d'un tel terme sont inappropriées – son fonctionnement aux changements survenus dans son environnement. Il en découle que *la nature des modifications intervenant dans la politique dépend des modalités de la médiation qui porte la dissonance existant entre d'une part le système de sens et d'action qu'elle constitue et d'autre part l'environnement souhaité, vécu ou perçu par ceux qu'elle concerne et qui la définissent*. La distinction pertinente n'est plus ici l'ampleur du changement (incrémental ou radical) mais sa forme, c'est-à-dire, si nous reprenons les trois catégories que nous avons identifiées précédemment, la différenciation entre :
- *les changements par rétrospection*, issus d'une démarche active de réflexion par rapport au passé (cas par exemple des changements intervenant suite à une évaluation ex-post) ;
- *les changements par imprégnation*, issus d'une contagion venant d'autres cadres et importés dans la politique par l'intermédiaire de sa mise en œuvre (cas par exemple des modification de sens d'une politique par les pratiques routinières des acteurs impliqués dans sa mise en œuvre) ;
- *les changements provoqués*, issus d'expériences marquantes et plus ou moins répétées de failles dans la politique (cas par exemple du renforcement de la politique européenne de sécurité du transport maritime suite aux catastrophiques marées noires de l'Erika et du Prestige).

Ces trois dimensions sont bien sûr souvent liées. Tout apprentissage d'une politique s'appuiera sur une combinaison à des degrés divers des ces apprentissages complémentaires et interdépendants. Nous analyserons ainsi dans le cas du CTE que cette politique s'est appuyée d'une part sur la visibilité des failles du modèle productif dominant (changement provoqué) et d'autre part sur les réflexions qu'avait menées au cours des années précédentes un certain nombre d'acteurs individuels et collectifs et qui avaient débouché sur des propositions d'évolution des politiques (changement par rétrospection). Nous verrons également que le sens que donnaient à cette politique ses concepteurs originels a été altéré au moment de sa réappropriation par les acteurs locaux et départementaux (changement par imprégnation).

La notion d'institution

Le paragraphe précédent nous a permis d'identifier plusieurs « acteurs » collectifs sujets à des processus d'apprentissage. Nous voudrions ici essayer de montrer l'unité de ces processus en mobilisant la notion d'institution. Nous désignerons par le terme de « contenant » les différents acteurs collectifs envisagés, afin de traduire que nous les considérons du point de vue du contexte qu'ils représentent ainsi que de l'influence qu'ils exercent sur les individus qu'ils regroupent, et non comme la somme de ceux-ci[215].

Nous avons souligné dans le paragraphe précédent qu'*un apprentissage collectif consiste en une modification conjointe des cadres comportementaux des individus ET du cadre de leur « contenant » (groupe, société, organisation ou politique publique)*. Contenu et contenant apparaissent ainsi à la fois séparés analytiquement et irréductibles à des réalités indépendantes. Une organisation ne doit pas être envisagée uniquement comme une structure formelle et un ensemble de règles, sans envisager dans le même temps les individus qui la composent effectivement. De même, une politique publique ne peut être réduite aux dispositifs qu'elle met en place : elle « contient » également ceux qui les élaborent et les appliquent, bref, ceux qui seront transformés à l'occasion des processus d'apprentissage que connaîtra la politique, c'est-à-dire des processus d'adaptation de son fonctionnement sous l'influence de son environnement et des résultats passés. *Apprentissages de la structure et des individus participent tous deux de l'apprentissage global constaté*. Ces éléments seront particulièrement importants lorsque nous analyserons dans le chapitre IV l'élaboration administrative du CTE.

Nous avons ainsi mobilisé ces différentes formes collectives de façon indissociable des individus qu'elles concernent, en dépassant la dimension des actions ou prescriptions formelles de ces formes collectives pour envisager plus globalement le cadre de référence qu'elles représentent. Ce déplacement implicite de notre regard rend utile l'introduction de la notion unificatrice d'institution. En effet,

> « l'institution englobe l'organisation : cette dernière assure la mise en œuvre des règles déterminées par les institutions. L'organisation coordonne alors que l'institution réalise une fonction supérieure, celle de guider l'action et la cognition, et de réguler les interactions[216]. »

Le contexte particulier de mobilisation de cette notion – les phénomènes d'apprentissages collectifs – rend nécessaire une adaptation des définitions les plus

---

[215] La polysémie du terme contenir – qui signifie à la fois inclure et entraver – est en outre utile pour signifier que les acteurs collectifs constituent à la fois des ensembles d'individus et des limitations aux comportements ou aux apprentissages que ceux-ci peuvent développer.
[216] Talbot, 1995, *op. cit.*, p. 5.

fréquemment adoptées. Nous partirons ici de la définition classique de North ; celui-ci, afin de rendre compte à la fois des institutions formelles et des institutions informelles, propose de les considérer comme l'ensemble des règles du jeu des interactions entre individus : « Les institutions sont les règles du jeu dans une société ou, plus formellement, sont les contraintes d'origine humaine qui façonnent les interactions humaines[217]. »

Cette définition présente l'avantage de prendre en compte plusieurs dimensions essentielles des institutions, notamment leur origine humaine et les modalités selon lesquelles elles influencent le comportement humain. Concernant ce dernier aspect, le terme « façonner » (*shape*) traduit de façon selon nous judicieuse que cette influence est structurelle bien que non déterministe et qu'elle est intériorisée bien que non nécessairement consciente.

Pour autant, la définition de North nous semble omettre trois aspects non triviaux sur lesquels nous appuyons en partie notre analyse :
- l'influence des institutions ne s'exerce pas uniquement sur les interactions entre acteurs, mais plus généralement sur l'ensemble de leur comportement. La religion peut par exemple représenter pour un individu une institution qui inspirera l'ensemble de ses actes et non pas uniquement ceux par lesquels il interagit avec d'autres personnes ; placé sur une île déserte et disposant de nourriture à profusion, il continuera de respecter ses préceptes alimentaires. Nous substituerons ainsi le terme « comportement » au terme « interactions » ;
- l'influence des institutions ne s'opère pas qu'à travers des contraintes. Elle passe aussi par la mise à disposition de routines (modes opératoires), d'algorithmes comportementaux (chaînes de causalité), de normes ou autres. Elles offrent un « prêt-à-penser » collectif par rapport auquel les individus construisent leur cadre comportemental.

> « Les institutions, par le simple fait de leur existence, contrôlent la conduite humaine en établissant des modèles prédéfinis de conduite, et ainsi la canalisent dans une direction bien précise au détriment de beaucoup d'autres directions qui seraient théoriquement possibles. Il est important de souligner que cette fonction de contrôle est inhérente à l'institution en tant que telle, avant ou en dehors de tout mécanisme de sanction[218] ».

Nous préférerons donc le terme « cadre » au terme « contraintes » ;
- enfin, en tant que référent collectif, la *transcendance* que suppose le terme « institution » (c'est-à-dire l'existence d'une institution indépendamment – du moins pour ce qui est de sa nature – des rapports que les individus entretiennent avec elle) s'exerce à travers l'interaction entre les individus, ou plus précisément à travers les *anticipations* – conscientes ou non – qu'ils peuvent formuler sur les règles comportementales auxquelles les autres sont susceptibles de se référer. Cette dimension constitue l'un des fondements essentiels du rôle

---

[217] North, 1990, *op. cit.*, p. 3 : « Institutions are the rules of the game in a society, or more formally, are the humanly devised constraints that shape human interaction. »
[218] Berger et Luckman, 1986, *op. cit.*, p. 79.

de stabilisation des interactions et de réduction des incertitudes que peut jouer une institution. Ainsi, lorsque deux individus institutionnalisent une « typification » réciproque,

> « le gain le plus important consiste en la capacité pour chacun de prédire les actions de l'autre. [...] Ils construisent un décor [...], qui servira à stabiliser à la fois leurs actions séparées et leur interaction[219]. »

Nous envisagerons par conséquent *une institution comme un cadre modelé par l'homme et dont on anticipe[220] qu'il façonne le comportement des acteurs*. Le cadre institutionnel qui entoure un individu représente quant à lui l'ensemble des institutions au sein desquelles il évolue et par rapport auxquelles il définit son comportement.

Ces définitions revêtent un caractère dynamique puisqu'elles sont fondées sur les anticipations des acteurs. L'importance et donc la réalité d'une institution fluctue en fonction des attentes des acteurs.

Le système de sens et d'action d'un individu constitue une intériorisation du contexte institutionnel dans lequel il baigne, tous les degrés de rapport aux différentes institutions (de l'assimilation complète au rejet) étant possibles. En inversant cette vision des choses, *le cadre institutionnel peut être considéré comme la transcendance des cadres comportementaux de l'ensemble des individus, c'est-à-dire comme l'ensemble des référents extérieurs* (d'élaboration humaine et dont le rôle peut être anticipé) *sur lesquels se bâtissent les cadres comportementaux des acteurs[221]*. Le cadre institutionnel est ainsi simultanément extérieur aux individus et engendré par eux. C'est cette figure de l'auto-extériorisation que nous voulons à présent préciser.

Le mécanisme d'auto-extériorisation ou d'auto-transcendance

Les institutions paraissent aux acteurs des entités propres, dont l'existence et l'évolution sont indépendantes de leur propre action. Comme le remarquent Berger et Luckman, « Les institutions sont [...] vécues en tant que détentrices d'une réalité propre, une réalité qui affronte l'individu comme un fait extérieur et coercitif[222]. » Nous avons traduit ce fait par l'utilisation du concept de transcendance, afin

---

[219] *Ibid.*, p. 82.
[220] Il s'agit d'une prédiction en partie auto-réalisatrice, puisque le fait d'anticiper une telle influence amène à soi-même modifier son comportement pour en tenir compte. Nous retrouvons là des mécanismes de spécularité infinie.
[221] Formellement, toute référence dont on peut supposer qu'elle influence peut-être le comportement de certains acteurs constitue une institution. Pour autant, nous réserverons comme nous l'avons indiqué précédemment l'usage de ce terme pour les références appartenant au système de sens et d'action *dominant* dans le « contenant » (groupe, organisation, société, politique publique) considéré. Un cadre institutionnel est par conséquent hiérarchisé, orienté : il représente le panorama de l'équilibre dynamique entre les référents collectifs dominants et les référents minoritaires au moment considéré.
[222] Berger et Luckman, 1986, *op. cit.*, p. 84.

d'exprimer que la construction d'une institution relève d'un changement de nature au moment de sa montée en généralité ou, pour le dire autrement, afin de signifier que le tout diffère de la somme des parties.

Cette autonomie du social renvoie aux approches structuralistes ou holistes que nous avons déjà évoquées. Ces approches mettent l'accent sur l'influence – voire la détermination – qu'exercent les structures et les rapports sociaux sur les individus. Ainsi, pour Bourdieu, « le sujet n'est pas l'*ego* instantané d'une sorte de *cogito* singulier, mais la trace individuelle de toute une histoire collective[223]. » Sans aller jusqu'à une négation totale de l'autonomie des individus, il apparaît manifeste que l'action de ceux-ci est fortement conditionnée par les structures collectives sous-jacentes qui échappent à leur conscience. Les individus sont donc engendrés par les structures sociales.

Le courant de l'individualisme méthodologique montre cependant que ces structures collectives dépendent elles-mêmes des raisons qu'ont les individus de les endosser. Tout phénomène social est toujours en effet en dernière instance le résultat de l'action d'individus. Toute représentation sociale, toute institution, tout référent collectif existe uniquement dans l'esprit des individus : il n'a aucune réalité en leur absence. Toute forme sociale est donc fondamentalement engendrée par les individus. Ce processus – nous touchons là un point crucial – n'exige cependant nullement d'être dirigé, organisé ou conscient.

> « Il faut arriver à concevoir, selon la formule d'Alan Fergusson, que l'ordre collectif est « le résultat de l'action des hommes mais non de leurs desseins » […]. C'est sans le savoir ni le vouloir que les hommes contribuent à l'ordre collectif[224]. »

Or, comme l'ont montré les travaux canoniques de Von Neumann sur les systèmes complexes, le résultat d'un mécanisme peut-être infiniment plus complexe que ce mécanisme lui-même. La nature de l'ordre collectif qu'engendre l'action des hommes peut donc être infiniment différente de la simple somme de ces actions. Nous sommes ainsi revenu au point de départ de notre paragraphe : la transcendance des référents collectifs par rapport aux individus qui pourtant les engendrent. Comme le résume Jean-Pierre Dupuy,

> « tout se passe comme si la société se détachait, prenait une autonomie par rapport aux individus qui pourtant l'alimentent de leurs actions : c'est ce mouvement que nous nommons « auto-extériorisation » ou « auto-transcendance ». Tout se passe comme si les hommes prenaient pour repères « extérieurs » capables de guider leurs actions des formes, des régularités, un ordre qui, de fait, proviennent d'eux-mêmes[225] ».

---

[223] Bourdieu, 1987 (2), *op. cit.*, p. 129.
[224] Dupuy Jean-Pierre, 1994 (1), *Cours d'introduction aux sciences sociales*, tome 1, Palaiseau : Ecole Polytechnique, p. 14.
[225] *Ibid.*, p. 14.

Nous avons mis en évidence la circularité intrinsèque de cette construction : les individus engendrent des référents collectifs qui leur deviennent extérieurs en acquérant – de par la complexité des phénomènes en jeu – une nature proprement collective, différente des actions individuelles ou de toute simple somme de celles-ci ; en retour, ces référents collectifs extérieurs déterminent le comportement des individus, lequel pourtant – de par la complexité des phénomènes en jeu – présente une nature proprement individuelle, différente de la simple traduction des formes collectives[226].

Cette circularité dynamique est essentielle car l'autonomie d'un système réside dans l'existence de causalités circulaires entre ses différents niveaux[227]. *L'autonomie des acteurs de ce système autoréférencé – individus et institutions – est ainsi irréductible et elle découle à la fois 1) de la transcendance qui résulte de la complexité des déterminations mutuelles et 2) de la circularité de ces déterminations.* En effet, d'une part l'endogénéité du point de référence[228] n'empêche pas de le considérer comme fixe et donc d'envisager l'action de façon autonome dans le cadre qu'il détermine ; et d'autre part dans le même temps la circularité de la causalité permet d'assurer que ce cadre n'est pas imposé de l'extérieur (système contrôlé) mais résulte d'une boucle de rétroaction (système autonome)[229].

Un exemple permet d'illustrer cette idée un peu complexe :

Dans un dessin célèbre, Escher met en scène deux mains se dessinant mutuellement. Tant que l'on considère cette figure de manière statique, il est impossible de sortir du paradoxe, tout comme il est impossible de savoir qui de l'œuf ou de la poule précéda l'autre. En revanche, si l'on considère la figure de manière dynamique, elle acquiert un sens nouveau dans lequel chaque main successivement (et non simultanément) engendre l'autre : ces deux objets sont liés par un déterminisme circulaire absolu alors même que la dynamique de ce déterminisme permet d'envisager successivement chacun comme une entité autonome engendrant l'autre.

---

[226] Cette figure de détermination mutuelle est similaire à la figure de *double structuration* développée par Giddens (Giddens, 1987 (1984), *op. cit.*). La reconnaissance d'une temporalité sociologique dans la rationalité des acteurs pousse Giddens – ainsi que nous le reprenons ici – à considérer cette double structuration d'une manière séquentielle et dynamique et non simultanée et statique. Cette circularité dynamique permet de sortir de l'opposition entre rôle socialement causal ou uniquement justificatif des idées, en reconnaissant pleinement l'action des idées et plus généralement des référents collectifs mais en soulignant d'une part qu'ils résultent eux-mêmes de l'action des individus et d'autre part que ces derniers reformulent et résistent à leur influence d'une manière que l'observateur peut constater mais ne peut prévoir.

[227] « Pour réussir à penser l'unité du système, c'est-à-dire son *autonomie* [...], il faut formuler un principe de *causalité circulaire* entre ces niveaux. » : Dupuy, 1994 (1), *op. cit.*, p. 56.

[228] Voir notamment Girard, 1978, *op. cit.* et sa critique des théories sociales (Hobbes, Freud) fondées sur l'existence d'un point fixe exogène.

[229] Nous n'avons formellement démontré ici que l'autonomie de l'ensemble des individus engendrant les institutions considérées et non celle de chacun d'entre eux. Le raisonnement reste néanmoins valable pour tout groupe et le système collectif de sens et d'action auquel il est associé, ce qui constitue notre objet d'analyse.

« La seule façon de donner sens aux « mains dessinant » d'Escher est [ainsi] de les traiter comme on traite le paradoxe du menteur : en faisant de cette structure statique une structure dynamique, une succession de moments où chaque main prend en alternance le dessus[230]. »

Spécularité infinie résolue en spécularité nulle fondée sur la convention

Nous avons appuyé jusqu'à présent l'ensemble des formes collectives que nous avons identifiées sur l'anticipation des acteurs : nous avons indiqué ainsi que le caractère collectif d'un référent découlait selon nous de l'anticipation qu'il soit suivi par les individus de la collectivité considérée ; nous avons défini l'appartenance à une collectivité comme l'anticipation du partage de certains référents. Ce faisant, nous avons implicitement passé sous silence un problème majeur de cette approche : l'intense activité intellectuelle de spécularité qu'elle semble requérir, alors même que nous avons fait reposer le besoin de références extérieures sur notamment la nécessité de disposer d'un « prêt-à-penser » permettant de circonscrire aux situations les plus importantes la coûteuse activité intellectuelle du choix. Ce paradoxe – faire appel, pour libérer des ressources intellectuelles, à des processus qui en sont particulièrement consommateurs – peut néanmoins être levé en s'appuyant sur le concept de point fixe endogène de référence que nous avons évoqué au paragraphe précédent. Nous montrerons ainsi que les phénomènes de spécularité sont marqués par une discontinuité à l'infini, c'est-à-dire par le remplacement d'une spécularité infinie inatteignable (le Common knowledge ou CK) par une spécularité nulle fondée sur le sens commun ou sur la dimension conventionnelle des systèmes de sens.

La spécularité nulle de la convention cristallise les anticipations

Répétons-nous : l'anticipation suppose à première vue la spécularité infinie. Si je souhaite anticiper le comportement de l'autre, je dois également anticiper la façon dont il anticipe mon propre comportement, car cet élément intervient dans le sien. Il me faut par conséquent également anticiper la façon dont il anticipe que j'anticipe son comportement, etc.

Or une spécularité infinie n'est pas accessible au raisonnement : il est impossible de nous projeter un nombre *infini* de fois dans un jeu de miroir entre nous et l'autre. Nous pouvons au maximum nous projeter un très grand nombre de fois, en faisant l'hypothèse que les degrés supérieurs de spécularité jouent un rôle négligeable[231].

---

[230] Dupuy Jean-Pierre, 1994 (3), *Cours d'introduction aux sciences sociales*, tome 3, Palaiseau : Ecole Polytechnique, p. 169.
[231] Nous procédons ainsi de manière analogue au développement limité d'une fonction en mathématiques (qui consiste à établir une approximation polynomiale de degré fini du comportement de cette fonction au voisinage d'un certain point, en considérant les degrés suivants du polynôme négligeables).

Nous accédons alors à une spécularité tendant vers l'infini mais ne l'atteignant jamais.

Mais cette alternative n'est pas la seule dont nous disposons. Dans un jeu consistant à deviner l'opinion moyenne d'une certaine population,

> « la façon "naturelle" de jouer est évidemment pour chacun de se rapporter aux points de repères fournis par le sens commun et de choisir sans se référer spéculairement au choix des autres. Les autres sont toujours là, bien sûr, mais leurs esprits sont comme cristallisés en objets. La médiation par le sens commun permet pratiquement d'obtenir par une spécularité nulle ce que la logique ne croyait possible qu'au prix d'une spécularité infinie. [...] L'équivalence entre spécularité nulle et spécularité infinie passe par cette figure de la hiérarchie enchevêtrée[232]. »

La spécularité infinie est ainsi atteinte de façon indirecte, par l'intermédiaire de la construction d'un sens commun qui la cristallise et réifie l'échange illimité des regards. Seule l'absence de spécularité permet d'atteindre le degré de certitude que le common knowledge procure.

> « Il n'y a pas de difficulté considérable à admettre que des propositions comme 2+2=4 ou : le soleil se lève à l'Est, sont CK pour des groupes humains particuliers. Dans la mesure où, comme disait Pascal, les représentations de sens commun sont comme une "seconde nature" et se présentent comme évidentes par elles-mêmes, on peut admettre qu'elles sont par là même, elles aussi, CK[233]. »

La notion de sens commun entretient d'évidentes proximités avec celle de paradigme ou plus généralement avec la notion de système de sens et d'action collectif dominant. Ces différentes structures présentent en effet le point commun d'être des *ordres conventionnels*, c'est-à-dire de médiatiser, d'une façon que l'on sait partagée, les anticipations du comportement des acteurs et de suppléer à l'obligation de se projeter en eux. Une convention, en effet, « est un système d'attentes réciproques concernant les compétences et les comportements des autres[234] ». Comme le remarque Olivier Favereau, elle consiste en un

> « ... dispositif cognitif collectif reposant sur un principe d'économie des ressources cognitives, au sens où on ne cherche à produire de nouvelles connaissances que dans la mesure où ont été épuisées toutes les tentatives d'interprétations compatibles avec l'état antérieur du savoir[235]. »

La convention peut par conséquent être vue comme la dimension anticipative des systèmes de sens et d'action dans la mesure où elle assure à chacun que les autres

---

[232] Dupuy, 1994 (1), *op. cit.*, p. 109.
[233] *Ibid.*, p. 109.
[234] Salais Robert et Storper Michael, 1993, *Les Mondes de production*, Paris : éditions EHESS, p. 31.
[235] Favereau Olivier, 1986, « La formalisation du rôle des conventions dans l'allocation des ressources » in Salais R. et Thévenot L. (dir.), *Le travail. Marchés, règles conventions*, Paris : INSEE-Economica, p. 249-267, cité par Orléan André, 1989, « Pour une approche cognitive des conventions économiques », *Revue économique*, vol 40, n°2, p. 266-267.

respecteront les références collectives partagées tant qu'elles opéreront sur le monde.

<u>Les certitudes de la spécularité nulle s'évanouissent lors de la crise de la dimension conventionnelle d'un système de sens et d'action</u>

Sperber et Wilson analysent que la construction du sens commun – ou plus généralement de tout ordre cognitif conventionnel – s'appuie sur deux éléments[236] : d'une part le remplacement de

> «…la notion de Common knowledge par une notion affaiblie, celle de *mutual manifestness* : ce qui est « manifeste » à un sujet, c'est beaucoup plus que ce qu'il sait, c'est aussi ce qu'il *peut* savoir […] et plus généralement ce qu'il peut inférer (tenir pour vrai, même si c'est à tort) ; cette première étape substitue à l'infini actuel du Common knowledge un infini potentiel » ;

d'autre part la localisation de

> « … cette récursion infinie non plus dans l'esprit des sujets mais dans leur « environnement cognitif », c'est-à-dire l'ensemble des faits qui leur sont manifestes ».

Ce dernier point est essentiel : le transfert de l'infinité des regards dans un référent collectif opaque bloque la spécularité. En d'autres termes, *l'auto-extériorisation produit la fixité du point de référence. L'anticipation qui fonde les référents collectifs ne consiste donc pas à se livrer à une activité intellectuelle de spécularité tendant vers l'infini mais plutôt à trouver dans les systèmes de sens et d'action conventionnels les références prévisibles des différents acteurs.* L'ordre collectif réifié qui en résulte présente les caractéristiques du Common knowledge mais n'implique aucune activité cognitive de type spéculaire.

Le déplacement de la récursion spéculaire de l'esprit des sujets à leur environnement cognitif nécessite cependant un accord suffisamment clair pour que cette cristallisation devienne évidente à tous et fasse l'objet d'une convention. Il apparaît ainsi utile de *distinguer les phases de crise, qui voient s'affaiblir voire disparaître la dimension conventionnelle des systèmes de sens* (c'est-à-dire l'assurance que les référents collectifs qu'ils véhiculent sont effectivement observés par les membres de la collectivité), *des phases « normales », au cours desquelles les références dominantes fournissent un sens commun sur lequel les acteurs peuvent fonder leurs attentes du comportement des autres.*

La crise se traduit paradoxalement par un renforcement et un affaiblissement concomitant de la spécularité : d'une part, « sans repères « extérieurs » pour coordonner leurs actions, les hommes s'épient, mutuellement fascinés, et se perdent dans les miroirs que leur tendent les autres[237] » ; ils sont désormais obligés de

---

[236] Les deux citations sont issues de Sperber et Wilson, 1986, *Relevance*, Oxford : Basil Blackwell cités par Dupuy, 1989, *op. cit.*, p. 377.
[237] Dupuy, 1994 (1), *op. cit.*, p. 109-110.

recourir à la spécularité pour tenter de deviner les comportements des autres ; d'autre part, ils ont perdu l'assurance (équivalente à une spécularité infinie) que leur offrait la spécularité nulle des références dominantes. A l'inverse, la société d'ordre obtenue suite à l'érection d'un nouveau système de sens dominant fournit les certitudes du common knowledge sans le prix d'une activité cognitive spéculaire.

« Le sens commun apparaît comme toujours déjà constitué, objectif, incontestable. En se guidant sur ses repères, les hommes satisfont automatiquement, sans effort mental ni affectif, l'infinité actuelle de conditions requises par le CK. Spécularité nulle et spécularité infinie sont alors indistinguables[238]. »

---

[238] *Ibid.*, p. 110.

Chapitre II : les origines du Contrat territorial d'exploitation

Introduction

Le chapitre précédent nous a permis d'expliciter le cadre théorique que nous allons à présent mobiliser. Nous avons notamment montré que des référents collectifs peuvent former un système cohérent de sens et d'action et qu'ils reposent alors sur des anticipations des acteurs médiatisées par l'intermédiaire de la dimension conventionnelle du système considéré ; en d'autres termes, l'appartenance à un groupe, une organisation, etc., se traduit par un ensemble de certitudes sur le comportement qu'il est possible d'attendre des autres. Nous avons également souligné que les apprentissages découlaient de la pression liée aux dissonances entre un système de sens et d'action et l'environnement souhaité, vécu ou perçu par ceux qui s'y réfèrent. Enfin, nous avons remarqué que les apprentissages entrant dans le cadre du système de sens et d'action considéré étaient facilités par celui-ci tandis qu'étaient entravés ceux qui n'y entraient pas.

Munis de cette grille de lecture, nous pouvons aborder le cœur de notre propos : l'analyse de la genèse du Contrat territorial d'exploitation. Nous procéderons à cette analyse en quatre temps successifs, consacrés respectivement aux origines de cette réforme (présent chapitre), à son élaboration politique et syndicale (chapitre III), à son élaboration administrative (chapitre IV) et enfin à sa mise en œuvre locale (chapitre V).

Qu'elle se situe dans leur continuité ou en rupture par rapport à elles, toute politique publique est l'héritière de ses devancières et de la situation sociale qu'elles ont engendrée. Comprendre les fondements d'une réforme implique par conséquent d'expliciter le passé et les dynamiques qui ont suscité son adoption. L'ampleur de la tâche nécessite toutefois de fixer une limite temporelle à cette rétrospection. Nous avons choisi pour notre part de faire commencer notre analyse pour l'essentiel au début des années 1990 ; nous constaterons en effet que c'est principalement à partir de cette époque que les thématiques de développement durable et de « multifonctionnalité » de l'agriculture, sur lesquelles se fonde le Contrat territorial d'exploitation, ont commencé à émerger comme une composante majeure des enjeux reconnus du secteur agricole.

Les processus et événements à l'origine du CTE sont nombreux et complexes et leur compréhension nécessite de disposer d'un fil conducteur fiable. Nous nous appuierons pour cela sur la grille de lecture développée par Kingdon pour analyser l'émergence de fenêtres d'opportunité favorable à une modification profonde de la politique conduite jusqu'alors[239]. C'est à la présentation de cette grille de lecture qu'est consacrée la première partie du chapitre.

1 L'ouverture d'une fenêtre d'opportunité naît de la conjonction de trois courants distincts

La crise de sens favorise les apprentissages radicaux

Un système de sens et d'action offre des certitudes et ordonne le monde. Il rend celui-ci intelligible en permettant d'anticiper le comportement des autres et en fournissant un cadre interprétatif à leurs actions. En ce sens, les dissonances apparaissant entre ce système et l'environnement engendrent une perte d'intelligibilité et donc un accroissement de l'incertitude. L'acteur considéré ne sait plus comment interpréter dans son cadre comportemental habituel les éléments qui lui parviennent : il doit faire évoluer celui-ci pour être à nouveau capable de les prendre en compte.

Il nous faut néanmoins distinguer ici différents degrés – ou plutôt différentes natures – dans les dissonances et incertitudes évoquées. Tout système de sens en effet, de par la hiérarchisation des éléments qui le constituent, dispose d'une certaine souplesse d'évolution. Les cadres interprétatifs secondaires peuvent évoluer sans remettre pour autant en cause les fondements du système. Dans le cas de l'agriculture, par exemple, il est possible de s'attendre désormais à ce que la pratique de référence soit la stricte adaptation des doses d'engrais aux besoins des plantes à l'aide de bilans de sol réguliers (au lieu d'une surfertilisation garantissant de façon plus sûre les rendements), sans remettre en cause la primauté des références techniques et économiques dans la définition du métier d'agriculteur.

Les incertitudes que subit un système de sens – c'est-à-dire les perturbations de ses dimensions anticipatrices – peuvent ainsi être classées en deux catégories :
- d'une part les incertitudes entrant dans le cadre du système, réductibles, c'est-à-dire les incertitudes que le système est capable de prendre en compte moyennant une adaptation de certains référents non essentiels ;
- d'autre part les incertitudes n'entrant pas dans le cadre du système, irréductibles, c'est-à-dire qu'aucune modification des référents non essentiels du système ne permette de rendre intelligible.

Les incertitudes réductibles sont de nature à favoriser les apprentissages dans le cadre du système et à décourager les apprentissages hors du cadre du système ; elles

---
[239] Voir Kingdon John, 1995, *Agendas, Alternatives and Public Policy*, Harper Collins.

encouragent donc des changements de nature incrémentale soumis aux phénomènes de dépendance au parcours. Les incertitudes irréductibles sont de nature à favoriser les apprentissages radicaux et le remplacement du système par un autre système dans lequel elles sont intelligibles.

Tout changement suppose un risque, par l'incertitude qu'il engendre. Il constitue une mise en danger. Un acteur connaît le résultat de l'application du système de sens qu'il a suivi jusqu'alors ; il ne peut prévoir avec la même acuité les effets de nouvelles routines comportementales qu'il est susceptible d'endosser. Tout apprentissage représente ainsi à la fois une espérance de gain (un comportement mieux adapté, plus efficace, etc.) et un coût, lequel porte à la fois sur le processus d'apprentissage (investissement de temps et de ressources intellectuelles) et sur son résultat (risque, incertitude). Il est donc rationnel de n'y recourir que lorsque le bénéfice qu'on en attend est suffisamment supérieur à son coût[240].

En matière de politique publique, la remise en cause du référentiel ne porte le plus souvent que sur des aspects secondaires de celui-ci. Dans la plupart des situations, les dissonances[241] à gérer peuvent être prises en compte par une adaptation incrémentale de la politique. Ce fonctionnement est rendu « normal » par le coût élevé de modifications plus radicales et notamment par les mécanismes de dépendance au parcours. Seules des circonstances exceptionnelles – que nous qualifierons de *crise* – sont susceptibles de justifier le recours à des apprentissages de nature révolutionnaire. Comme le remarque Kuhn, « le renouvellement des outils est un luxe qui doit être réservé aux circonstances qui l'exigent. La crise signifie qu'on se trouve devant l'obligation de renouveler les outils[242]. »

La crise (de sens) est avant tout une perte de repères. Elle renvoie notamment à une crise des anticipations, lorsqu'un individu ne peut plus anticiper (à l'aide de la dimension conventionnelle du référentiel) les cadres comportementaux communs sur lesquels s'appuient les personnes avec qui il interagit. Une telle crise est déclenchée par l'apparition et l'accumulation d'*anomalies*, c'est-à-dire de dissonances irréductibles, qu'il n'est pas possible de traiter dans le cadre du référentiel en vigueur. Dans ces conditions, le « coût » de l'apprentissage est fortement réduit, puisque la « valeur » du cadre antérieur est substantiellement remise en cause : *l'incertitude engendrée intrinsèquement par tout changement est compensée par la perte de pertinence du référentiel en vigueur*.

Le développement d'une crise de sens, s'il rend possible des apprentissages radicaux en diminuant fortement leur coût, ne se traduit cependant pas systématiquement par un remplacement rapide du référentiel remis en cause. En effet, l'état de désarroi qu'une telle crise engendre est susceptible d'entraîner le

---

[240] Il dépasserait notre propos de décrire ici les mécanismes subjectifs selon lesquels une telle comparaison est opérée par l'individu. Pour une analyse du lien entre appréciation du risque et de l'incertitude et décision, voir notamment Kahneman Daniel et Tversky Amos (dir.), 2000, *Choices, Values, and Frames*, Cambridge University Press, Russel Sage Foundation.
[241] Rappelons une nouvelle fois que nous employons ce terme pour désigner les décalages entre un système de sens et l'environnement que souhaitent, vivent ou perçoivent les individus qui s'y conforment.
[242] Kuhn, 1983 (1970), *op. cit.*, p. 113.

renforcement d'un certain nombre de mécanismes de défense individuels et collectifs, ainsi que nous serons amenés à le constater à plusieurs reprises dans notre analyse du CTE[243]. Il conviendra par conséquent de considérer le développement d'une crise de sens comme l'un des éléments de l'ouverture d'une fenêtre d'opportunité pour un changement radical, et non comme une situation engendrant mécaniquement un tel changement.

Les trois courants de Kingdon

Les travaux de Kingdon[244] présentent l'intérêt de synthétiser les différents aspects caractérisant l'ouverture d'une telle fenêtre d'opportunité. Kingdon distingue ainsi trois champs principaux dans lesquels surviennent des mécanismes réduisant le coût d'un changement radical de référentiel. Il appelle ces champs des *courants* afin de rendre compte de la dimension relativement autonome de leur dynamique : chaque courant évolue indépendamment du cours des autres et c'est la conjonction fortuite[245] de situations favorables sur les trois courants qui se traduit par l'ouverture d'une fenêtre propice à un changement majeur de politique.

Le courant des problèmes

Le courant des problèmes correspond à la conscience que « quelque chose doit être fait ». Il traduit la représentation d'un décalage entre l'état du monde et la politique menée. Il renvoie à l'opinion de l'inadaptation des instruments en vigueur.

Cette inadaptation peut être considérée comme mineure et susceptible d'être résolue par des aménagements de la politique. Elle donnera alors lieu à des apprentissages incrémentaux. Mais elle peut également s'avérer impossible à réduire dans le cadre du référentiel dominant. Si de nombreuses inadaptations de cette nature surviennent, la confiance dans le référentiel dominant diminue jusque éventuellement au point de provoquer une crise de sens, c'est-à-dire la conscience d'une défaillance globale de celui-ci. Le *coût d'un changement global important est alors abaissé par la perte de sens du référentiel remis en cause.*

---

[243] Certains travaux de psychologie sociale montrent ainsi notamment que des processus psychologiques de défense viennent perturber la possibilité d'expérimenter et d'apprendre : « Pour les personnels de l'organisation, la perte de confiance dans le système de valeurs est une crise morale. [...] Le brouillage des valeurs et des modèles entraîne donc le désarroi et son cortège de défenses. [...] Elles peuvent être du type agressif (dépit agressif, rage destructrice...), ou se traduire par le repliement (blocage et apathie, enfermement dans la tradition, attente critique...) ou par l'évitement et la fuite (démission, désimplication, constructions intellectuelles utopiques...). » : Mucchielli, 2001, *op. cit.*, p. 64.
[244] Kingdon, 1995, *op. cit.*
[245] Nous verrons cependant dans la dernière section de ce paragraphe qu'un couplage partiel des dynamiques des trois courants par certains acteurs est possible.

Le courant des alternatives

Le courant des alternatives correspond à l'existence de solutions en attente d'une mise en œuvre. L'activité d'invention de nouveaux dispositifs ou de nouvelles politiques publiques se déroule en effet en continu, même si sa vitesse n'est pas uniforme. Cette activité produit un certain nombre d'outils, qui sont à disposition des acteurs pour promouvoir leur vision du monde à travers l'adoption d'une nouvelle politique ou la modification de la politique en cours.

Le *coût d'un changement global est alors abaissé par l'existence d'un modèle* dont il est possible de s'inspirer, réduisant par là même le coût du processus d'apprentissage en termes de temps et de ressources intellectuelles mobilisées. Si ce modèle présente de plus l'avantage d'avoir déjà été expérimenté, le coût de l'apprentissage est en outre réduit par la diminution de l'incertitude liée au changement. Ces différents aspects sont bien sûr fortement liés à la crédibilité de ce modèle et des acteurs qui en sont porteurs.

Le courant des opportunités politiques

Enfin, le courant des opportunités politiques correspond à l'existence de circonstances politiques (au sens de *politics*) favorables, telles par exemple qu'un changement de majorité, la nomination d'un ministre particulièrement sensible à un certain sujet ou encore la survenue d'événements médiatisés semblant exiger une réponse (manifestation, plan social, promesse électorale, etc.). La frontière avec le courant des problèmes peut dans certains cas être délicate à préciser. En effet, ce dernier renvoie à la prise de conscience collective que quelque chose doit être fait, alors que le courant des opportunités politiques renvoie à l'existence de marges de manœuvre et d'une volonté politique de le faire ; or ces deux dimensions peuvent être renforcées par les mêmes événements mobilisateurs.

Lorsqu'une opportunité politique existe, le *coût d'un changement de référentiel est abaissé par une neutralisation partielle des mécanismes de dépendance au parcours*. Ainsi par exemple l'arrivée au pouvoir d'un acteur défendant une certaine vision du monde est susceptible d'inverser les anticipations adaptatives sur les futurs dispositifs publics. La sensibilité particulière de cet acteur à un certain sujet est susceptible de compenser la complexité du champ politique (lui donnant une vision claire de ce qu'il convient de faire) et de permettre un allongement de l'horizon temporel (lui permettant de raisonner sur le long terme et non uniquement dans l'optique de sa réélection). La médiatisation de certains événements ou thèmes peut contrebalancer la viscosité institutionnelle des politiques. Un changement de majorité peut faire passer la compétition du champ politique à celui des politiques publiques, en poussant les nouveaux acteurs au pouvoir à remettre en cause les dispositifs existant pour se démarquer de leurs prédécesseurs. Etc.

Le couplage des courants par des *entrepreneurs politiques*

Chacun des trois courants que nous venons de décrire évolue de manière fondamentalement indépendante des deux autres. Pour autant, certains acteurs, que Kingdon désigne par le terme d'entrepreneurs politiques (*policy entrepreneurs*), peuvent investir une partie de leurs ressources pour essayer de coupler certains courants et d'ainsi favoriser le changement qu'ils promeuvent.

Ces acteurs peuvent par exemple rechercher des solutions à des problèmes qu'ils perçoivent (ou plutôt qu'ils se représentent). Ils peuvent également essayer de créer sur la scène politique une opportunité favorable à leurs idées. Ils peuvent à l'inverse chercher des éléments leur permettant de construire un programme électoral[246] ou de répondre à une urgence politique (besoin de montrer qu'on agit). Ils peuvent encore essayer de trouver des champs d'application aux dispositifs qu'ils ont élaborés : la multiplication au cours de la dernière décennie des agences indépendantes de régulation peut par exemple être en partie analysée en ces termes[247]. Comme l'exprime Wildavsky à propos du paradigme de la rationalité :

   « La profondeur avec laquelle les réponses disponibles déterminent le type de questions posées (de même que les solutions recherchent des problèmes et les ressources influencent les objectifs) n'est toujours pas reconnue[248]. »

Dans leur activité de couplage entre les courants, les entrepreneurs politiques peuvent selon Kingdon s'appuyer principalement sur trois qualités :
- l'audience, qui s'appuie sur la capacité d'expertise (dont nous soulignerons le rôle majeur dans le chapitre V), la capacité à parler au nom d'autres personnes et la position organisationnelle et institutionnelle d'autorité ;
- la capacité à intégrer la diversité et à allier les différentes sources d'audience ;
- la ténacité.

Cette dernière qualité est importante car elle traduit l'inscription des phénomènes considérés dans le temps long : un changement majeur de politique publique ne survient pas soudainement ; il découle d'une crise progressive du référentiel en place et de la lente construction d'une alternative crédible. Cela impose pour le comprendre de faire porter l'analyse sur une période de plusieurs années, afin d'examiner la lente maturation de la problématisation et de l'émergence de solutions disponibles.

---

[246] La problématisation renforcée de certains thèmes lors des campagnes présidentielles représente un exemple d'un tel phénomène.
[247] Voir par exemple l'analyse de la création de l'AFSSA par Christophe Clergeau : Clergeau Christophe, 2000, *Le processus de création de l'Agence française de sécurité sanitaire des aliments : généalogie, genèse et adoption d'une proposition de loi*, mémoire de DEA, Paris : IEP Paris.
[248] « Just how thoroughly available answers determine the kinds of questions asked (as solutions often search for problems and resources affect objectives) remains unrecognized. » : Wildavsky, 1979, *op. cit.*, p. 8.

2 La prise de conscience d'une nécessité de réorienter la politique agricole

La prise de conscience d'une nécessité de réorienter la politique agricole française s'est renforcée progressivement au cours des années 1980 puis surtout au cours des années 1990. Elle s'est alors exprimée principalement au travers de trois champs distincts : 1) le développement d'une crise de sens et d'identité au sein du secteur ; 2) le choc des crises sanitaires de la fin de la décennie ; et 3) les différentes perspectives internationales, notamment les négociations commerciales de l'OMC et l'élargissement de l'Union européenne.

Le développement de la crise de sens en France

L'accumulation d'anomalies

Si son adoption à partir des années 1960 a conduit à d'incontestables succès économiques (hausse spectaculaire de la production, acquisition d'un fort potentiel exportateur, etc.), le référentiel centré sur la production qui domine depuis près d'un demi-siècle le secteur agricole français a été confronté au fil des années à l'accumulation progressive de failles remettant en cause sa pertinence. Ces failles peuvent être qualifiées d'anomalies au sens Kuhnien du terme en ce qu'elles renvoient à des dissonances irréductibles entre le modèle productif dominant et l'état du monde, ou plus précisément à des dissonances qui semblent liées aux fondements même du modèle et que celui-ci ne parvient jusqu'à présent pas à prendre en compte.

Ces failles sont nombreuses et de nature très différentes. Nous mentionnerons ici les dix principales à notre sens :
- faille économique au niveau de la *transmissibilité* ; en effet, le modèle dominant implique une très forte mobilisation du capital (accroissement des surfaces et des troupeaux, achat de matériel de grande puissance, systématisation des compléments alimentaires, importance des frais vétérinaires...) que seules des économies d'échelle importantes permettent d'amortir, renforçant encore le besoin en capital. La reprise d'une exploitation implique un très fort endettement et donc une grande fragilité aux aléas.
- *faille économique* au niveau de la *viabilité* ; le modèle de production de masse à bas prix n'est pas adapté à toutes les conditions agronomiques. Des modèles alternatifs misant sur le renforcement de la valeur ajoutée, tels l'agriculture biologique ou les productions labellisées, démontrent dans certains cas des rentabilités bien supérieures.
- *faille sociale* au niveau de la *vivabilité* ; le modèle dominant tirant toute sa rentabilité des économies d'échelle, il induit des charges de travail extrêmement importantes. Là aussi, des pratiques alternatives fondées sur l'internalisation des

coûts (via une plus grande autonomie) ont vu le jour (par exemple le CEDAPA[249]) sous l'argument explicite d'une moins grande pénibilité du travail et d'une meilleure rentabilité de celui-ci.

- *faille sociale* au niveau de la *déprise agricole* ; l'exode rural était jugé nécessaire dans les années 1960 pour fournir à l'industrie en plein essor les bras qui lui manquaient. Aujourd'hui, la survie démographique de nombreuses zones rurales est rendue problématique par la baisse du nombre d'agriculteurs et la fermeture consécutive de certains services publics.
- *faille environnementale* au niveau de la *déprise agricole* ; celle-ci a pour effet de conduire à l'abandon progressif des terres les moins fertiles, à leur enfrichement puis à leur transformation progressive en forêt, ce qui conduit à une fermeture des paysages, et plus généralement du territoire, ainsi qu'à un appauvrissement biologique dû à l'uniformisation et à la disparition des espaces ouverts.
- *faille environnementale* au niveau des *pollutions agricoles* ; nitrates et pesticides font désormais partie du vocabulaire connu du grand public et l'agriculture est montrée du doigt. Au-delà de ces exemples, l'ensemble des pratiques promues par le modèle dominant sont perçues comme susceptibles d'avoir un impact négatif sur l'environnement : arrachage des haies – qui déstructure le paysage et détruit certains habitats naturels –, drainage des zones humides, érosion des sols laissés nus en hiver, etc.
- *faille sanitaire* au niveau de la *sûreté des produits* ; l'intensification des modes de production est vue aujourd'hui comme responsable des crises sanitaires et de confiance qui secouent les pays européens (vache folle en 1996 et 2000, poulets à la dioxine en 1999, fièvre aphteuse début 2001, etc.).
- *faille sociale* au niveau des *attentes des consommateurs* ; l'agriculture intensive prônée par le modèle de l'agriculteur producteur engendre des produits indifférenciés à bas prix ; pourtant des consommateurs manifestent désormais leur désir de produits sûrs, de qualité élevée et dont ils peuvent identifier la provenance (comme en témoigne la part croissante des produits bio, AOC, label rouge ou de terroir dans les rayonnages des grands magasins).
- *faille politique* au niveau de la *justification interne des soutiens* ; bien que la profession agricole jouisse encore d'un important capital de sympathie, le niveau élevé des soutiens fondés sur l'aide à la production devient de plus en plus difficile à justifier dans un contexte d'excédents structurels écoulés à grands frais. La visibilité croissante des aides renforce cette difficulté.
- *faille politique* enfin au niveau de la *justification internationale des soutiens* ; dans le contexte néo-libéral des négociations internationales, un système d'aides « anti-concurrentiel » fondé sur des prix internes garantis et des aides à la production et aux exportations est vivement contesté.

---

[249] Centre d'étude pour le développement d'une agriculture plus autonome.

Des initiatives hétéroclites se développent en opposition au modèle dominant

Une prise de conscience des failles que nous venons d'évoquer se développe, de manière progressive mais lente, dès l'avènement du nouveau référentiel. Si un certain nombre de personnalités expriment isolément des critiques – telles notamment le Commissaire européen Mansholt, qui souligne dès la fin des années 1960 le risque de surproductions massives et la nécessité de réformer en profondeur les politiques menées –, la contestation demeure peu structurée jusqu'au début des années 1980. Les remises en cause du modèle désormais dominant sont alors principalement le fait d'agriculteurs à la recherche de voies alternatives. L'opposition au modèle dominant résulte davantage de stratégies pragmatiques et personnelles que d'une dynamique sociale structurée autour d'un discours unifié. Comme le remarque François Pernet, « cette idéologie s'exprime mal à travers un discours politique ; elle n'est en fait que la partie visible de l'iceberg, dont la part la plus importante consiste davantage dans les stratégies concrètes[250] ».

Le développement de systèmes de production et d'organisation agricoles originaux se déroule de manière désordonnée et dispersée. Il repose sur des aspirations et des choix individuels beaucoup plus que sur une réflexion alternative collective.

> « Les agricultures différentes ne sont pas homogènes. Entre les survivants des modèles traditionnels, les réfractaires aux modèles industrialisés, les modernes-endettés éliminés de la compétition, les contestataires des techniques industrielles ou de l'organisation du système social, les différences se multiplient à l'infini[251]. »

La problématisation des thèmes de l'environnement ou du territoire n'est alors pas achevée et les organisations syndicales contestataires privilégient les questions de la rémunération du travail et des inégalités de revenus et de statuts.

Des tentatives de fédération des initiatives se développent néanmoins à partir de la fin des années 1970 et du début des années 1980[252]. Ainsi, la Fnab, fédération nationale de l'agriculture biologique, est créée en 1978 pour structurer le développement de cette production. L'association Peuple et Culture Isère essaie d'encourager les confrontations et les échanges. Dans les Côtes d'Armor, le Cedapa (Centre d'étude pour le développement d'une agriculture plus autonome) est créé par André Pochon en 1982 et tente de promouvoir l'herbe comme alternative à la domination du maïs. Des groupes se constituent dans le grand Ouest, qui formeront en 1994 le Réseau agriculture durable. Le journal *Alternatives paysannes*, dont le numéro zéro paraît en août 1981, offre une tribune à l'expression de pratiques alternatives[253]. L'association Relier (réseau d'expérimentation et de liaison des

---

[250] Pernet François, 1982, *Résistances paysannes*, Grenoble : Presses universitaires de Grenoble, p. 165
[251] Pernet, 1982, *op. cit.*, p. 66.
[252] Nous nous appuyons largement pour la description de ce mouvement sur le dossier spécial « Le fabuleux destin des alternatives en agriculture » du n°193 de Transrural initiatives (juillet 2001).
[253] Il se transformera en *Alternatives rurales* en 1992, lors du cinquantième numéro.

initiatives en espace rural) est créée en 1985. Accueil paysan, qui estime que « l'accueil fait partie intégrante de l'activité paysanne », voit le jour en 1987. L'AVCP (Association des points de vente de produits fermiers) promeut la vente collective de produit fermier. Etc.

Ces diverses initiatives présentent le point commun de critiquer l'idéologie du progrès technique, de refuser la segmentation et la spécialisation de l'activité et de reconnaître la diversité des fonctions de l'agriculture. Si elles demeurent encore largement minoritaires, elles constituent un terreau à l'expression de réflexions portant sur l'émergence de modèles alternatifs capables de concurrencer le modèle dominant.

L'affaiblissement du référentiel de l'agriculteur producteur

L'approfondissement progressif des failles du modèle dominant et l'audience croissante des initiatives le contestant participent à l'affaiblissement des références économiques et techniques qu'il véhicule. Une problématisation des difficultés du référentiel en vigueur se développe, dans le sens où ces difficultés sont investies de façon croissante par des acteurs qui les intègrent dans leurs représentations de la réalité. La crise de sens qui progresse est ainsi avant tout une perte de repères, l'affaiblissement de la certitude que le modèle dominant fournisse des réponses adaptées à l'état du monde. « Elle est fondamentalement dans les esprits plus que dans les faits matériels[254]. »

Les failles du référentiel de l'agriculteur producteur renforcent l'idée que le système de sens et d'action dominant ne parvient plus à gérer les défis auxquels le confrontait l'évolution de son environnement. Elles décrédibilisent de ce fait ce modèle aux yeux des acteurs du secteur agricole et de la société dans son ensemble et contribuent à légitimer l'idée que d'autres pratiques sont possibles et justes. Comme le résume Edgar Pisani, « c'est ne rien comprendre à la crise agricole que de ne pas comprendre qu'elle est très largement une crise des valeurs et du sens[255] ».

Cette crise de sens se traduit par des prises de parole et de position appelant avec virulence à une modification des pratiques agricoles et des politiques qui les soutiennent. Dans cette optique, la dénonciation publique des agriculteurs pollueurs par Brice Lalonde, alors ministre de l'environnement, en février 1990 est ressentie comme un véritable électrochoc par de nombreux acteurs du monde agricole : « Le point noir, c'est la pollution d'origine agricole. [...] Il n'est pas normal que ni les prélèvements agricoles dans les nappes, ni la pollution d'origine agricole échappent au système qui a été mis en place par les législateurs pour introduire une solidarité

---

[254] Freund, 1983, *Sociologie du conflit*, Presses Universitaires de France, p. 314, cité par Mucchielli Alex, 2001, *La psychologie sociale*, Paris : Hachette, p. 62.
[255] Pisani Edgard et Groupe de Seillac, 1994, *Pour une agriculture marchande et ménagère*, La Tour d'Aigues : Editions de l'aube, p. 184.

dans les bassins. Il faut donc que l'agriculture participe à ce système[256]. » Ces propos contribuent à faire émerger au niveau national une contestation environnementale et territoriale qui demeurait jusqu'alors dispersée[257].

Cette problématisation vient renforcer les interrogations sur les conséquences sociales du système de sens et d'action en vigueur, et notamment sur la poursuite de la réduction rapide du nombre d'agriculteurs dans une période de chômage structurel important. Les faveurs rencontrées par des slogans tels que « je préfère des voisins à des hectares[258] » traduisent le désarroi d'une profession qui refuse la baisse apparemment irrésistible de ses effectifs. Le débat sur les priorités que la puissance publique doit poursuivre dans ses politiques est ainsi ouvert : « Pour reprendre l'expression prêtée au ministre de l'agriculture de l'époque, Louis Le Pensec, la France n'a-t-elle pas mieux à faire que d'exporter des céréales à bas prix sur les marchés mondiaux ?[259] »

Le choc des crises sanitaires

Les crises sanitaires qui se succèdent en France et en Europe dans la seconde moitié de la décennie 1990 – crises de la vache folle en 1996 et 2000, poulets à la dioxine en 1999, fièvre aphteuse au printemps 2001 – bouleversent le monde agricole et ses relations avec les consommateurs.

Ces crises – dont nous n'analyserons ici que celle de 1996 car elle est la seule formellement à avoir précédé l'élaboration du CTE – surviennent dans un contexte d'exigence croissante de visibilité des filières et des modes de production. Se traduisant par le développement significatif de l'agriculture biologique, des productions sous label rouge et des appellations d'origine contrôlée, cette exigence marque l'éveil de la sensibilité collective des consommateurs, désormais de plus en plus vigilants et attentifs à la qualité et à la sûreté des produits. Elle introduit une dissonance avec les références de production quantitative à bas prix du modèle dominant, comme le remarque alors Bertrand Hervieu :

> « Retenons simplement que le contrôle de notre production alimentaire est devenu à la fois une contrainte économique et une exigence morale et politique, et que, dans ces conditions, l'objectif de produire toujours plus ne peut plus suffire à donner un sens au métier d'agriculteur[260]. »

---

[256] Extrait de « Point presse sur la politique de l'eau », 20 février 1990, cité par Alphandéry Pierre et Bourliaud Jean, 1996, « L'Agri-environnement, une production d'avenir ? », *Etudes rurales*, n°141-142.
[257] Cette contestation s'était notamment développée précédemment en Bretagne, confrontée à des graves problèmes de pollution des eaux par les nitrates.
[258] Employée fréquemment par Christiane Lambert lorsqu'elle était présidente du CNJA (1994-1998).
[259] Kroll Jean-Christophe, 2002, « Nouvelles orientations de la politique agricole française : quelques questions à propos du CTE », *Economie rurale*, n°268-269, p. 32.
[260] Hervieu Bertrand, 1994, *Les champs du futur*, Paris : Editions Julliard, p. 136-137.

La première crise de la vache folle éclate en 1996[261]. Elle engendre une crise de confiance majeure des consommateurs, qu'exprime l'effondrement des ventes et des cours. Les Français et les Européens se trouvent en effet brutalement confrontés aux conséquences sanitaires d'une logique de production fondée sur l'accroissement des volumes par l'intensification des pratiques[262]. La découverte du silence de nombreux responsables politiques, professionnels et administratifs[263], alors que des mesures sanitaires de précaution avaient été prises dès 1990 par le gouvernement britannique et qu'un début d'embargo avait alors été proposé par la France, a renforcé chez le consommateur l'idée d'un danger invisible que seule une transparence totale et une évolution des modes de production pourrait lever. « Fait nouveau dans l'agroalimentaire, dans les années 1990, cette tendance est relayée par la grande distribution, dont le poids dans la commercialisation des produits alimentaires est en France déterminant[264]. » Les agriculteurs se trouvent ainsi face à l'obligation impérieuse de rendre des comptes sur leurs pratiques et de garantir le caractère « naturel » de celles-ci. Le fait que la crise porte sur la production bovine, sensiblement moins intensive que les élevages hors sol de porcs, de volailles ou de lapins, renforce son caractère général et structurel.

Les longs mois de doute sur l'avenir de la filière contribuent à affaiblir considérablement les certitudes procurées par le modèle dominant. Si aucun système de sens et d'action cohérent n'émerge alors comme alternative fédératrice, les pratiques prônées par le système encore en vigueur ont perdu leur caractère « normal ». La convention de leur respect n'opère plus[265] et la demande d'une évolution radicale se fait pressante, comme le résumera dans une formule provocante la ministre verte de l'agriculture de Rhénanie-du-Nord-Westphalie, Mme Bärbel Höhn, début janvier 2001, après le second temps de la crise : « La crise de la vache folle doit être, pour l'agriculture industrielle, ce que Tchernobyl a été pour l'industrie nucléaire : le début de la fin[266]. »

---

[261] Cette crise est déclenchée par la révélation de la possibilité de transmission à l'homme des prions (protéines mutées) responsables chez les bovins de l'encéphalite spongiforme (ESB). La consommation d'abats, de cervelle, de moelle ou de tissus conjonctifs – dans lesquels est abondamment présente la protéine mutée responsable de l'ESB – est ainsi susceptible d'induire une variante de la maladie de Creutzfeld-Jacob, laquelle est une maladie neurodégénérative létale.

[262] La diffusion de l'ESB a en effet été assurée par la consommation par les bovins de farines d'animaux contaminés. Cette consommation était liée au remplacement d'une alimentation fondée sur l'herbe par une alimentation à base de maïs (fortement énergétique) et de compléments protéiques ; or les farines animales constituent des compléments protéiques bon marché (il s'agit de produits secondaires) et facilement assimilables par les animaux, qui peuvent par conséquent se substituer avantageusement aux tourteaux de soja importés massivement des Etats-Unis.

[263] Ainsi que des associations de consommateurs, qui sont lors de la première crise de la vache folle restées singulièrement en retrait des débats.

[264] Kroll, 2002, *op. cit.*, p. 37.

[265] Rappelons que la dimension conventionnelle d'un système de sens renvoie à la cristallisation dans une spécularité nulle de l'attente réciproque du partage ou respect des référents cognitifs, normatifs ou comportementaux qui le constituent.

[266] Citée par Thibaut Pascal, « En Allemagne, le virage "bio" », *Le Monde diplomatique*, avril 2001.

Les contraintes internationales

A la fin des années 1990, malgré la réforme de la Politique agricole commune (PAC) de 1992, la position de l'Union européenne dans les négociations internationales sur le commerce agroalimentaire demeure fragile. Si les concessions accordées à ses partenaires en matière de diminution des prix garantis et d'engagement de réduction des aides directes lui ont permis en 1994 d'obtenir un accord général (GATT) clôturant l'Uruguay round, la politique de soutien massif qu'elle accorde à son secteur agricole[267] demeure sous le feu de toutes les critiques, notamment celles des pays du groupe de Cairns[268]. Commission et Etats membres savent qu'à terme, à moins d'une modification globale du positionnement de l'Europe dans la régulation internationale du commerce, il sera sans doute impossible de maintenir des soutiens aux prix ou aux exportations (boîte orange) ou même des aides directes couplées avec les volumes produits (boîte bleue)[269]. L'enjeu fondamental des négociations est de définir le rythme de cette disparition progressive, validée lors des accords du GATT en 1994.

Dans cette optique, la perspective à la fin des années 1990 du cycle à venir dit « de Seattle »[270] appliquait une pression importante sur les politiques menées : l'obligation de démanteler progressivement les systèmes de soutiens inspirés du référentiel en vigueur incitait à rechercher de nouvelles politiques – fondées sur de nouvelles références – qui seraient légitimes au niveau international.

La perspective d'intégration des pays de l'Est dans l'Union européenne constituait à la fin des années 1990 un second enjeu majeur pour les politiques agricoles. Déjà fortement contesté par les pays contributeurs nets (Allemagne, Pays-Bas...) ou par ceux qui en bénéficiaient peu (Royaume-Uni), le montant élevé du budget de la PAC était en effet susceptible de subir à cette occasion une inflation très importante. La structure même des soutiens – fondés essentiellement sur une garantie des prix et sur des aides directes proportionnelles à la surface – rendait problématique l'admission de membres dont la contribution au budget

---

[267] Ce soutien est stabilisé à un peu plus de 40 milliards d'euros annuels, soit un montant à la fois modeste d'un point de vue général (à peine environ 0,5% du PIB européen) et très substantiel en comparaison des autres catégories professionnelles (chacun des 6,5 millions d'exploitants (chiffre Eurostat février 2003) reçoit annuellement en moyenne plus de 6000 euros d'aides).

[268] Le groupe de Cairns réunit un ensemble de nations fortement exportatrices (Australie, Nouvelle-Zélande, Argentine...) qui souhaitent que les produits agricoles soient considérés comme des marchandises ordinaires. Elles considèrent l'ensemble des soutiens comme des mesures protectionnistes distordant la concurrence et demandent à ce titre leur abolition.

[269] Les responsables nationaux des syndicats le savent également même si, ainsi que nous l'expliquait l'un des responsables rencontrés, ils ne peuvent pour des raisons politiques le reconnaître ouvertement devant leurs adhérents.

[270] Du nom de la ville où devait s'ouvrir en décembre 1999 ce nouveau cycle de négociations internationales. Suite à la contestation qui s'y est déroulée, le lancement du cycle a finalement eu lieu en novembre 2001 à Doha.

communautaire (proportionnelle au PIB et à la TVA collectée) serait faible mais dont la consommation de crédits serait forte, en raison de leurs importantes surfaces et du coût relativement bas des denrées agricoles. Pour autant, il était politiquement délicat de procéder, ainsi que certains le proposaient, à une politique agricole à deux vitesses, en privant les pays nouvellement membres d'une partie des soutiens dont bénéficiaient les membres plus anciens. Le double objectif apparemment contradictoire d'intégrer pleinement les pays candidats et de limiter les conséquences budgétaires de l'élargissement semblait ainsi nécessiter une redéfinition de fond de la politique agricole.

Les éléments des deux perspectives internationales externes que nous avons esquissées – cycle de négociations commerciales de Seattle et élargissement de l'Union vers l'Est – étaient présents à l'esprits des acteurs impliqués dans la genèse du CTE, ainsi que plusieurs entretiens que nous avons réalisés nous l'ont confirmé. Pour autant, l'agriculture étant une compétence déléguée à l'Union européenne, ces perspectives étaient médiatisées plus généralement par la question de l'évolution de la PAC et les débats relatifs à une nouvelle réforme de celle-ci.

Les Etats européens s'étaient en effet accordés sur une révision de l'ensemble des dispositifs de soutien de l'Union à l'occasion de l'an 2000. Cet ensemble de réformes – qualifié d'Agenda 2000 – devait porter à la fois sur les politiques structurelles et sur la politique agricole. Il devait se conclure lors de la présidence allemande, au début de l'année 1999.

En France, le souvenir de la réforme de 1992 – qui avait vu la France, en raison de son immobilisme, perdre son rôle de nation inspiratrice de la PAC – poussait les responsables politiques, administratifs et professionnels à se préparer à ce rendez-vous important. L'ambition de refonder le modèle agricole européen affichée par le Commissaire à l'agriculture, l'Autrichien Franz Fischler, notamment à l'occasion de la Conférence de Cork, renforçait l'enjeu de la réforme à venir et contribuait à une prise de conscience qu'il fallait se mettre en position de peser sur celle-ci.

L'ensemble du contexte du secteur agricole concourrait ainsi à renforcer l'idée qu'il était nécessaire et urgent de faire évoluer les références habituelles de la politique agricole. C'est cette conviction que traduisit Christiane Lambert lorsqu'elle vint présenter devant l'Assemblée Nationale et le Sénat (respectivement en octobre 1998 et janvier 1999) l'avis du Conseil économique et social sur le projet de loi d'orientation : « Le projet de loi d'orientation agricole arrive donc à un moment stratégique des calendriers tant national qu'européen et mondial. Nous sommes à un carrefour de l'histoire où notre société doit choisir entre des lendemains ouverts et un destin plus résigné. »

3 Le traitement international des problématiques de développement durable et de multifonctionnalité

La prise de conscience en France d'une nécessite de réorienter la politique agricole s'est accompagnée d'un essor, au niveau international, des problématiques de développement durable et de multifonctionnalité. Ces notions sont essentielles dans notre analyse car elles représentent l'un des fondements essentiels de la politique que nous étudions. La loi d'orientation agricole (LOA) du 9 juillet 1999, qui institue le CTE, débute ainsi par une référence explicite et conjointe à ces notions : « La politique agricole prend en compte les fonctions économique, environnementale et sociale de l'agriculture et participe à l'aménagement du territoire, en vue d'un développement durable ».

L'importance nouvelle du développement durable dans les cercles scientifiques et politiques internationaux

Nous nous proposons dans cette sous-partie d'illustrer l'importance croissante qu'ont acquise au niveau international les notions de développement durable et de multifonctionnalité au cours de la décennie 1990, en présentant certains temps forts de cette évolution. Nous ne viserons pas ici une évocation exhaustive des nombreuses manifestations et colloques ayant eu rapport à ces thèmes, mais nous ferons le choix – après une présentation introductive de ces notions – de souligner uniquement les événements et les étapes les plus significatifs[271].

Les notions de développement durable et de multifonctionnalité

La notion de multifonctionnalité renvoie au fait que l'activité agricole, conjointement à sa fonction de production de biens alimentaires, remplit des fonctions sociales (emploi…), territoriales (équilibres entre territoires, maintien des populations…) et environnementales (entretien des paysages, préservation des ressources naturelles…)[272].

---

[271] Nous nous appuierons notamment sur l'analyse de l'histoire de la notion de multifonctionnalité faite par Joël Mathurin (Mathurin Joël, 2000, « Le concept de multifonctionnalité décliné aux niveaux français, européen et mondial », séminaire *Premiers regards sur la multifonctionalité de l'agriculture au travers de la mise en place de Contrats territoriaux d'exploitation*, Lempdes).

[272] Il n'est pas dans l'objet de notre recherche de discuter une définition de cette notion complexe. Signalons simplement que le terme même de « fonction » peut être considéré dans deux acceptions : soit le sens de produire (l'activité agricole a un certain nombre de conséquences qu'on envisage), soit le sens de répondre à une attente (l'activité agricole permet de répondre à diverses demandes conjointes). Cette seconde conception, la plus répandue parmi les chercheurs, débouche sur la notion d'usages multiples et permet d'envisager également la multifonctionnalité *des territoires*, c'est-à-dire leur capacité à répondre aux attentes multiples et souvent contradictoires que font porter sur eux les différents acteurs. Nous reviendrons plus longuement sur ces questions dans la conclusion générale de l'ouvrage.

Le développement durable correspond quant à lui à la possibilité de répondre aux besoins et attentes des générations actuelles sans porter atteinte à la possibilité des générations futures de répondre aux leurs. On lui associe habituellement trois dimensions principales : la viabilité, la vivabilité et l'équité, qui représentent le croisement de trois piliers : une responsabilité économique (ne pas compromettre le progrès), une responsabilité environnementale (préserver, voire améliorer, et valoriser l'environnement et les ressources naturelles) et une responsabilité sociale (favoriser une meilleure satisfaction des besoins de tous).

Schéma II.1 :   Définition classique du développement durable

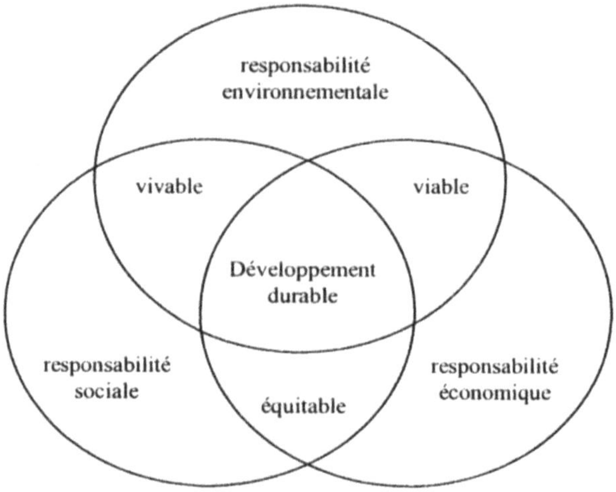

source : ministère de l'écologie et du développement durable, 2003, dossier d'information relatif à la préparation de la charte de l'environnement, p. 4

Cette définition classique peut être amendée afin de prendre en compte les nécessités de participation des acteurs au développement qui les concerne (responsabilité démocratique) et de durabilité temporelle des modèles de développement (responsabilité générationnelle). Dans le cas de l'agriculture, cet amendement permet de considérer comme essentielles cinq dimensions : la viabilité (capacité à assurer un revenu suffisant), la vivabilité (capacité à s'appuyer sur des conditions de travail satisfaisantes), l'équité (capacité à répartir les soutiens en relation avec les besoins réels), la transmissibilité (capacité à être repris et poursuivi par les générations suivantes) et la reproductibilité (capacité à ne pas dégrader l'environnement et le support du développement).

Schéma II.1 :   Définition amendée du développement durable

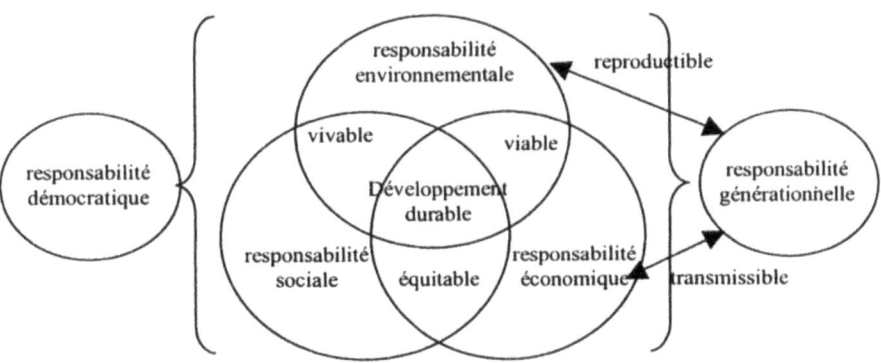

Si les notions de multifonctionnalité et de développement durable ne se recouvrent pas exactement, il apparaît clairement qu'elles sont reliées par des correspondances termes à termes importantes, notamment entre fonction productive et responsabilité économique ou entre fonctions et responsabilités environnementales ou sociales. La fonction territoriale relève pour sa part simultanément de l'ensemble des dimensions (responsabilité environnementale pour la préservation du territoire, responsabilité économique pour la participation à son dynamisme, responsabilité sociale pour l'équilibre entre territoires, responsabilité démocratique pour l'encouragement à la participation des acteurs locaux). Ces similitudes nous apparaissent suffisantes pour que nous considérions dans la suite en première approximation ces deux notions comme appartenant à des contextes de sens et d'action connexes, c'est-à-dire non séparés par une discontinuité.

L'audience de ces nouvelles notions au sein des instances internationales

Le sommet de la planète Terre à Rio de Janeiro en juin 1992 représente l'un des actes fondateurs de la notion de développement durable[273]. Bien qu'il se conclut essentiellement par des recommandations et des préconisations sans caractère obligatoire pour les Etats, il constitue en effet par son ampleur (cent soixante douze pays y participent) et par l'audience qu'il reçoit une référence forte légitimant les réflexions sur la nature du développement et la remise en cause des modèles productifs dominants. Il influencera ainsi considérablement les thématiques des

---

[273] Notre propos n'est pas ici de présenter l'histoire complète de cette notion. Mentionnons toutefois qu'elle est définie pour la première fois en 1987, dans le cadre du rapport établi pour l'ONU par la commission mondiale sur l'environnement et le développement (rapport qui prit le nom de sa présidente, la norvégienne Gro Bruntland). Elle trouve sa source dans les réflexions engagées notamment à partir du début des années 1970 par le club de Rome, qui préconise une remise en cause du principe de la croissance perpétuelle, et lors de la première conférence des Nations Unies sur l'environnement, organisée à Stockholm en 1972 et qui introduit la notion d'éco-développement.

manifestations et colloques internationaux de la décennie 1990 et déclenchera une prise de conscience chez de nombreux acteurs.

Les conclusions du sommet de Rio sont connues sont le nom d'Agenda 21 (ou plan d'Action 21). Son quatorzième chapitre, consacré à l'agriculture et intitulé « Promotion du développement agricole et rural durable », introduit les notions de multifonctionnalité et de durabilité de l'agriculture. Ainsi, le premier des douze domaines d'activité qui y sont recommandés est consacré à l'« examen, planification et programmation intégrée des politiques agricoles, compte tenu du *caractère multifonctionnel de l'agriculture* et en particulier de son importance pour la sécurité alimentaire et le *développement durable*[274] » (nous soulignons).

Les problématiques identifiées à Rio font l'objet au cours des années suivantes d'une certaine attention des institutions internationales. Lors du sommet mondial quinquennal sur l'alimentation organisé à Rome en novembre 1996, les membres de la FAO (Food and Agriculture Organisation) – organisme dépendant de l'ONU en charge des questions alimentaires, agricoles, forestières ou halieutiques – travaillent ainsi sur ces questionnements. Même si ses membres sont divisés et certains très opposés à la reconnaissance de ces notions, la déclaration finale mentionne le développement durable et la multifonctionnalité de l'agriculture, le troisième des sept engagements énoncés dans la déclaration, relatif à l'agriculture, les faisant figurer comme l'un des fondements nécessaires des politiques agricoles :

> « Nous poursuivrons des politiques et méthodes participatives et durables de développement alimentaire, agricole, halieutique, forestier et rural dans les régions à potentiel élevé comme dans celles à faible potentiel, qui sont essentielles pour assurer des approvisionnements alimentaires adéquats et fiables au niveau des ménages ainsi qu'aux échelons national, régional et mondial, et lutterons contre les ravageurs, la sécheresse et la désertification, considérant le caractère multifonctionnel de l'agriculture[275]. »

Parallèlement à ces travaux, un certain nombre de rencontres ou colloques internationaux mettent l'accent sur ces dimensions de l'activité agricole. Alors que l'accord de Marrakech, qui clôturait en 1994 le cycle de négociations commerciales dit de l'« Uruguay round », mettait l'accent principalement sur la libéralisation des échanges de produits agricoles et agroalimentaires et ne contenait pas de référence explicite à la notion de multifonctionnalité, la diffusion progressive des préoccupations de Rio conduit l'OCDE à développer un point de vue favorable à cette problématique. Elle organise ainsi par exemple en 1996 à Helsinki un séminaire sur « les avantages écologiques de l'agriculture ». Lors du Comité interministériel de l'OCDE de 1998, les ministres en charge de l'agriculture estiment de concert

---

[274] Pour le texte complet, consulter le site « gopher://gopher.undp.org:70/11/unconfs/UNCED/French ».
[275] Le texte complet de la déclaration est disponible sur « http://www.fao.org/wfs/final/rd-f.htm ».

> « qu'au-delà de sa fonction première de fourniture d'aliments, l'activité agricole peut aussi façonner les paysages, apporter des avantages environnementaux tels que la conservation des sols, la gestion durable des ressources naturelles renouvelables et la préservation des la biodiversité et contribuer à la viabilité socio-économique de nombreuses zones rurales. Dans de nombreux pays de l'OCDE, en raison de son caractère multifonctionnel, l'agriculture joue un rôle plus particulièrement important dans la vie économique des régions rurales[276]. »

Le point d'orgue des réflexions relatives aux notions de développement durable et de multifonctionnalité en agriculture est constitué par le sommet européen sur le développement rural organisé à Cork en novembre 1996. Ces notions sont placées au cœur des débats, comme en témoigne le programme d'action en dix points préconisé par la déclaration finale. Celui-ci élève en effet le développement durable au rang de principe directeur de la politique rurale de l'UE. Le point 1 stipule que « Le développement rural durable doit être élevé au rang de priorité de l'Union européenne et doit devenir le principe fondamental qui sous-tend toute politique rurale[277]. » Le point 2, intitulé « Approche intégrée », indique que

> « La politique du développement rural doit être multidisciplinaire dans sa conception et multisectorielle dans son application, en privilégiant l'approche territoriale. [...] Elle doit être fondée sur une approche intégrée, en réunissant dans un même cadre juridique et instrumental, l'adaptation et le développement de l'agriculture, la diversification économique [...], la gestion des ressources naturelles, l'amélioration des prestations liées à l'environnement, ainsi que la mise en valeur du patrimoine culturel, du tourisme et des activités de loisirs. »

Le sommet est organisé principalement par des universitaires anglo-saxons[278], sous les auspices du commissaire européen à l'agriculture. La marque de cette collaboration se retrouve dans la tonalité des débats, très fortement engagés en faveur d'une réallocation des aides PAC vers le développement rural, et de la déclaration finale. La conception défendue par les universitaires anglo-saxons concernés, par le Commissaire, son cabinet et une partie de la Direction Générale de l'Agriculture (essentiellement la direction de la prospective)[279] repose sur un découplage total à terme des aides par rapport à la production. S'appuyant sur un

---

[276] Cité à partir de Mathurin, 2000, *op. cit.*
[277] Le texte complet est disponible sur « http://www.rural-europe.aeidl.be/forum/forum2/corde-fr.htm ».
[278] Elle suit notamment le modèle anglo-saxon de conférence éclatée en plusieurs lieux simultanés et exigeant un bon accès à l'information sur la programmation. Certains scientifiques français participent cependant également à l'organisation, notamment le sociologue Bertrand Hervieu.
[279] Notre propos n'est pas d'entrer ici dans une analyse des rapports au sein de la direction générale de l'agriculture de la Commission européenne. Soulignons néanmoins que le commissaire et la direction de la prospective défendaient une position beaucoup plus réformatrice que celle partagée par les directions marché ainsi que par le directeur général de l'époque, le Français Guy Legras. Voir notamment Fouilleux Eve, 1997, « Changement de politique publique dans l'Union Européenne : la Politique Agricole Commune entre permanences et innovations », *Politiques et Management public*.

système de sens libéral, ils estiment en effet que la production des biens agricoles doit être régulée par le marché et par le jeu de la libre fixation des prix et qu'en revanche la production de biens non agricoles comme la biodiversité, la protection des ressources naturelles, les paysages ou l'équilibre des territoires ruraux, doit être prise en charge par la collectivité, car le marché est impuissant à rémunérer de tels biens publics.

L'intervention du commissaire Franz Fischler à l'occasion de la cérémonie du quarantième anniversaire du COPA (Comité des organisations professionnelles agricoles de l'Union européenne), le 30 novembre 1998, résume cette conception :

> « [Le modèle agricole européen] doit permettre à l'agriculture de remplir durablement et partout l'ensemble de ses fonctions, c'est à dire que l'agriculture doit fournir aux consommateurs et à l'industrie de transformation des denrées alimentaires saines et de qualité et des ressources renouvelables. [...] L'agriculture européenne doit également être en mesure d'assumer ses fonctions environnementales. [...] L'agriculture européenne a également un rôle important à jouer en ce qui concerne l'emploi en zones rurales. Tout cela montre clairement combien notre agriculture européenne se distingue des modèles agricoles monofonctionnels de nos concurrents dont l'objectif est uniquement de produire le plus possible et au prix le plus bas possible. [...] Nous devons intégrer la multifonctionnalité dans notre système d'économie de marché. L'entretien des paysages, le maintien des infrastructures rurales, la prise en compte de notre niveau élevé de normes environnementales et sociales constituent des services. Or dans une économie de marché, les services ont un prix. C'est pourquoi l'objet premier des aides directes est de garantir et de rémunérer les normes généralement plus élevées de l'UE[280] ».

Les réactions des gouvernements des différents Etats membres aux conclusions du sommet de Cork furent particulièrement limitées, ce qui participa à maintenir le débat au niveau international et à empêcher son importation sur les scènes nationales. Aucune déclaration officielle ne fut par exemple émise par les gouvernements allemands ou britanniques, pourtant particulièrement concernés par ces questions[281]. En France, toutefois, la réaction des organisations professionnelles agricoles fut virulente. La remise en cause radicale des soutiens à la production fut en effet vécue par de nombreux agriculteurs comme une remise en cause de leur identité même. Le rejet massif des conclusions de Cork eut pour effet de contribuer

---

[280] La citation est issue du discours « Agenda 2000 – L'occasion de donner à l'agriculture européenne une nouvelle confiance en soi » prononcé à Bruxelles, le 30 novembre 1998, lors de la cérémonie du 40ème anniversaire du COPA.
[281] Le Royaume-Uni défend ouvertement la disparition des soutiens aux prix et des paiements compensatoires directs tandis qu'à l'inverse l'Allemagne est particulièrement active dans la défense de ces systèmes de soutiens liés à la surface, en raison notamment de ses immenses conglomérats agricoles d'Allemagne de l'Est.

à marginaliser les responsables syndicaux favorables à une évolution de la PAC (notamment le CNJA) et de « cristalliser l'opposition » à ce courant réformiste[282].

Les raisons du succès académique de la notion de développement durable

La plupart des manifestations, colloques et rencontres que nous avons évoqués se situaient à l'interface des mondes politiques et scientifiques. Il apparaît ainsi clairement que de nombreux scientifiques, notamment économistes, se sont saisis dans la continuité du sommet de Rio des notions de développement durable et de multifonctionnalité. Or le forum universitaire international suit certaines règles, au premier rang desquelles celle de l'excellence disciplinaire académique comme critère de reconnaissance. Dans son analyse du tournant néo-libéral en Europe, Bruno Jobert décrit par exemple les phénomènes d'émulation libérale réciproque chez tous ces chercheurs « qui voulaient briller sur la scène internationale, voire aspirer au Nobel[283] ». Il convient donc de nous interroger sur les raisons du succès académique rencontré par les notions de développement durable et de multifonctionnalité.

Nous devons ici reconnaître ne pas disposer d'une explication entièrement convaincante de ce phénomène, lequel mériterait de faire l'objet de travaux de recherche complémentaires. Deux pistes peuvent toutefois être avancées :
- en premier lieu, les notions de développement durable et de multifonctionnalité sont bien adaptées au référentiel néo-libéral qui domine le forum scientifique économique international. Nous avons souligné ainsi le caractère libéral des thèses de découplage des soutiens. La multifonctionnalité peut être analysée comme une vision marchande de l'agriculture qui permettrait d'attribuer un prix et une valeur à tous les aspects de cette activité. Lors de la cérémonie du quarantième anniversaire du COPA, le commissaire à l'agriculture justifiait son programme de réforme de la PAC par le fait que « dans une économie de marché, les services ont un prix ». Le caractère libéral des notions de développement durable et de multifonctionnalité peut également contribuer à expliquer leur promotion par l'OCDE et leur diffusion auprès des cercles scientifiques proches de cet organisme ;
- en second lieu, ces notions intègrent dans le champ de l'agriculture celles d'environnement et de territoire, qui se sont imposées au cours des deux dernières décennies comme des thèmes de recherche particulièrement porteurs. Le succès du développement durable et de la multifonctionnalité serait alors à comprendre comme l'expression partielle de celui plus général de la notion de territoire[284].

---

[282] Suivant l'expression employée par l'un des acteurs rencontré.
[283] Jobert, 1994, op. cit., p. 12.
[284] Les deux pistes d'explication que nous avançons paraissent toutefois liées. En effet, le succès rencontré en science politique et en économie par la notion de territoire repose en partie sur le remplacement d'un référentiel global modernisateur – au sein duquel les références étaient issues d'une identification à des secteurs cloisonnés verticalement – à un référentiel global néolibéral – qui, en faisant

Les mesures agroenvironnementales sont considérées en Europe comme des dispositifs techniques

L'affirmation croissante des problématiques environnementales au niveau international offre un contexte favorable à l'intégration de telles préoccupations dans les politiques agricoles européennes. Pour autant, l'étude de la genèse des mesures agroenvironnementales en Europe démontre que leur importance croissante repose davantage sur des opportunités saisies par pragmatisme que sur l'élaboration d'un grand dessein de réallocation des soutiens à l'agriculture. Cette approche se retrouve dans le caractère technique que revêt l'utilisation de ces mesures dans la majeure partie des pays de l'Union européenne.

En effet, si la politique agroenvironnementale s'est imposée peu à peu au niveau européen comme l'un des piliers du développement rural, dont elle absorbe aujourd'hui environ un tiers des crédits[285], cette construction progressive a reposé principalement sur une série d'opportunités et d'ajustements incrémentaux et n'a pas de ce fait constitué le support de l'élaboration d'un système de sens et d'action original.

La première ébauche d'une politique agroenvironnementale européenne survient en 1985, lorsque, dans le cadre d'un article d'un règlement sur les structures agricoles (n°797/85), le Royaume-Uni obtient la possibilité d'indemniser les agriculteurs pour les surcoûts occasionnés par des pratiques particulièrement favorables à l'environnement. Cette politique prend le nom d'« article 19 », d'après le numéro de l'article qui l'institue. Le succès des programmes de zones environnementalement sensibles que le Royaume-Uni met en place (ESA, *Environmentally Sensitive Areas*) lui permet d'obtenir en 1987 un cofinancement communautaire à hauteur de 25%. Ce succès inspire également d'autre Etats membres, notamment l'Allemagne et le Danemark, qui élaborent également des mesures « article 19 ». La France se saisit à son tour progressivement de cette opportunité à partir du début des années 1990.

La politique agroenvironnementale prend une nouvelle dimension à l'occasion de la réforme de la PAC de 1992. Un règlement distinct lui est consacré (le règlement n°2078/92), le taux de subvention communautaire passe à 50% et les montants dédiés à cette politique sont multipliés par dix, passant au niveau européen d'environ 50 millions d'Ecus annuels à environ 500 millions d'Ecus (autant

---

de l'individu la nouvelle référence universelle et en affaiblissant les références sectorielles, favorise le développement de références locales et du territoire comme lieu de coordination entre les acteurs.

[285] Nous ne considérons ici que les politiques de développement rural *stricto sensu*, c'est-à-dire mises en œuvre en application du règlement européen de développement rural (n°1257/99), et non l'ensemble des politiques qui revêtent des considérations de développement des zones rurales (notamment les Docups Objectif 2).

d'euros). Cette évolution repose principalement sur un contexte de sens favorable et sur l'opportunisme politique consistant à en tirer parti afin de transférer une partie des soutiens agricoles dans la boîte verte, protégée lors des négociations internationales[286]. Le règlement instituant la politique a été préparé par un service mineur de la Commission européenne et a bénéficié d'une fenêtre politique favorable. Il traduit la conjonction ponctuelle des courants des problèmes (une dénonciation croissante des failles environnementales des pratiques agricoles), des solutions (un dispositif déjà existant) et des opportunités politiques (la volonté d'offrir une compensation aux agriculteur pour, suivant la formule d'un de nos interlocuteurs, « faire passer la pilule » de la réforme), mais pas une réflexion cohérente sur la construction d'un nouveau système de sens collectif.

Malgré les déclarations de son commissaire en faveur de la reconnaissance d'un modèle agricole européen multifonctionnel, la Direction générale de l'agriculture de la Commission européenne demeure à la fin des années 1990 ancrée dans un système de sens et d'action Keynésien fondé sur le soutien à la production. Les directions de marché jouissent d'un prestige bien supérieur à celui des directions du développement rural, qui ont en charge les mesures agroenvironnementales et territoriales[287]. Elles ont le sentiment de « s'occuper des choses sérieuses », suivant l'expression d'un fonctionnaire d'une de ces directions rencontré à Bruxelles. En termes juridiques, la réglementation du développement rural est subsidiaire par rapport à celle des OCM, c'est à dire qu'elle ne peut intervenir que sur des domaines non prévus par celles-ci et qu'à la condition de rester neutre par rapport aux dispositions des OCM (notamment ne pas favoriser un produit par rapport à un autre, etc.). En termes financiers, le développement rural occupe encore un poids marginal : l'indicateur fréquemment retenu pour estimer ce poids est la part relative des mesures de marché et des mesures de développement rural dans le budget de la PAC ; or si la répartition évolue progressivement en faveur du développement rural, elle reste très déséquilibrée (95%-5% environ lors de la réforme de 1992, 90%-10% environ dans le cadre de l'Agenda 2000).

A la fin des années 1990, les dispositifs de développement rural et notamment l'agroenvironnement demeurent ainsi considérés à l'échelon administratif communautaire comme des mesures avant tout techniques, permettant un transfert progressif des aides marché vers la boîte verte (qui présente l'avantage d'être protégée lors des négociations internationales). Leur élévation lors de la réforme de l'Agenda 2000 au rang de second pilier de la PAC revêt essentiellement une

---

[286] Voir notamment l'analyse de la genèse de cette réforme dans Brun Guilhem, 1998, *L'Evolution des représentations dans le secteur agricole en France et en Europe*, mémoire de DEA, Paris : IEP Paris.
[287] Chaque production (cultures arables, viande bovine, lait, sucre, vin, fruits et légumes, etc.) possède son règlement cadre, appelé OCM (Organisation commune de marché). Chaque OCM est gérée par une unité, lesquelles sont ensuite regroupées dans trois directions similaires dites de marché : les directions C, D et E (organigramme de la fin des années 1990). Le développement rural relève quant à lui des directions FI et FII. Ces directions ont été réorganisées à l'occasion de l'Agenda 2000 suivant une logique géographique (en plusieurs unités gérant chacune trois ou quatre pays), en remplacement d'une logique fonctionnelle par type de mesures.

signification d'affichage symbolique et ne traduit pas encore l'adoption d'un nouveau système de sens et d'action multifonctionnel dont ils constitueraient l'un des fondements.

La relative lenteur de cette évolution au niveau communautaire traduit les positions des Etats membres et leur utilisation technique et non idéologique des mesures territoriales et environnementales de la PAC. En raison de l'importance des montants financiers en jeu (plus de quarante milliards d'euros annuels), la remise en cause des équilibres de celle-ci est susceptible en effet d'avoir dans les Etats membres des conséquences considérables et de provoquer d'importantes contestations. Les négociateurs sont placés sous le contrôle des ministères des finances et des cruciaux taux de retour financier[288]. (Ces « taux de retour » consistent à calculer quel pourcentage de la contribution que chaque Etat verse au budget communautaire lui revient sous forme de soutien financier.)

Les débats relatifs aux modalités d'application de la politique agroenvironnementale se déroulent par conséquent dans les différents Etats membres sur un mode fondamentalement technique. Ils n'engendrent pas les confrontations idéologiques auxquelles le CTE a donné lieu en France (ainsi que nous l'analyserons dans le chapitre III). La mise en œuvre de ces mesures s'opère essentiellement dans la continuité cognitive des dispositifs précédents et s'appuie sur l'élaboration dépassionnée de cahiers des charges établis sur base d'expertises techniques et n'impliquant aucune expression des attentes des populations locales.

4   La construction d'alternatives nouvelles

L'existence d'un contexte général de sens favorable à une réforme de la politique agricole, ainsi que l'affirmation croissante, au niveau international et dans les politiques européennes, de l'importance des problématiques environnementales, favorisent en France l'émergence d'alternatives nouvelles aux dispositifs publics inspirés du référentiel dominant.

Des travaux de science politique, notamment ceux de Bruno Jobert dans le cadre de son analyse de la diffusion des normes néo-libérales en Europe[289], ont permis de caractériser les différentes scènes sur lesquelles se déroule la production d'idées. Les notions de forum et d'arène introduites par Jobert ont été par la suite reprises et développées par Eve Fouilleux dans ses travaux sur la réforme de la politique agricole commune de 1992[290]. En raison de sa proximité avec notre champ d'étude,

---

[288] Au point de conduire parfois à une certaine schizophrénie : Rafaële Rivais relate dans son article en page 4 du *Monde* du 11 avril 2001 les propos du ministre français de l'agriculture Jean Glavany, qui estime dans le même temps qu'il faut « redistribuer [les] aides de manière plus volontariste » mais qu'il faut rester jusqu'en 2006 dans le cadre budgétaire fixé à Berlin car Jacques Chirac n'a « pas tort de dire que la France risquerait gros à renégocier la PAC avant ».

c'est ce corpus théorique amendé sur lequel nous nous appuierons ici. Il nous permettra notamment d'analyser l'émergence des trois alternatives qui, d'après les entretiens que nous avons menés, ont le plus directement contribué à la genèse du CTE :
- les réflexions de certains cercles scientifiques, auxquels participait notamment le sociologue Bertrand Hervieu ;
- la création des Plans de développement durable par la DERF (Direction de l'espace rural et de la forêt au sein du ministère de l'agriculture) ;
- l'élaboration du Contrat d'entreprise par l'équipe dirigeante du CNJA (Centre national des jeunes agriculteurs).

Forums et arènes : les différentes scènes de production et d'utilisation des idées

Les forums sont les lieux au sein desquels peuvent se dérouler les échanges et les coordination entre les acteurs. Fouilleux définit ainsi

> « ...les forums comme des scènes plus ou moins institutionnalisées, régies par des règles et des dynamiques spécifiques, au sein desquelles des acteurs ont des débats touchant de près ou de loin à la politique publique que l'on étudie. Chaque forum est producteur de représentations, "d'idées" sur la politique, qui peuvent être interprétées par référence à l'identité, aux intérêts des acteurs [...] et aux rapports de force qui les opposent ainsi que, plus fondamentalement, au type de règles du jeu qui le régissent[291] ».

Un des intérêts majeurs de cette notion est de rendre intelligible la diversité des lieux de construction collective de sens. Elle donne ainsi une clé de lecture des débats et rapports entre acteurs qu'occasionne l'élaboration d'une politique publique, en distinguant les différentes scènes sur lesquelles ils se concentrent essentiellement. Elle permet de simplifier l'analyse en passant d'un tout indifférencié à un ensemble de forums dont il s'agit chaque fois d'examiner le contenu et l'interaction avec les autres. Un problème compliqué est rendu complexe.

Cette notion permet en outre de rendre compte de l'hétérogénéité des modalités de construction du sens, en distinguant différentes scènes dont le fonctionnement est spécifique. Ce point important permet notamment « de rendre intelligibles certains paradoxes ou aberrations inhérents à une politique ou à son référentiel[292]. »

---

[289] Jobert Bruno (dir.), 1994, *Le Tournant néo-libéral en Europe*, Paris : L'Harmattan.
[290] Voir notamment Fouilleux, Eve, 2000, « Entre production et institutionnalisation des idées : la réforme de la Politique Agricole Commune », *Revue française de science politique*, vol 50, n°2.
[291] *Ibid.*, p. 278-279.
[292] *Ibid.*, p. 279.

Trois forums de production des idées et un forum de synthèse

Fouilleux identifie quatre scènes principales de construction du sens. Trois de ces scènes sont des forums homogènes de production d'idée et la quatrième assure la synthèse entre ces contributions.

Les trois scènes de production d'idées sont respectivement le forum scientifique, le forum de la rhétorique politique et le forum professionnel. Ce dernier constitue un ajout de Fouilleux par rapport à la grille de Jobert, afin de tenir compte du caractère corporatiste du sous-système décisionnel dans le cas du secteur agricole.

Chacun de ces forums s'appuie sur une logique distincte :

« - Le forum [...] scientifique est régi par la recherche de l'excellence à l'intérieur du paradigme dominant et les règles de l'argumentation sont guidées en son sein par l'impératif de rigueur scientifique du raisonnement. [...]
- Sur le forum de la communication politique (de la rhétorique politique), l'enjeu central est la conquête et/ou la conservation du pouvoir politique, qui passe par la construction de coalitions, la dévalorisation des adversaires et l'argumentation, en vue de convaincre les électeurs. [...]
- Le forum professionnel est le lieu d'une production d'idées sur la politique agricole, à partir de la défense des modèles spécifiques (idéaux) de pratique de l'agriculture[293]. »

Les forums n'interviennent pas tous au même moment ou avec la même fréquence dans l'élaboration des politiques publiques. Le forum scientifique se situe sur le temps long de la recherche ; il produit par conséquent avec une relative continuité, déconnectée du rythme des décisions politiques. Le forum de la communication politique, à l'inverse, est fortement corrélé aux rythmes politiques, dont il épouse les temps forts et faibles. Enfin, le forum professionnel est lié à des réflexions et débats permanents sur les pratiques, même s'il est également susceptible de connaître des phases d'accélération et de ralentissement.

Ces trois forums ne participent pas directement à la définition des politiques publiques. Leurs contributions sont médiatisés par certains acteurs qui se retrouvent sur une quatrième scène : le forum des communautés de politique publique. Ce dernier forum représente le lieu où sont effectivement formellement élaborées les politiques. Pour cette raison, il se compose des membres des autres forums disposant de la légitimité requise (par exemple, les responsables politiques aux affaires ou les scientifiques jouissant d'une reconnaissance internationale) et des responsables administratifs. L'accès à cette scène étant déterminant, il représente l'un des enjeux majeurs des compétitions au sein des différents forums.

---

[293] *Ibid.*, p. 279-280.

Des scènes régies par des règles spécifiques

Chaque forum de production d'idées est composé d'une population relativement homogène, partageant certains modes de fonctionnement et de référence. Ces similitudes se traduisent par la spécificité des règles qui les régissent, conduisant Fouilleux à décrire ces forums comme des « scènes institutionnalisées, c'est à dire régulées par des institutions spécifiques[294] ».

Elle montre ainsi que les critères de légitimation (permettant la désignation de porte-parole, cf. ci-après) ainsi que la forme des discours, et notamment les critères d'acceptabilité et de cohérence, dépendent de la scène considérée. Par exemple,

> « le référent central du forum des économistes scientifiques est de type "paradigmatique", le référent central orientant les échanges sur la scène de la rhétorique politique est de type "doctrinaire", ou "idéologique", tandis que sur la scène professionnelle, nous préfèrerons le terme de "modèle" d'agriculture[295]. »

Le fonctionnement particulier et complexe du forum des communautés de politique publique, dont la population est hétérogène, nécessite une analyse plus poussée à laquelle nous procéderons spécifiquement dans le chapitre III.

L'une des conséquences importante de la spécificité du type de système de sens et d'action produit sur chacune de ces scènes est l'inévitable déformation survenant lors du passage d'une idée d'un forum à un autre. Les différents forums sont en effet en interaction plus ou moins régulière, ce qui concourt à la circulation des idées et référents produits par chacun d'entre eux. Les échanges les plus intenses s'opèrent entre le forum de synthèse – le forum des communautés de politique publique – et les forums de production des idées.

Les éléments de sens et d'action produits par le forum scientifique alimentent le forum des communautés de politique publique principalement par l'intermédiaire des expertises demandées par les pouvoirs publics (rapports, etc.) et par l'accès aux fonctions de conseillers du gouvernement (cabinets). Les scientifiques impliqués dans ces échanges reçoivent en retour une rétribution financière et symbolique ainsi qu'une participation privilégiée aux sphères du pouvoir.

Les modalités et l'intensité des échanges entre le forum professionnel et le forum des communautés de politiques publiques dépend fortement de la nature du sous-système décisionnel. Celui-ci a été analysé dans le cas du secteur agricole en France comme de type néocorporatiste. Nous procéderons à l'analyse des spécificités de son fonctionnement dans le cadre du chapitre III.

Enfin, les rapports entre le forum de la rhétorique politique et le forum des communautés de politique publique sont fortement institutionnalisés.

> « Les idées contenues dans les programmes électoraux sont ainsi automatiquement importées sur le forum des communautés de politique

---

[294] *Ibid.*, p. 283.
[295] *Ibid.*, p. 280.

publique, mais elles sont loin d'être automatiquement institutionnalisées pour autant, les règles du jeu régissant leur nouveau forum d'adoption (maintien du compromis) étant bien différentes de celles qui ont permis à leurs défenseurs d'obtenir leur victoire (argumentation et rhétorique politique)[296]. »

L'importance du forum administratif dans le cas des politiques agricoles et environnementales

La notion de forum vise à formaliser la prise en compte des principaux lieux de construction de sens. Les différents forums à considérer dans l'analyse sont par conséquent susceptibles de dépendre des spécificités du domaine étudié. Il nous paraît utile, dans le cas des politiques agricoles et environnementales, de distinguer une quatrième scène de production d'idées : le forum administratif.

Jobert et Fouilleux situent les responsables administratifs au sein du forum des communautés de politique publique. Ce classement nous semble traduire la survivance partielle d'une représentation des fonctionnaires comme les exécuteurs dociles des choix politiques et les traducteurs fidèles des décisions arrêtées par d'autres. Si Jobert et Fouilleux reconnaissent que les administrations sont des acteurs autonomes et peuvent influencer les débats au sein du forum des communautés de politique publique, ils se refusent en effet à envisager l'ensemble qu'elles forment comme un forum à proprement parler, c'est-à-dire comme une scène de production originale d'idées, composée d'une population homogène et dotée de modalités de fonctionnement spécifiques.

Divers travaux ont pourtant montré que dans de nombreux cas les fonctionnaires n'avaient pas seulement tenu un rôle réactif de modification d'idées émises par d'autres mais avaient joué un rôle proprement moteur reposant sur la production d'un système de sens et d'action spécifique. Jacques Chevallier souligne par exemple le rôle des acteurs administratifs dans la problématisation de l'environnement et dans la création d'un ministère lui étant dédié :

> « C'est ainsi qu'en France, le développement de revendications liées à l'environnement ou à la consommation a été en partie le sous-produit de l'action administrative [...]. On sait notamment le rôle joué par la DATAR dans la promotion du thème de l'environnement, alors que la sensibilité à ce problème était faible et que les mouvements écologistes n'avaient guère d'influence : la mise sur agenda du thème sera donc largement liée à des initiatives administratives ; la construction du problème de l'environnement en enjeu politique résulte, comme l'a montré C. Spanou,

---

[296] *Ibid.*, p. 285.

des initiatives prises par des hauts fonctionnaires pour le faire sortir de la marginalité[297]. »

De même, Heclo montre le rôle majeur joué par les acteurs administratifs dans l'évolution des politiques sociales au Royaume-Uni et en Suède :

« Si nous sommes obligés de distinguer un groupe parmi tous les facteurs politiques comme étant de façon cohérente le plus important, les bureaucraties de Grande-Bretagne et de Suède semblent avoir joué un rôle prépondérant dans les politiques étudiées[298]. » « Notre démonstration suggère que le rôle moteur des fonctionnaires est un phénomène récurrent dans les politiques publiques plutôt que l'exception[299]. »

Ce rôle ne se limite d'ailleurs pas à la mise sur agenda, mais concerne également la production d'idées pouvant être traduites en politiques publiques :

« Hormis la reconnaissance générale de la nécessité d'agir, la détermination de ce qui avait et ce qui devrait être le contenu substantiel de ces actions a souvent, et peut-être habituellement, été la contribution originelle des administrations au développement des politiques publiques sociales modernes[300]. »

Nous serons amenés à constater dans le chapitre IV (consacré à l'élaboration administrative du CTE) que l'influence des fonctionnaires du ministère de l'agriculture sur le texte a été très importante et qu'elle s'est effectuée à partir de débats internes sur la construction du sens de cette politique. Nous formaliserons ces échanges en utilisant la notion de forum administratif, dont nous préciserons alors les spécificités de fonctionnement.

Les réflexions composites sur un contrat global entre agriculteurs et Etat

Au cours des années qui précèdent l'adoption du contrat territorial d'exploitation, un certain nombre de scientifiques conduisent différentes réflexions dans l'optique de proposer des alternatives au modèle d'agriculture dominant. Ces réflexions seront portées au moment de l'élaboration de la nouvelle politique par

---

[297] Chevallier Jacques, 1999, « La création d'un ministère » in Lascoumes P. (dir.), *Instituer l'environnement. Vingt-cinq ans d'administration de l'environnement*, Paris : L'Harmattan, p. 34.
[298] Heclo Hugh, 1974, *Modern social politics in Britain and Sweden*, New Haven : Yale University Press, p. 301 : « Forced to choose one group among all the separate political factors as most consistently important [...], the bureaucracies of Britain and Sweden loom predominant in the policies studied. »
[299] *Ibid.*, p. 303 : « Our evidence suggests the activist civil service role is a pervasive policy phenomenon rather than the exception. »
[300] *Ibid.*, p. 304 : « Apart from the general recognition of the need to act, the determination of what has been and should be the substantive content of these actions has often, and perhaps usually, been the primary administrative contribution to the development of modern social policy. »

certains acteurs – notamment le sociologue Bertrand Hervieu – bénéficiant d'une position particulière de médiateurs qu'ils savent utiliser pour accéder de façon privilégiée au forum des communautés de politique publique. Si elles sont principalement formalisées dans le cadre de cercles scientifiques proches du forum professionnel, ces réflexions s'inspirent de manière substantielle, mais indirecte, des initiatives alternatives menées par divers acteurs agricoles ou associatifs contestataires.

Les réflexions du forum associatif alternatif

Ainsi que nous l'avons évoqué précédemment, des scènes associatives et alternatives se constituent au cours des années 1980 et du début des années 1990 sur la base d'une agrégation composite d'initiatives dispersées. Cette diversité est cependant traversée par quelques principes communs fédérateurs : l'économie des moyens et la diminution de la dépendance vis-à-vis de l'extérieur ; la valorisation des produits et des modes de production à travers une prolongation par la transformation sur place et la commercialisation directe ; la recherche de synergies entre différents aspects de l'activité et d'une diversification vers des activités complémentaires. Ces principes sont notamment identifiés par François Pernet, qui démontre le caractère hétéroclite du modèle qu'ils dessinent :

> « Economiser, valoriser, compléter, cela ne définit pas une stratégie unique, mais plutôt une gamme de stratégies qui peuvent parfois être contradictoires ; cela ne définit pas non plus une agriculture différente du modèle dominant, qui serait simplement son inverse symétrique[301] ».

Les réflexions conduites sur les scènes associatives et alternatives ne font pas en effet l'objet d'une reformulation politique ou syndicale unifiée et cohérente. Le syndicalisme de gauche privilégie jusqu'à la fin des années 1980 une approche marxiste de lutte de classe qui remet en cause l'organisation du travail agricole et la répartition du revenu mais conserve la logique de production et d'efficacité technique promue par le référentiel dominant.

Les relations difficiles entre porteurs d'options alternatives et syndicalisme minoritaire de gauche évoluent progressivement à partir de l'organisation des « Assises paysannes » en 1987, qui déboucheront sur le regroupement donnant naissance à la Confédération paysanne. Ces assises sont en effet l'occasion d'une inflexion sensible d'une partie du syndicalisme minoritaire, qui reconnaît désormais la pertinence de ces initiatives et favorise l'essor de la mouvance alternative.

Encore largement minoritaire et dispersée, celle-ci éprouve toutefois des difficultés à recueillir une audience sur le forum national des communautés de politiques publiques. Les entretiens que nous avons réalisés ont ainsi montré que le développement de ce mouvement au cours des années 1980 et du début des années 1990 n'avait pas *directement* influencé le déroulement de l'élaboration et de

---

[301] Pernet, 1982, *op. cit.*, p. 77.

l'adoption du CTE. Il a cependant inspiré les réflexions de divers scientifiques qui ont pu participer aux constructions de sens fondant le CTE.

Les réflexions de divers scientifiques

Il peut sembler surprenant au lecteur de voir présenter séparément les réflexions scientifiques au niveau international (partie précédente) et ici à l'échelon national. Cette séparation est néanmoins volontaire car elle correspond à la perception et au vécu des acteurs que nous avons interrogés à ce sujet. Il apparaît en effet que ces deux niveaux de débat et de réflexion ont évolué jusqu'à l'adoption du CTE de manière relativement disjointe. Les acteurs qui participaient à chacune de ces scènes étaient différents et si un certain nombre de liens indirects contribuaient sans doute à un couplage partiel – comme nous le constaterons lorsque nous évoquerons le rôle de médiation joué par la DERF –, il est manifeste que les alternatives respectives issues de ces forums ont d'abord été élaborées suivant des dynamiques internes que nous tentons ici d'identifier pour l'échelon national.

La majorité du monde français de la recherche (notamment l'Institut national de la recherche agronomique (INRA)) demeure au cours des années 1980 et 1990 essentiellement axé sur des problématiques de production. En lien avec l'émergence d'initiatives contestant le modèle dominant, un certain nombre de personnalités mènent cependant des réflexions originales et proposent des évolutions au système de sens et d'action en vigueur.

Dès 1978, par exemple, Jacques Poly, alors directeur général de l'INRA, remet en cause le modèle quantitatif dominant dans un rapport intitulé de façon explicite « Pour une agriculture plus économe et plus autonome ». Gilles Allaire s'investit dans la revue Nouvelles campagnes tandis que Jean Le Monnier participe au sein du GREP (Groupe de recherche pour l'éducation et la prospective) à la revue Pour. Pierre Muller, en collaboration avec Françoise Gerbaux et Alain Faure, analyse pour sa part les nouvelles pratiques et identifie une évolution du métier d'agriculteur vers celui d'entrepreneur rural[302]. De même, les réflexions liées aux études prospectives lancées par la DATAR sous la direction de Bernard Kaiser (Université de Toulouse)[303] préparent la reconnaissance des concepts d'espace ou de territoire dans le champ agricole.

Il nous serait difficile de dresser ici un inventaire exhaustif de toutes ces réflexions[304]. Nous ferons le choix de privilégier deux de celles-ci et de les présenter de manière un peu plus approfondie, en raison de la participation d'acteurs que nous identifierons par la suite avoir joué un rôle important dans l'élaboration du CTE.

---

[302] Muller Pierre, Gerbaux Françoise et Faure Alain, 1989, *Les entrepreneurs ruraux. Agriculteurs, artisans, commerçants, élus locaux*, Paris : L'Harmattan.
[303] Puis de Philippe Lacombe et Bertrand Hervieu, puis François Colson. Ces études ont débouché sur l'important document *Prospective 2015*.
[304] Une recherche complémentaire à celle que nous avons menée permettrait sans doute utilement d'éclairer cet aspect du contexte de sens en vigueur dans le secteur agricole français au cours des années 1990.

Le rassemblement hétéroclite du groupe de Seillac

En 1992, une vingtaine de personnalités d'origine diverse se constituent en groupe de réflexion pour débattre de la question du renouvellement des politiques agricoles. Comme l'exprime Edgar Pisani dans un essai qu'il intitule « Pour une agriculture marchande et ménagère[305] », ces rencontres du « groupe de Seillac » débouchent en avril 1993 sur la publication de vingt trois pages de conclusions et sur un appel à l'élargissement de la réflexion entamée à d'autres cercles et d'autres participants.

L'objectif des participants (suivant les termes de l'un d'entre eux) est de « renouveler les grandes options de 1960-62 dont [ils] constat[ent] l'épuisement, l'effondrement ». S'inspirant « d'idées en l'air dans [le] milieu [scientifique] » (idem), ils proposent de réformer en profondeur le modèle agricole afin de parvenir à combiner la dimension économique de l'activité et ses dimensions sociales, environnementales et territoriales. Si le terme de multifonctionnalité n'est pas prononcé, les idées que cette notion recouvre figurent déjà pour l'essentiel dans les débats.

Cette construction collective de sens est favorisée par la composition du groupe[306], qui allie diversité des origines (universitaires de diverses disciplines, syndicalistes variés, hommes politiques ...) et habitude des membres de participer à des scènes différentes de leur forum d'origine. En outre, la majeure partie des participants disposent dans leur propre champ d'une position suffisamment assurée et d'une autorité intellectuelle suffisamment reconnue pour se permettre d'explorer des alternatives en décalage avec le système de sens dominant[307]. Le groupe de Seillac peut ainsi être vu comme un acteur collectif disposant des qualités d'un médiateur et à ce titre d'une capacité supérieure d'apprentissage. Cette capacité d'apprentissage lui a permis d'élaborer les fondations d'un nouveau système de sens et d'action cohérent prenant en compte les anomalies qui s'étaient développées dans le cadre du système de sens en vigueur.

---

[305] Pisani, 1994, *op. cit.*
[306] Le groupe se composait des personnalités suivantes, dans l'ordre alphabétique : Christian Blanc, Pierre Calame, André Cazals, Philippe Chalmin, Michel Debatisse, Alain Delaunoy, Georges Garot, Bruno Guichard, Bertrand Hervieu, Philippe Lacombe, Bernard Laguerre, Guy Le Fur, Louis Malassis, Pierre Mongin, Hervé Morize, Guy Paillotin, Jean Pinchon, Edgard Pisani, Jean Pisani-Ferry, Michel Teysseidou.
[307] C'est le cas par exemple de Michel Debatisse, figure presque mythique du syndicalisme français pour avoir en partie inspiré le tournant de l'agriculteur producteur au début des années 1960 avant de diriger la FNSEA au cours des années 1970.

Le rôle de médiateur du sociologue Bertrand Hervieu

Les réflexions conduites sur les différentes scènes collectives de débat que nous venons d'évoquer ont en partie été portées lors de la genèse du Contrat territorial d'exploitation par le sociologue Bertrand Hervieu.

Chercheur, issu d'une famille très agricole et entretenant des relations privilégiées avec de nombreux responsables départementaux et nationaux, relié aux réseaux politiques du parti socialiste, attentif aux initiatives alternatives sans toutefois s'y investir, il se situe en effet au carrefour des forums scientifique, professionnel, politique et associatif alternatif entre lesquels il peut assurer une médiation efficace. Participant aux réflexions relatives à la remise en cause du référentiel productif en vigueur, il s'implique notamment dans les groupes prospectifs de la DATAR et dans le groupe de Seillac.

Ces divers liens le conduisent à formaliser une évolution radicale du modèle agricole dominant et à suggérer une réforme profonde des politiques menées. Même si le vocabulaire n'est pas encore stabilisé et si l'idée demeure au stade d'ébauche, il préconise une prise en compte des fonctions non productives de l'agriculture à travers un contrat global qui lierait chaque agriculteur et la puissance publique :

> « Cet engagement consisterait […] à globaliser les aides de l'Etat et de la Communauté, et à passer un contrat entre la puissance publique et l'agriculteur, en fonction d'un cahier des charges[308]. »

Sa nomination en 1997 au sein du cabinet du nouveau ministre de l'agriculture, Louis Le Pensec, lui offre l'opportunité de défendre ces réflexions sur le forum des communautés de politique publique. Il assume ainsi une fonction de porte-parole indirect des différents forums auxquels il est lié et permet ce faisant aux idées de réforme développées sur ces derniers d'être envisagées au niveau politique comme constituant une alternative possible au référentiel en vigueur.

L'expérimentation des Plans de développement durable (PDD) par la direction de l'espace rural et de la forêt

En parallèle des réflexions et des initiatives conduites en France dans le but explicite de rechercher un nouveau modèle agricole, le ministère de l'agriculture, par l'intermédiaire de Direction de l'espace rural et de la forêt (DERF), élabore une politique expérimentale visant à prendre en compte certaines des failles principales du référentiel en vigueur.

Représentant fréquemment le ministère français de l'agriculture dans les manifestations internationales relatives au développement des zones rurales (notamment à Rio et à Cork), la direction de la DERF est en effet confrontée à l'émergence des questions de développement durable et de multifonctionnalité et

---
[308] Hervieu, 1994, *op. cit.*, p. 138.

décide de mettre en place une politique expérimentale répondant à ces enjeux. Elle opère ainsi un couplage partiel entre une problématisation de la situation et l'élaboration d'alternatives permettant d'y faire face.

La DERF, boîte à idées du ministère

Dans le domaine du développement rural et de la politique des structures, l'organisation du ministère français de l'agriculture a reposé principalement au cours des années 1990 sur deux directions distinctes : la Direction des exploitations, de la politique sociale et de l'emploi (DEPSE) et la Direction de l'espace rural et de la forêt (DERF). Le positionnement mutuel de ces deux directions n'est alors guère conflictuel et s'appuie sur une répartition claire de leurs attributions respectives : la DEPSE assure la gestion quotidienne des politiques existantes tandis que la DERF assume les expérimentations, l'expertise technique et l'animation à destination des acteurs du monde rural. Suivant la formulation d'un de nos interlocuteurs, sa direction considère que son rôle « n'est pas d'avoir un portefeuille de procédures à gérer mais d'assumer une mission d'anticipation, d'expérimentation, de tester de nouveaux concepts. »

La prise en compte de l'environnement et des territoires dans les politiques agricoles s'appuie au début des années 1990 sur deux dispositifs que nous allons à présent envisager successivement[309] : d'une part la mise en œuvre de la politique agroenvironnementale d'origine européenne, qui constituera un outil de financement important du CTE mais n'influencera que marginalement le contenu cognitif et normatif de cette réforme ; d'autre part l'élaboration et l'expérimentation des Plans de développement durable (PDD), imaginés par la DERF et qui, à l'exact inverse de la politique agroenvironnementale, représentera un apport important sur le plan du sens et des principes mais ne servira pas de référence au financement du CTE.

La démarche Article 19 et l'agroenvironnement

Constatant la relative réussite de dispositifs « article 19 » mis en œuvre au Royaume-Uni et dans une moindre mesure en Allemagne, la DERF se saisit à partir de 1990 des possibilités ouverte par la politique agroenvironnementale européenne pour lancer quelques « opérations locales » sur des périmètres précis. Ces opérations prennent la forme juridique d'OGAF (Opérations groupées d'aménagement foncier), ce qui favorise le développement d'une coordination locale entre les acteurs dans la définition des objectifs et des cahiers des charges. Ce type d'expérience s'avérera

---

[309] Nous pourrions évoquer également ici l'adoption de la directive Nitrates en 1991 et celle de la directive Habitats, instituant la classification Natura 2000, en 1992. Cependant, si ces deux politiques traduisent l'importance croissance de l'attention portée aux enjeux environnementaux dans le domaine agricole, elles ne reposent pas sur le principe de contractualisation entre l'Etat et chaque agriculteur, n'ont pas dans les faits inspiré les principes de la LOA et du CTE et n'ont pas été utilisées lors de la mise en œuvre de celui-ci. Nous ferons par conséquent le choix de ne pas développer davantage leur présentation.

important lors de la mise en œuvre locale du CTE, que nous aborderons dans le chapitre V. Un bureau au sein de la DERF*³¹⁰* est créé afin de piloter cette mise en œuvre.

L'importance nouvelle qu'acquiert au niveau européen l'agroenvironnement en 1992 à l'occasion de la réforme de la PAC conduit le ministère français de l'agriculture à confier désormais la gestion de cette politique à la DEPSE, bien que la DERF conserve un rôle d'expertise technique. La mise en œuvre d'opérations locales est conservée mais celles-ci sont complétées par un important dispositif horizontal de soutien à la production herbagère extensive (qui absorbe environ 70% des crédits alloués à la politique) ainsi que par quelques mesures à cahier des charges national (qui bénéficient de 10% des crédits environ).

Elaboré au niveau européen et faisant l'objet en France, comme dans les autres Etats membres, d'une utilisation essentiellement technique, la politique agroenvironnementale n'engendre cependant pas de processus substantiels de construction de sens au niveau national. L'existence de ce dispositif a certes conforté localement la viabilité et la légitimité des initiatives de rupture avec le modèle dominant et elle a, à ce titre, contribué indirectement à l'élaboration de systèmes de sens et d'action concurrents du référentiel en vigueur ; mais elle n'a pas pour autant été l'occasion de débats sur les différents forums et n'a de ce fait pas participé directement à fonder le contenu du CTE.

La démarche PDD

Parallèlement à la politique agroenvironnementale, une seconde démarche de prise en compte de la notion de développement durable se développe en France au début des années 1990. Dans le prolongement des débats du sommet de Rio, auquel elle a participé, et en s'appuyant sur les réflexions entamées dans le cadre de certains groupes d'étude et de mobilisation (GEM) créés en 1991, la direction de la DERF décide à l'automne 1992 de lancer l'expérimentation d'une politique visant à intégrer les différents éléments du développement durable dans les pratiques agricoles. Le principe fondamental de cette politique est de rechercher des synergies entre les dimensions économiques et les dimensions environnementales de l'activité. Il s'agit d'essayer par de nouvelles pratiques de « faire de l'environnement tout en confortant la viabilité économique des exploitations[311] », c'est-à-dire d'envisager l'environnement comme un atout plutôt que comme une contrainte. Cette conception se distingue sensiblement de la politique agroenvironnementale, qui repose pour sa part sur une identification et une indemnisation des surcoûts et manques à gagner engendrés par des pratiques plus favorables à l'environnement.

---

[310] Les directions du ministère sont subdivisées en sous-directions puis en bureaux, avec dans certains cas l'ajout du « service » comme échelon englobant plusieurs sous-directions.
[311] Nous reprenons ici la formulation d'un de nos interlocuteurs, qui a été impliqué dans l'élaboration de cette politique.

Cette politique expérimentale prend la forme de projets globaux d'exploitation élaborés par les agriculteurs et validés par la puissance publique. Ces projets, qui prennent le nom de Plans de développement durable (PDD), concernent la totalité de l'exploitation et portent sur une évolution de l'ensemble du système productif. Ils ne reposent pas sur un texte réglementaire spécifique mais visent plutôt à intégrer dans un cadre global les différents outils mobilisables. Les PDD ne sont pas zonés, c'est à dire limités à certaines zones où les enjeux environnementaux seraient jugés particulièrement importants, mais ils sont réservés aux agriculteurs présentant une demande par petits groupes (typiquement une quinzaine d'exploitants) : la cohérence territoriale est ainsi assurée par l'inscription dans une démarche collective.

Le dispositif PDD procède schématiquement en quatre étapes, que nous précisons ici car elles présentent des similitudes importantes avec la démarche retenue pour la construction de CTE, que nous aborderons dans le chapitre IV :
- *diagnostic du territoire* auquel appartiennent les exploitations candidates, tant d'un point de vue économique qu'environnemental ;
- *diagnostic de chacune des exploitations*, mêlant là aussi l'économique et l'environnemental, voire le social ; chaque exploitant dispose d'un chèque conseil de dix mille francs afin de pouvoir faire appel à un agronome, un pédologue, un paysagiste, un économiste, etc.
- *élaboration d'un projet d'exploitation* consistant à faire passer l'ensemble du système productif d'un état initial à un état final plus avantageux (diminution d'intrants, passage du maïs à l'herbe, développement d'un second atelier, passage à une race plus rustique, etc.)
- *élaboration d'un plan d'accompagnement financier* reposant sur les instruments existants (Dotation jeune agriculteur, Plan d'amélioration matérielle, mesures agroenvironnementales, etc.). Signature d'un contrat correspondant de 5 ans entre l'Etat et l'agriculteur.

La procédure retenue est ainsi relativement lourde, ce qui traduit l'objectif d'expérimenter qualitativement un dispositif avant d'envisager les simplifications permettant sa généralisation. Pour cette raison, seuls mille deux cent agriculteurs environ au total entrent dans ce dispositif entre 1993 et 1997 et sept cents contrats environ sont signés. Ces chiffres expriment le faible impact concret de cette politique, dont l'influence a résidé principalement dans les réflexions qu'elle a suscitées et dans la construction cognitive et normative qu'elle a encouragée.

Dans cette optique, la composition hybride du comité de pilotage mis en place par la DERF traduit la médiation des idées assurée par celle-ci. Ce comité associe en effet dans une même instance les administrations de l'agriculture et de l'environnement, la profession agricole et un certain nombre de chercheurs – ainsi que les associations de protection de la Nature, dont le rôle dans l'ensemble du processus de réforme ayant conduit au CTE est toutefois resté relativement marginal. La représentation effective des principaux forums de production d'idées se retrouve également dans le comité de suivi scientifique et technique, qui réunit des représentants des ministères de l'agriculture et de l'environnement, de la DATAR, de l'INRA, du Cemagref, de l'ANDA (Association nationale pour le développement agricole), de l'APCA (Assemblée permanente des chambres d'agriculture) et de France Nature Environnement.

La DERF joue un rôle de médiateur mais subit certaines fragilités

L'impact de l'expérimentation PDD menée par la DERF paraît ainsi avoir relevé principalement de la capacité de celle-ci à assumer un rôle de médiateur entre les différents acteurs et forums et à favoriser ainsi la diffusion des idées produites sur les différentes scènes. Cette capacité s'est appuyée notamment sur le positionnement original de « boîte à idée » suivi par la direction de la DERF au cours des années 1990. Ce positionnement conduit en effet alors les fonctionnaires de la DERF à entretenir avec le forum scientifique des contacts plus fréquents que les membres des autres directions[312]. Les liens sont notamment relativement réguliers avec les chercheurs issus des organismes qui dépendent du ministère de l'agriculture, comme l'INRA (Institut national de la recherche agronomique) et le Cemagref (Centre national du machinisme agricole, du génie rural, des eaux et des forêts[313]). De plus, la direction de la DERF dispose dans le même temps de réseaux importants au sein de la profession agricole, en collaboration avec laquelle elle expérimente divers dispositifs. Enfin, la DERF joue un rôle important dans le brassage des fonctionnaires et constitue un point de passage pour nombre des hauts fonctionnaires en place dans les directions centrales du ministère ; l'ensemble de la ligne hiérarchique en charge du CTE à la DEPSE (le directeur adjoint, le sous-directeur chargé des exploitations agricoles et la chef du bureau des CTE) aura par exemple effectué une partie de sa carrière à la DERF. La DERF se situe ainsi à l'interface des forums scientifique, professionnel et administratif.

Pour autant, cette capacité de médiation subit certaines fragilités structurelles. En premier lieu, les rapports réguliers que la DERF parvient à entretenir avec la profession agricole sont en permanence menacés par un certain déficit de prestige. Ce déficit repose principalement d'une part sur l'absence d'un portefeuille de mesures significatives sur lesquelles elle exercerait son autorité (dans le domaine agricole elle n'est en charge que de politiques de faible ampleur) et d'autre part sur l'image environnementaliste que se font d'elle un certain nombre de responsables syndicaux, notamment en raison de la tutelle partagée qu'exerce sur elle le ministère de l'environnement[314]. La compensation de ces déficits structurels repose beaucoup sur les rapports personnels dont disposent les membres de la DERF, notamment sur

---

[312] Hormis bien sûr à la direction générale de l'enseignement et de la recherche, mais cette dernière n'a pas pour objet de travailler en lien avec le forum administratif ou avec le forum des communautés de politiques publiques.
[313] Cet acronyme a depuis été remplacé par la désignation « La recherche pour l'ingénierie de l'agriculture et de l'environnement », tout en conservant néanmoins le sigle Cemagref.
[314] La DERF est en effet mise à disposition conjointe du ministre de l'agriculture et du ministre de l'environnement. La gestion de cette double loyauté n'est pas aisée et un de nos interlocuteurs en résumait le principe en estimant qu'elle « consistait à dire au ministère de l'environnement les choses vite, mais pas trop vite. »

les liens antérieurs tissés par les membres de sa direction avec des responsables professionnels et sur les réseaux de connaissance liés au brassage des fonctionnaires.

En outre, la capacité d'innovation de la DERF est limitée par les phénomènes de dépendance au parcours et par la nécessité de protéger son positionnement stratégique au sein du ministère. Une remise en cause des politiques du ministère qui serait jugée excessive affaiblirait en effet considérablement une direction qui ne dispose pas en matière agricole de son propre domaine réservé mais tire son importance de l'appui qu'elle peut apporter aux autres directions et de la coordination qu'elle peut assurer avec les acteurs du monde rural. François Lacasse montre ainsi dans un exemple issu du contexte canadien que « l'équipe d'experts internes à un ministère [...] chargée de mobiliser les savoirs pertinents aux décisions de changement politique », qu'il appelle « Savoirs SA », n'a pas intérêt rationnellement à heurter ses partenaires : « La comparaison des deux stratégies extrêmes pour Savoirs SA [(stratégie conformiste et stratégie de confrontation)] illustre une asymétrie structurelle des coûts et des risques encourus[315] ».

Le Contrat d'entreprise, développé par le Centre national des jeunes agriculteurs (CNJA) pour renouveler ses cadres d'action

Simultanément aux réflexions entamées sur les scènes scientifique et administrative, le forum professionnel est le lieu au cours des années 1990 de l'élaboration par le CNJA d'une alternative au référentiel en vigueur.

L'adoption d'une posture offensive après le traumatisme de la réforme de la PAC de 1992

Depuis sa création en 1961, le CNJA constitue traditionnellement l'aile réformiste du syndicalisme majoritaire. Dès les années 1980, son positionnement connaît une évolution sensible et insiste désormais sur le caractère déterminant de l'adéquation de la production agricole avec la demande. Jacques Rémy montre ainsi en 1987 que

> « le syndicalisme "jeune", le CNJA, s'est nettement converti, depuis son congrès d'Argentan, en 1985, à l'esprit d'entreprise, et oppose, dans une enquête récente, le portrait de l'entrepreneur entreprenant à celui, jugé désuet, du producteur[316] ».

Cette évolution, pour autant, ne se traduit pas jusqu'au début des années 1990 par une remise en cause des politiques agricoles en vigueur.

---

[315] Lacasse François, 1997, « Bonne gestion publique et rejet des savoirs » in Boudon R., Bouvier A. et Chazel F. (dir.), *Cognition et sciences sociales*, Paris : Presses Universitaires de France, p. 242.
[316] Rémy Jacques, 1987, « La crise de professionnalisation en agriculture : les enjeux de la lutte pour le contrôle du titre d'agriculteur », *Sociologie du travail*, n°4-87, p. 427.

La réforme de la PAC en 1992, suivie par l'accord libéral du GATT à Marrakech en 1994, est un choc qui modifie ce fragile équilibre. Elle est ressentie comme une remise en cause identitaire du modèle agricole (vivre de la vente de ses produits grâce à des prix rémunérateurs), qui est susceptible de porter fortement atteinte aux intérêts des agriculteurs français.

L'adoption d'un système de soutien à l'hectare lors de la réforme de la PAC contribue notamment à relancer les phénomènes d'agrandissement et à engendrer une baisse significative du nombre d'installations en 1992 et 1993. Le CNJA, dont la défense de l'installation est l'un des fondements, manifeste sa volonté de s'attaquer à ce problème par des slogans qui connaissent un succès important : « plus de voisins que d'hectares », « une installation pour un départ »... Le nouveau bureau du CNJA qui s'installe en 1994 avec Christiane Lambert à sa tête se donne pour objectif l'installation de 12 000 jeunes agriculteurs par an et pour cela entend permettre la création des revenus correspondants.

En outre, l'impuissance de la France à empêcher une réforme à laquelle elle était opposée accroît le désarroi en mettant soudainement en lumière l'affaiblissement politique des positions françaises. Cette impuissance est analysée comme le résultat d'une incapacité à être force de proposition. Le bureau du CNJA se donne par conséquent pour objectif de préparer les échéances à venir – et notamment la réforme de la PAC dans le cadre de l'Agenda 2000 – en adoptant une posture offensive et en élaborant un ensemble de propositions ambitieuses susceptibles de répondre aux évolutions du contexte international. Le paragraphe introductif de la synthèse du rapport adopté en 1997 souligne ainsi que

> « l'évolution du contexte international et européen nécessite une réflexion lucide sur les outils qui régissent l'actuelle Politique Agricole Commune, en vue d'une prochaine réforme. Plutôt que de se voir imposer de nouvelles règles par Bruxelles, le CNJA a choisi de proposer une alternative [...][317]. »

La démarche du CNJA consiste à opérer un couplage des courants des problèmes et des opportunités politiques en direction du courant des alternatives : réagissant à une situation qu'il analyse comme problématique, le bureau du CNJA élabore un ensemble de propositions afin d'être en mesure de peser lors des opportunités politiques futures.

Ces réflexions se déroulent d'abord dans une optique européenne et l'objectif de participer à refonder la PAC est clairement affiché (le rapport de 1997 indique ainsi que « le projet du CNJA devra influencer les décisions européennes[318] »). Cette ambition se heurtera toutefois à la difficulté de convaincre les partenaires de la France ; ainsi, après l'échec de la tentative de rallier à l'alternative élaborée les autres syndicats européens de jeunes agriculteurs (réunis au sein du CEJA), le CNJA se resituera dans un contexte national et utilisera l'ouverture en France d'une fenêtre politique propice au changement pour promouvoir ses propositions.

---

[317] Bureau du CNJA, 1997, *Paysans entrepreneurs. Notre contrat pour l'Europe. Rapport d'orientation amendé du XXXIe congrès*, Centre National des Jeunes Agriculteurs.
[318] *Ibid.*

Une logique double : accéder aux marchés et indemniser les fonctions non-productives

L'ensemble des propositions qu'élabore le bureau du CNJA repose sur la recherche de nouvelles sources de revenus pour les agriculteurs, afin de répondre au problème de la diminution du nombre d'installations. Deux voies sont identifiées pour atteindre cet objectif : « La croissance du revenu passe par un meilleur accès aux marchés et par la rémunération des missions dévolues à l'agriculture grâce à la redéfinition des soutiens[319]. »

Afin de favoriser le développement des débouchés à l'exportation (notamment vers les pays d'Asie), le CNJA approuve une poursuite de la baisse des prix communautaires. Cette position représente une évolution radicale et inédite au sein du syndicalisme français, qui fait de la défense de prix élevés l'une de ses revendications fondamentales. Cette rupture se fonde sur le double constat que seuls des prix compétitifs peuvent permettre de développer les exportations agricoles et qu'une telle évolution (notamment la fin des restitutions[320]) est dans tous les cas rendue inéluctable par les prochaines négociations commerciales internationales. Dès lors, le bureau du CNJA estime préférable de la planifier et d'en limiter les conséquences négatives en réallouant les sommes ainsi libérées à la création d'autres revenus.

Le développement des exportations est en effet conçu en parallèle avec la reconquête des marchés au niveau communautaire. Faisant l'analyse que la demande des consommateurs a évolué et qu'elle se porte désormais de manière croissante sur des produits de qualité, le bureau du CNJA formule des propositions destinées à améliorer la qualité générale des produits et à renforcer leur valeur ajoutée, par exemple en favorisant les transformations sur l'exploitation.

Enfin, le bureau du CNJA voit dans l'indemnisation par l'Etat des aménités environnementales, sociales et territoriales de l'agriculture l'une des sources majeures et encore largement inexploitées de création de nouveaux revenus. Cette évolution implique une reconnaissance des différents rôles de l'activité agricole et une modification des pratiques permettant de garantir les aménités sollicitées par la société. Le bureau du CNJA résume la conjonction de ses différentes propositions à l'aide du slogan des « cinq E » : économie, emploi, espace rural, équilibre territorial et espoir.

L'instrument politique de mise en œuvre retenu est le contrat. Ce choix traduit une certaine intériorisation des modes privilégiés de régulation liés au contexte de

---

[319] *Ibid.*
[320] Les restitutions correspondent aux subventions européennes à l'exportation : elles consistent en une indemnisation de l'écart entre les prix communautaire et les cours mondiaux.

sens néo-libéral[321] et confirme le choix d'accepter ce contexte et de tenter de l'utiliser plutôt que de s'y opposer dans une lutte jugée stérile et sans espoir.

Le contrat proposé par le CNJA s'appuie sur deux volets :
- un volet quantitatif, visant à assurer une rémunération de base qui permette de favoriser l'accès aux marchés en rendant viable pour les agriculteurs une baisse des prix communautaires et une diminution voire une suppression des restitutions à l'exportation ;
- un volet qualitatif, prévoyant l'indemnisation par l'Etat des efforts de l'agriculteur en termes de qualité des produits, d'impact sur l'environnement, d'entretien et d'occupation du territoire ou encore de création d'emplois.

Les deux pans de ce dispositif reçoivent respectivement le nom de Contrat de marché et de Contrat d'entreprise, afin de symboliser l'essence entreprenariale que continue de revêtir le métier d'agriculteur même dans ses fonctions non productives.

Cet ensemble de propositions est avalisé par les représentants des adhérents lors du congrès des Ardennes à la fin du mois de juin 1997. Les évolutions radicales qu'elles représentent – notamment l'inflexion libérale de l'acceptation d'une baisse des prix mais aussi la crainte de devenir des fonctionnaires de l'entretien de la nature – rendent les débats particulièrement vifs et disputés. Le rapport d'orientation présenté par le bureau est néanmoins approuvé[322] et se voit ainsi conféré la légitimité nécessaire à sa promotion sur le forum des communautés de politiques publiques.

Une philosophie « libérale – territoriale »

Les propositions du CNJA reposent sur un système de sens et d'action fondamentalement différent du référentiel dominant. Ce système comprend deux dimensions complémentaires, qui nous conduiront à le qualifier de « libéral-territorial ».

Le bureau du CNJA considère en effet le marché comme le mode de régulation naturel des échanges. Son fonctionnement ne doit pas être entravé et nécessite un alignement des prix européens sur les cours mondiaux. Seuls des systèmes d'accompagnement du libre jeu du marché sont dans ce contexte envisageables : le CNJA propose ainsi d'instituer une assurance des revenus pour pallier les fluctuations excessives des marchés ou l'instauration d'un double prix pour le lait[323].

Parallèlement à cette conception *libérale* de la production agricole, fondée sur le principe que tout produit doit d'abord correspondre à une demande, les propositions

---

[321] Voir notamment Gaudin Jean-Pierre, 1999, *Gouverner par contrat. L'action publique en question*, Presses de Sciences Po.
[322] Après un vote nominatif, procédure relativement exceptionnelle rendue nécessaire par la faiblesse de l'écart entre partisans et opposants au texte.
[323] Le système de double prix du lait consiste à acheter à un prix relativement élevé une certaine quantité fixée par des quotas mais à laisser les agriculteurs le souhaitant produire au-delà de ces quotas et écouler ces quantités excédentaires aux cours mondiaux. Il vise à concilier la préservation des filières laitières et la possibilité pour les producteurs intensifs de se positionner sur le marché international de l'exportation.

du CNJA s'appuient sur une reconnaissance de la fonction *territoriale* de l'agriculture, fondée sur le principe que sa légitimité repose sur sa capacité à répondre aux attentes collectives qui lui sont adressées[324]. L'insertion d'une exploitation dans son contexte local (social, environnemental, démographique, etc.) est ainsi considérée comme une dimension intrinsèque de son activité et de son identité. Nous préférons à ce stade qualifier de « territoriale » cette dimension, car la fonction « environnementale » de l'agriculture, si elle est explicitement reconnue dans le contrat d'entreprise, n'occupe pas encore la position dominante qu'elle prendra lors de l'élaboration du CTE. Le CNJA préfère insister sur les fonctions d'entretien de la vitalité sociale des territoires et de maintien des équilibres démographiques et économiques entre ceux-ci plutôt que sur la préservation des ressources naturelles, des paysages ou de la biodiversité.

La proposition de contrat d'entreprise élaborée par le CNJA renvoie implicitement à une reconnaissance de la multifonctionnalité de l'activité agricole. Si le terme n'est pas prononcé, toutes les dimensions de cette notion – sociale, territoriale et environnementale – sont présentes.

L'origine de cette proximité doit être recherchée dans le contexte général de sens qui gouverne alors le secteur agricole davantage que dans une interconnexion des réflexions menées sur les différentes scènes. Nous avons indiqué précédemment que l'élaboration des PDD s'était opérée de manière relativement indépendante des idées avancées par diverses personnalités du forum scientifique ; les entretiens que nous avons menés ont montré de même que les membres du bureau du CNJA impliqués dans l'élaboration du contrat d'entreprise n'étaient que faiblement sensibilisés à ces idées ou aux débats sur le développement durable issus au niveau international de Rio et en France de l'expérimentation des PDD. Malgré la participation ponctuelle de certains acteurs liés également aux réflexions en cours sur ces autres scènes (tels que François Colson ou Lucien Bourgeois), il apparaît que l'élaboration d'une politique alternative par le CNJA s'est déroulée d'une manière relativement indépendante et isolée et s'est fondée d'abord sur des dynamiques internes au forum professionnel.

---

[324] La dualité libérale / territoriale de l'approche du CNJA la fait correspondre à la stratégie « mondialo-écologiste » que Jacques Berthelot analyse comme l'une des trois principales stratégies suivies par les différents acteurs au niveau des négociations européennes et internationales. Il estime qu'on « pourrait aussi qualifier [cette stratégie] d'hyperlibérale – dans la mesure où elle entend aligner les prix agricoles intérieurs sur les prix mondiaux – si, constatant que le marché libre est impuissant à fournir les biens publics réclamés par la société, elle ne préconisait simultanément une réglementation et une intervention publique très individualisée pour rémunérer les diverses aménités attendues par la société, notamment en matière d'environnement. » (Berthelot Jacques, « Un autre modèle pour l'agriculture », *Le Monde diplomatique*, avril 2001). D'autres points communs rapprochent les positions du CNJA de cette stratégie, notamment la proposition d'une dégressivité des aides marché, qui renvoie à l'opposition à « la concentration des aides au profit des plus gros exploitants » analysée par Berthelot. Les deux autres stratégies qu'il identifie (et sur lesquelles nous reviendrons dans le chapitre III) sont la défense du statu quo et la stratégie paysanne-citoyenne.

Les trois constructions de sens que nous venons de présenter dans les paragraphes précédents correspondent en première analyse à trois des quatre forums de production d'idées identifiés par Fouilleux. Ce constat implique à ce stade deux réflexions.

En premier lieu, il apparaît que le quatrième forum, celui de la rhétorique politique, n'a pas produit d'idées essentielles reprises lors de l'élaboration du CTE. Les responsables politiques engagés dans une réflexion collective sur la politique agricole, notamment au sein du Parti Socialiste[325], n'ont pas été impliqués sur le fond dans le contenu de cette réforme. Ce point, contraire à notre intuition de départ, nous a été confirmé par l'ensemble des entretiens que nous avons conduits. Nous l'aborderons plus longuement dans le cadre du chapitre III.

En second lieu, notre présentation a montré qu'il n'y avait pas de correspondance terme à terme entre chaque alternative et un forum distinct et qu'il était important de se garder d'une vision trop ségrégée des différents forums. Si le CNJA peut être presque exclusivement rattaché au forum professionnel, les scientifiques impliqués dans les réflexions que nous avons décrites nourrissaient des liens particulièrement étroits avec de nombreux responsables professionnels et avec certains réseaux politiques ; de même, la direction de la DERF assurait un rôle de relais d'un certain nombre de scientifiques auprès du ministère (et réciproquement) et possédait d'importants réseaux au sein des responsables professionnels. Ces inscriptions simultanées dans plusieurs scènes, caractéristiques de la figure de médiateur, ont joué un rôle fondamental dans la circulation des idées produites et dans la possibilité de réaliser une synthèse entre celles-ci.

5   L'originalité de l'approche française en Europe

Les éléments de contexte de la réforme du CTE que nous avons abordés dans les paragraphes précédents ont traduit une certaine autonomie des dynamiques des différents forums nationaux par rapport aux réflexions et débats menés aux niveaux international et européen. L'agriculture constituant un secteur dont la compétence a été reconnue à l'échelon communautaire, celui-ci fournit pourtant une part importante du cadre institutionnel dans lequel sont élaborées les politiques agricoles des Etats membres. Il nous paraît par conséquent nécessaire d'examiner à présent les spécificités de l'approche française en Europe et d'essayer d'en préciser les fondements.

Cette tâche devrait reposer sur une approche comparative rigoureuse à l'échelle européenne, à laquelle nous n'avons pas procédé. Notre analyse s'appuiera par

---

[325] Notamment George Garrot, député européen, responsable PS pour les questions agricoles, Gérard Bedos, délégué national auprès de Georges Garot ou encore Stéphane Le Foll, directeur de cabinet de François Hollande.

défaut sur les entretiens que nous avons réalisés, sur les éléments recueillis lors de notre travail à la direction du développement rural de la direction générale de l'agriculture de la Commission européenne et sur certains travaux d'étudiants relatifs à la genèse des programmes agroenvironnementaux dans certains pays européens[326]. Elle demeurera par conséquent nécessairement fragmentaire et avancera de simples présomptions que des travaux de recherche complémentaires pourraient contribuer à confirmer.

Les PDD promeuvent une approche globale faisant exception

Dans le contexte européen d'une utilisation essentiellement technique des mesures agroenvironnementales, le développement en France au cours des années 1990 d'alternatives visant une réforme profonde du système de sens et d'action dominant apparaît comme une exception[327]. Ces alternatives reposent sur le principe commun d'un contrat global liant l'Etat et chaque agriculteur et rémunérant celui-ci pour les différentes fonctions qu'il accepte d'assumer pour le compte de la société. Nous nous proposons, en nous appuyant sur l'exemple des plans de développement durable, d'examiner les trois principales spécificités de ces approches[328].

L'originalité d'une approche liant dimensions économique et environnementale

La première originalité forte de l'approche française représentée par les PDD réside dans la reconnaissance d'une consubstantialité des différentes fonctions de l'agriculture, et notamment de ses fonctions économiques (production de biens agricoles) et environnementales (production de paysages, préservation des ressources naturelles et de la biodiversité...). La dimension environnementale n'est plus considérée comme un sous-produit, une conséquence annexe, de l'activité principale, mais comme une composante à part entière du métier d'agriculteur.

Ce nouveau système de sens se traduit par la dualité économique et environnementale des contrats PDD. Ces contrats reposent en effet de manière fondamentale sur la recherche de liens et de synergies entre les dimensions économiques et environnementales de l'activité. Ils portent sur l'ensemble du système d'exploitation, dont on envisage une évolution tenant compte de toutes les dimensions et de tous les impacts de l'activité.

---

[326] Notamment August-Bernex Zoé, 2002, *Analyse des mesures agroenvironnementales en Emilie-Romagne et en Toscane*, Paris : Ecole Nationale du Génie Rural, des Eaux et des Forêts et Lhuissier Ludovic, 2002, *L'agroenvironnement en Irlande du Nord*, Clermont-Ferrand : Ecole Nationale du Génie Rural, des Eaux et des Forêts.

[327] L'originalité de l'approche française en la matière est notamment apparue manifeste lors de la présentation par la DERF de la politique des PDD aux services de la Commission européenne et des autres Etats membres au début de l'année 1997.

[328] Cet examen est notamment justifié par le fait que ces spécificités ont été reprises lors de l'élaboration du CTE.

Cette approche tranche avec l'utilisation essentiellement technique des mesures agroenvironnementales au cours des années 1990 dans l'ensemble des Etats membres de l'Union (dont la France). L'emploi de cette politique vise ainsi seulement alors à modifier à la marge les pratiques agricoles, dans l'optique de limiter leurs conséquences négatives sur l'environnement ; il traduit l'idée que les systèmes productifs sont déterminés par les conditions économiques et que des ajustements environnementaux ne peuvent être envisagés que dans les modalités d'application de ces systèmes. L'expérimentation PDD représente dans ce contexte un dispositif original spécifique à la France.

Il convient toutefois de nuancer notre propos ; un certain nombre d'Etats membres ont en effet utilisé les mesures agroenvironnementales pour favoriser le développement de l'agriculture biologique, laquelle repose précisément sur une modification de l'ensemble du système productif et sur un lien entre dimensions économiques et environnementales. Les travaux de Zoé August-Bernex menés sur deux régions italiennes ayant particulièrement soutenu la conversion à l'agriculture biologique[329] montrent cependant que cette promotion ne traduisait pas une remise en cause des modèles dominants : l'agriculture biologique était considérée ainsi comme un secteur particulier, autonome ; pour l'ensemble des autres exploitations, la vision de l'environnement comme subsidiaire est demeurée la norme dans les différents pays européens.

L'originalité de la démarche de projet global via un diagnostic de l'exploitation

La politique PDD présente en outre l'originalité de reposer sur un projet global construit à partir d'un diagnostic de l'ensemble des dimensions de l'exploitation. Ce point est bien sûr lié au précédent mais nous voudrions insister ici, au-delà de la reconnaissance du lien entre dimensions économique et environnementale, sur la spécificité de la démarche suivie pour mettre ce lien en application.

Hormis l'agriculture biologique, un certain nombre d'initiatives novatrices s'appuyant sur une prise en compte de l'ensemble de l'exploitation et non sur une approche parcelle par parcelle (visant par exemple à gérer l'ensemble du cycle de l'azote sur une exploitation) ont été conduites au cours des années 1990 dans divers pays de l'Union, notamment aux Pays-Bas, en Allemagne ou en Autriche[330]. Ces expérimentations semblent cependant être demeurées au niveau de dispositifs techniques d'accompagnement et n'avoir pas revêtu d'ambition à la généralisation sous la forme d'un nouveau référentiel. En outre, elles n'ont principalement concerné qu'un seul aspect des pratiques agricoles, le plus souvent en lien avec la seule préservation des ressources naturelles[331].

---

[329] August-Bernex, 2002, *op. cit.*
[330] Par exemple l'instauration au Schleswig Holstein d'un système à poins globalisé à partir de 1991.
[331] Certains Etats membres semblent néanmoins avoir engagé depuis l'Agenda 2000 une réflexion plus large, dont témoigne par exemple le séminaire organisé conjointement en septembre 1999 par le gouvernement néerlandais et par la FAO sur le thème du « caractère multifonctionnel de l'agriculture et des terroirs » (voir le site « www.fao.org/mfcal/main.htm »).

La démarche française de diagnostic *global* permettant de situer *l'exploitation entière* dans son contexte local et d'envisager conjointement toutes les conséquences d'une évolution de son système productif est ainsi demeurée une exception.

L'originalité du caractère collectif de la démarche

Enfin, la politique PDD – ainsi que le volet « opérations locales » de la mise en œuvre française de la politique agroenvironnementale – a présenté l'originalité de s'appuyer sur une démarche collective à l'échelle d'un petit territoire : les projets globaux d'exploitation devaient prendre place au sein d'un diagnostic plus général sur les enjeux du territoire considéré et être coordonnés avec les projets des exploitations présentes également sur ce territoire.

Cette spécificité traduit l'un des éléments fondamentaux des systèmes de sens sur lequel reposaient les PDD et les opérations locales agroenvironnementales. Elle représente l'insertion de l'agriculture dans son contexte local et la dimension civique de cette activité : l'identité d'un agriculteur est vue ainsi comme relevant de sa capacité simultanée à produire des biens agricoles et à répondre aux attentes territoriales et environnementales que lui adresse localement la société.

Les causes de la recherche identitaire d'un nouveau contrat entre la société et ses agriculteurs

La rationalité comptable n'est pas un critère satisfaisant pour expliquer le positionnement français

Le simple critère du taux de retour financier – pourtant déterminant dans le positionnement des différents Etats membres par rapport à la Politique agricole commune – ne permet pas à lui seul d'expliquer les spécificités de l'approche française et son positionnement en faveur d'une réorientation des soutiens vers les mesures de développement rural.

Ce critère échoue en effet à expliquer que la France ait, à l'inverse des autres Etats membres également structurellement bénéficiaires nets de la PAC, connu une importante activité cognitive d'élaboration de systèmes de sens et d'action originaux reposant notamment sur le triple principe de multifonctionnalité de l'agriculture, d'approche globale des exploitations et d'insertion dans des démarches collectives.

Les taux de retour présentent en outre une certaine régularité dans le temps, qui contraste avec le revirement opéré par la France dans la seconde moitié des années 1990 : défenseur acharné du dogme de la « vocation exportatrice » de l'Europe et des restitutions à l'exportation lors de la réforme de 1992, le gouvernement français s'est mué lors de l'Agenda 2000 en avocat du plafonnement des aides marché et du renforcement du second pilier de la PAC[332].

Cette évolution n'est certes pas aussi soudaine ou aussi complète que cette présentation succincte pourrait le laisser supposer. Il convient notamment de ne pas considérer « la France » comme un acteur unitaire : si en 1998 et 1999, lors des négociations de l'Agenda 2000, le cabinet du ministre était très favorable à un basculement d'une partie des aides marché vers le développement rural, certains services – notamment au sein de la plus importante des directions centrales : la DPEI (Direction des politiques économique et internationale) – ainsi que la Présidence de la République demeuraient pour l'essentiel encore acquis à la vocation exportatrice de la France[333]. Il apparaît toutefois malgré ces réserves que la différence de positionnement entre les deux périodes demeure substantielle sans que les conditions macroéconomiques du secteur agricole français aient beaucoup évolué.

Le critère de l'intérêt économique et de la rationalité comptable ne permet ainsi de rendre compte complètement ni des changements intervenus dans la position française au cours de la décennie 1990 ni des différences observées avec les autres Etats membres. Il convient par conséquent de rechercher ailleurs, au niveau de la configuration du sous-système politique et du débat d'idées, l'explication qui nous fait défaut.

Le désarroi lié à la réforme de la PAC de 1992 est particulièrement fort en France

La réforme de la PAC en 1992 constitue un choc pour la profession agricole française et plus particulièrement pour les acteurs dominants du sous-système politique décisionnel. Habitués depuis le compromis fondateur de la PAC à en inspirer et en contrôler les évolutions, ces acteurs sont à cette occasion confrontés brutalement à leur perte d'influence sur la scène européenne.

Eve Fouilleux montre en effet dans son analyse de la réforme de la PAC que celle-ci est impulsée par la Commission européenne qui, s'appuyant sur les travaux d'économistes libéraux liés à l'OCDE, assume un rôle nouveau de proposition et de pilotage de la réforme, en accord avec son statut institutionnel[334]. Davantage qu'à une quelconque passivité ou à une perte de prestige, la mise en minorité de la France

---

[332] C'est ainsi par exemple que la France s'est opposée avec force mais sans succès en 1992 au paiement de l'agroenvironnement par le FEOGA Garantie plutôt que le FEOGA Orientation, puis à l'inverse en 1999 a défendu le basculement, proposé par la Commission, de l'ensemble des mesures de développement rural vers le FEOGA Garantie. Les modalités de mobilisation du FEOGA Garantie (construit pour financer les aides marché) et du FEOGA Orientation (construit pour financer les mesures structurelles) sont différentes, mais au-delà de l'enjeu technique c'est l'enjeu symbolique du choix effectué qui est ici important : le FEOGA Garantie représente en effet traditionnellement le cœur de la PAC et confère une légitimité forte aux mesures qu'il finance.
[333] L'abandon du plafonnement des aides a ainsi par exemple été entériné lors d'une réunion à Bruxelles avec l'accord du Président français alors que le Premier ministre s'était diplomatiquement absenté pour manifester son opposition à cet abandon.
[334] Voir notamment Fouilleux, 1997, *op. cit.* et Fouilleux, 2000, *op. cit.*

relève d'abord de l'absence de contre-propositions à opposer à celles de la Commission. Arc-boutée sur une défense opiniâtre du statu quo, la France subit une réforme contraire à sa perception de ses intérêts, alors même qu'elle « ne s'[était] jamais fait isoler sur une question agricole sur la scène politique bruxelloise[335] ».

Le désarroi engendré par cet événement est à la hauteur de l'importance particulière du secteur agricole en France ainsi que du rôle joué par la profession dans sa gestion. Ce secteur y est caractérisé en effet par la double spécificité historique d'un poids politique bien supérieur à son importance économique et d'une forte implication traditionnelle des élites professionnelles dans l'élaboration et dans la mise en œuvre des politiques[336]. L'évolution de la réglementation communautaire induit par conséquent une crise de sens plus vive en France que dans les autres Etats membres, en y confrontant la profession au déclin de son rôle privilégié et à l'obligation de renouveler ses cadres d'action. Il nous paraît préférable à ce stade de ne pas préciser davantage les spécificités du secteur agricole français, afin de ne pas anticiper sur l'analyse globale de son fonctionnement, à laquelle nous procéderons au chapitre III ; nous reviendrons alors sur les éléments évoqués ici, notamment le poids politique important des agriculteurs français ainsi que les rapports de dépendance réciproque que les responsables professionnels entretiennent localement avec les représentants de l'Etat.

Comme nous l'avons souligné dans le cas du CNJA, la perte de repères qu'induit la réforme de 1992 encourage en France les responsables agricoles à envisager de nouveaux dispositifs susceptibles de leur rendre la capacité de proposition qui leur a fait défaut. Cet élément nous a également été décrit par nos divers interlocuteurs comme décisif dans la participation de responsables professionnels à l'expérimentation PDD : malgré le décalage entre cette politique et le référentiel dominant, ces responsables acceptent d'envisager de nouveaux modes d'action et de nouveaux dispositifs parce qu'ils sont conscients des lacunes du modèle professionnel en vigueur et qu'ils « ne savent pas vraiment comment réagir aux nouveaux défis[337] ».

Certains acteurs perçoivent un « retard » français dans la prise en compte de l'environnement

L'acuité particulière de la crise de sens dans le secteur agricole français a également été renforcée par une problématisation apparemment supérieure des

---
[335] Fouilleux Eve, 1996, *La cogestion à la française à l'épreuve de l'Europe. L'exemple de la Politique Agricole Commune*, Grenoble : CERAT-CNRS, p. 14.
[336] Il semble que la conformation du sous-système politique agricole français et notamment le degré de participation de la profession constituent une exception en Europe, même lorsqu'on la compare à certains pays à l'organisation de type corporatiste comme l'Autriche ou dans une moindre mesure les Pays-Bas. Des recherches complémentaires sur ce point seraient toutefois nécessaires.
[337] Suivant l'expression d'un haut fonctionnaire de la DERF.

enjeux environnementaux. La prise de conscience d'une nécessité d'agir pour améliorer l'impact de l'agriculture sur l'environnement s'explique à la fois par l'émergence des thèmes environnementaux dans le référentiel sociétal – contrairement aux pays du Sud de l'Europe – et par la faiblesse des dispositifs mis en place jusqu'alors – contrairement aux pays du Nord de l'Europe.

Les pays anglo-saxons s'engagent en effet beaucoup plus tôt et beaucoup plus intensément que la France dans les dispositifs destinés à gérer l'interface entre l'agriculture et l'environnement. L'adoption au niveau européen d'une politique agroenvironnementale a été impulsée par le Royaume-Uni afin de protéger certaines zones sur lesquelles des enjeux environnementaux forts avaient été identifiés[338]. Le fort degré d'utilisation de cette politique par l'Allemagne et le Danemark démontre que cette question y avait également atteint un stade de maturité important, ce que traduit également l'émergence précoce des partis écologistes comme force politique de premier plan dans plusieurs pays d'Europe du Nord[339]. D'importants programmes sont élaborés en Allemagne (notamment les programmes Kulap et Meka respectivement en Bavière et Baden-Würtenberg) sans susciter d'opposition de la part des responsables professionnels. En Autriche, la politique agricole se fonde depuis plusieurs années sur des rémunérations versées aux agriculteurs en échange du respect dans leur activité de certaines exigences, notamment environnementales[340]. Près de 80% des agriculteurs autrichiens sont engagés dans une démarche agroenvironnementale.

En France, à l'inverse, la politique agroenvironnementale demeure jusqu'au milieu des années 1990 faiblement mobilisée : seuls 15% des agriculteurs environ entrent dans cette démarche entre 1990 et 1999[341]. De plus, elle est principalement utilisée de manière opportuniste comme une aide au revenu des élevages de montagne ou à l'herbe[342]. La prise de conscience survient ainsi plus tard que dans les

---

[338] Cette modalité d'application traduit à notre sens une différence importante, d'origine culturelle, entre la conception de la nature en France et dans les pays protestants d'Europe du Nord. « L'étendue du territoire français et sa diversité écologique et physique ont, depuis longtemps constitué une richesse naturelle à utiliser et à exploiter, plutôt qu'un héritage menacé d'épuisement et donc à protéger. Ceci a donné une certaine originalité à la notion française d'environnement : notion essentiellement patrimoniale et utilitaire. » (Buller Henri, 1999, « Les administrations nationales et les politiques européennes : comparaison franco-britannique » in Lascoumes P. (dir.), *Instituer l'environnement. Vingt-cinq ans d'administration de l'environnement*, Paris : L'Harmattan, p. 197). Alors que les pays d'Europe du Nord instituent, pour protéger l'environnement, des zones précises et limitées où les contraintes sont extrêmement fortes, la France conçoit l'homme comme situé au sein de la nature et privilégie des mesures concernant l'ensemble du territoire.
[339] Notamment en Allemagne et dans le Bénélux.
[340] Le budget consacré à l'agroenvironnement et aux indemnités de zones de montagne est ainsi équivalent au total cumulé de toutes les aides marché reçues par les agriculteurs autrichiens.
[341] Pour une comparaison complète de l'utilisation de la politique agroenvironnementale dans les pays de l'Union européenne, voir Commission des Communautés Européennes, 1997, *Rapport de la Commission au Conseil et au Parlement européen sur l'application du règlement (CEE) n°2078/92 du Conseil*, Bruxelles : Union Européenne.
[342] La prime au maintien des systèmes d'élevage extensifs (PMSEE, dite « prime à l'herbe ») absorbe en effet environ 70% du budget sur la période 1992-1999. Construite pour compenser auprès des éleveurs à l'herbe les importantes aides dont bénéficient les éleveurs au maïs dans la réforme de 1992, cette mesure

pays du Nord de l'Europe, et la crise de sens qu'elle engendre est par conséquent plus intense.

La médiation de la DERF favorise l'expérimentation de nouvelles alternatives

Nous voudrions, pour conclure cette réflexion sur les causes de l'originalité de la situation française en Europe, évoquer une troisième et dernière piste d'explication : le rôle de médiation entre les différents forums joué par la DERF. Davantage encore que dans les deux paragraphes précédents, il s'agira ici d'avancer une simple hypothèse qu'une comparaison plus systématique au niveau européen permettrait de confirmer ou d'infirmer.

Nous avons identifié précédemment l'œuvre de médiation assurée par la DERF entre les forums internationaux sur lesquels émergent les notions de développement durable et de multifonctionnalité, le forum administratif dans lequel elle tient un rôle d'expertise technique et d'expérimentation de nouveaux dispositifs, le forum scientifique national avec lequel elle entretient des liens réguliers et le forum professionnel au sein duquel sa direction dispose de réseaux importants. Cette ouverture vers différentes scènes lui confère une capacité d'apprentissage supérieure et lui permet d'élaborer des alternatives – telles que les PDD – qui ne s'inscrivent pas dans le cadre du système de sens et d'action habituel[343].

Les éléments dont nous disposons dans le cas des autres Etats de l'Union européenne tendent à montrer que les administrations de l'agriculture ne comportaient pas de service comparable capable d'assumer un rôle d'élaboration cognitive originale. La politique agroenvironnementale était confiée à des administrations de profil gestionnaire qui s'appuyaient sur des expertises produites par d'autres acteurs (coopératives agricoles en Emilie-Romagne, association de protection de l'environnement en Irlande du Nord, etc.) pour établir les cahiers des charges des différentes mesures.

---

est rattachée après coup à la politique agroenvironnementale (ce rattachement permet à la France de bénéficier d'un cofinancement européen de 50%).

[343] Il est à noter que cette ouverture sur les différentes scènes de production de sens fonctionne principalement en direction de la DERF et que la diffusion des idées développées par celle-ci est en revanche difficile. Les entretiens menés avec des acteurs de ces différentes scènes ont montré que ces derniers étaient peu au fait des réflexions menées au sein de la DERF.

6   Un contexte politique favorable

Après avoir examiné précédemment les évolutions du courant des problèmes – la prise de conscience d'une nécessité à modifier substantiellement les politiques menées – et du courant des alternatives – l'élaboration de politiques et de systèmes de sens susceptibles de remplacer les politiques et le référentiel en vigueur –, nous tenterons ici d'analyser l'évolution du courant des opportunités politiques et l'émergence d'un contexte favorable à l'adoption d'un changement radical de politique.

Dans cette optique, nous aborderons successivement quatre éléments : l'existence d'un engagement à procéder à une loi d'orientation agricole, le changement de majorité parlementaire, l'affaiblissement des contraintes de la cogestion et l'existence d'appuis potentiels au sein du monde syndical.

Le principe d'une loi d'orientation agricole (LOA) est déjà entériné

A l'occasion de sa venue au congrès anniversaire des 50 ans de la FNSEA en 1996, le Président de la République Jacques Chirac s'engage à faire préparer par ses services et à faire adopter une nouvelle loi d'orientation agricole (LOA). Lors de son arrivée au pouvoir en juin 1997, le Premier ministre Lionel Jospin « ne peut pas faire moins » (selon le mot d'un de nos interlocuteurs) que de reprendre cet engagement et confirme donc lors de son discours de politique générale devant le Parlement le principe de l'élaboration d'une LOA.

La réalisation d'une loi d'orientation agricole est ainsi décidée alors même que le nouveau gouvernement ignore quel contenu lui donner. Le nouveau ministre de l'agriculture, Louis Le Pensec, et son cabinet reçoivent l'instruction de trouver des éléments et des mesures mobilisateurs et emblématiques permettant de donner une consistance et un dessein à cette loi. L'engagement pris par le Président de la République puis le Premier ministre provoque un couplage du courant des opportunités politiques et des courants des problèmes et des alternatives.

Le changement de majorité ouvre un créneau politique favorable

La perspective d'une loi d'orientation agricole bénéficie en outre du contexte relativement exceptionnel d'une alternance politique majeure, favorisant une modification profonde de la politique menée jusqu'alors.

Les élections législatives créent en effet une dynamique politique bénéficiant fortement à la nouvelle majorité. L'euphorie relative d'une victoire inattendue et le souvenir de plusieurs années de minorité maintient celle-ci dans les premiers temps « très forte et encore soudée » (selon l'expression d'un de nos interlocuteurs). A l'inverse, l'opposition de droite, « abasourdie » (idem) par la défaite électorale, demeure relativement inaudible et passive.

Cette fenêtre politique permet d'envisager une approbation à l'assemblée d'une loi concrétisant les ambitions de réforme et la volonté de réorientation des soutiens qu'affichaient les partenaires de la nouvelle majorité avant leur accession au pouvoir.

La recomposition du paysage syndical affaiblit les contraintes de la cogestion

Le fonctionnement néo-corporatiste du secteur agricole français, connu sous le nom de cogestion, impose cependant au législateur de tenir compte des positions de ses partenaires professionnels. Dans ce domaine également, toutefois, des circonstances favorables liées à un affaiblissement des contraintes de la cogestion permettent d'envisager l'adoption d'une réforme agricole profonde. Nous analyserons l'ensemble du fonctionnement du forum agricole dans le chapitre III, mais nous voudrions ici dès à présent indiquer en quoi son évolution historique récente et notamment la recomposition du paysage syndical étaient de nature à accroître les marges de manœuvre du gouvernement.

Construit sur le principe de l'unité syndicale, le syndicalisme majoritaire a été confronté, avec le développement progressif de la crise de sens, à des tiraillements de plus en plus importants. Dès les années 1980, la vision d'une identité fondamentale de tous les agriculteurs, indépendamment de leur filière, de leurs pratiques ou de leur taille, est devenue de plus en plus difficile à affirmer. Jacques Rémy analyse ainsi dès 1987 que le mythe de l'unité agricole est vacillant :

> « Le pari de réduire la variance intraprofessionnelle tout en maintenant dans un même ensemble professionnel des formes de production et des types de producteurs fort éloignés les uns des autres, économiquement, culturellement et professionnellement, a paru réalisable à une génération d'agriculteurs ; il ne semble plus l'être sous les coups de la crise et de groupes qui remettent en cause le dogme de l'unité, refusant désormais l'artefact d'une identité sociale et professionnelle commune à l'ensemble agricole[344]. »

La remise en cause de l'efficacité fédératrice des références au statut de chef d'entreprise et à la fonction première de production permet aux acteurs syndicaux nouveaux ou minoritaires d'acquérir une influence croissante sur la teneur des débats agitant le forum professionnel.

---

[344] Rémy, 1987, *op. cit.*, p. 436.

Dans cette optique, la création en 1987 de la Confédération paysanne, à partir du regroupement de la CNSTP (Confédération nationale des syndicats de travailleurs-paysans) et de la FNSP (Fédération nationale des syndicats paysans, issue d'une scission avec le syndicalisme majoritaire en 1982), conduit les courants réformistes de gauche à unir leurs forces et accroît leur capacité à apparaître comme une alternative crédible. Grâce ainsi à « l'élaboration d'un projet politique global qui transcende les intérêts catégoriels agricoles, [le syndicalisme minoritaire de gauche] acquiert, au sein de l'agriculture mais aussi auprès de groupes sociaux extérieurs à l'agriculture, un pouvoir croissant d'attraction[345]. »

De même, la création en 1991 de la Coordination rurale (par une séparation avec la FNSEA), puis sa réunion en 1994 avec la Fédération française de l'agriculture pour former la Coordination rurale union nationale, contribuent à renforcer l'audience des idées protestataires et libérales défendues par ce syndicat[346] et lui permettent d'étendre la géographie de son influence et le nombre de candidats qu'il présente aux élections professionnelles.

Le syndicalisme majoritaire se trouve ainsi à partir des années 1990 confronté à l'émergence de deux blocs syndicaux rivaux pouvant se prévaloir d'une certaine importance et réclamer une remise en cause du monopole de la représentation syndicale dont bénéficiait jusqu'alors l'alliance entre la FNSEA et le CNJA. L'effritement sensible de la position des syndicats majoritaires[347] affaiblit ceux-ci dans leurs rapports de cogestion avec les représentants de l'Etat, en rendant envisageable leur contournement partiel et l'institutionnalisation des autres syndicats comme partenaires équivalents. Il offre par conséquent une opportunité politique facilitant l'adoption de réformes contraires aux positions traditionnelles de la FNSEA.

La prise d'autonomie du CNJA offre un soutien potentiel à une nouvelle politique

La contestation externe du syndicalisme dominant – par l'apparition de rivaux remettant en cause son statut de porte-parole du forum professionnel – était complétée à la fin des années 1990 par une contestation interne liée à la prise

---

[345] Kroll, 2002, *op. cit.*, p. 37.
[346] La Coordination rurale s'oppose notamment fortement à toutes les réglementations ou contraintes d'origine communautaire.
[347] Ceux-ci n'ont par exemple obtenu lors des dernières élections professionnelles de 2001 que 53,8% des voix (6% de moins d'en 1995), contre 27,1% à la Confédération paysanne (7% de plus qu'en 1995) et 12,5% à la Coordination rurale (dont le score national, inchangé, est réduit par son absence dans près de la moitié des départements), le Modef obtenant pour sa part 3,7% des suffrages. L'ensemble de ces résultats peut être consulté sur internet à l'adresse « http://www.agriculture.gouv.fr/actu/enun/Elections-CA/Elec-Res_nat.htm ».

d'autonomie du CNJA par rapport aux idées défendues par les autres organisations professionnelles dominantes.

L'élaboration par le CNJA de propositions reposant sur une logique libérale-territoriale conduit en effet alors à un désaccord majeur avec les responsables de la FNSEA. Le « clash » (selon l'expression évocatrice d'un de nos interlocuteur) qu'elle provoque demeure feutré mais très vif, car il repose sur des différends relatifs aux éléments les plus fondamentaux du métier d'agriculteur. En acceptant la baisse des prix communautaires et en semblant remettre en cause la primauté de la fonction productive de l'agriculture sur toutes les autres, la direction du CNJA s'attaque au cœur du système de sens et d'action dont le maintien est défendu par la FNSEA. La signature d'un contrat environnemental avec l'Etat apparaît à de nombreux responsables professionnels comme une fonctionnarisation inacceptable du métier et une transformation des agriculteurs en « jardiniers de la Nature[348] ».

De plus, cette remise en cause normative s'accompagne d'une rivalité dans la prétention à assumer la fonction de porte-parole du forum professionnel : le positionnement offensif du CNJA est vécu par certains responsables de la FNSEA comme une volonté d'exercer un rôle de leadership sur la production d'idées par les représentants professionnels[349].

Si cette prise d'autonomie du CNJA au sein du syndicalisme majoritaire ne se traduit pas par une rupture consommée, elle demeure néanmoins décrite par plusieurs responsables que nous avons rencontrés comme la plus importante depuis la contestation menée par Michel Debatisse au début des années 1960 et qui avait conduit alors à l'adoption du virage modernisateur traduit par les lois d'orientation agricole de 1960 et 1962. Elle constitue à ce titre une opportunité politique majeure, en offrant au ministre de l'agriculture et à son cabinet un point d'appui précieux au sein du forum professionnel afin de mettre en œuvre une réforme profonde de la politique agricole française.

---

[348] L'expression « jardiniers de la Nature » est fréquemment employée pour désigner cette prise en compte rejetée ou au contraire souhaitée des attentes environnementales de la société par les agriculteurs (le Président de la République Jacques Chirac l'utilise par exemple lors de son discours d'Aurillac en octobre 1998).
[349] Selon certains de nos interlocuteurs, cette rivalité est en outre amplifiée par la rivalité personnelle opposant Luc Guyau, président de la FNSEA et leader du syndicalisme majoritaire, à Christiane Lambert, présidente du CNJA, dont l'importance et l'audience croissante inquiètent.

Conclusion

Il nous semble utile, en conclusion de ce chapitre consacré aux origines du CTE, de revenir sur les deux principaux résultats qui sont apparus au cours de notre propos : d'une part l'autonomie, notamment vis-à-vis d'un mouvement d'origine européenne, des différentes dynamiques portant en France sur la production d'alternatives remettant en cause le référentiel dominant ; et d'autre part l'existence d'une fenêtre d'opportunité favorable à un changement profond de politique agricole.

L'autonomie des différentes dynamiques à l'origine du CTE

L'analyse du courant des problèmes a illustré le contexte global de crise de sens qui s'est développé dans le secteur agricole français au cours des années 1990. L'ensemble des acteurs ressentaient la perte d'audience et d'efficacité des références et des cadres d'action habituels. Pour autant, ce contexte général commun ne s'est pas traduit par des réactions coordonnées et concertées de tous les acteurs, mais plutôt par des initiatives relativement séparées et autonomes reposant sur des dynamiques propres et non sur une réflexion d'ensemble composée d'éléments en interrelation complémentaire.

L'hypothèse initiale d'une dynamique globale d'origine européenne, sur laquelle nous avons débuté notre recherche, s'est ainsi trouvée infirmée sur deux aspects importants : l'indépendance de l'élaboration des différentes alternatives au modèle dominant et l'origine fondamentalement nationale de ces dynamiques.

L'élaboration en parallèle des différentes alternatives

L'analyse du courant des alternatives nous a permis d'identifier trois constructions de sens et d'action principales sur lesquelles l'élaboration du CTE a pu s'appuyer : les réflexions de diverses personnalités sur un contrat global entre agriculteurs et Etat ; l'expérimentation des Plans de développement durable par la DERF ; et l'élaboration d'une proposition de contrat d'entreprise à la philosophie libérale-territoriale par le CNJA. Cette analyse a également été l'occasion de constater que la construction de ces différentes alternatives s'était opérée de manière indépendante et parallèle davantage que dans une interrelation directe. Si elles participaient toutes trois à la construction du contexte général s'appliquant à chacune et si elles ont exercé par ce biais une influence mutuelle, l'élaboration de ces alternatives a relevé fondamentalement d'abord de dynamiques internes que nous avons essayé de préciser. Tous nos entretiens ont montré que les acteurs principaux de ces différentes initiatives avaient eu peu de contacts et d'interaction. Si les similitudes d'un contexte commun ont favorisé la proximité de leurs réflexions, l'indépendance des dynamiques en jeu explique les spécificités du contexte de sens élaboré dans chaque cas et annonce les différends cognitifs qui opposeront les différents partenaires impliqués dans l'élaboration politico-syndicale puis administrative du CTE.

L'hypothèse d'européanisation des politiques publiques n'est pas ici vérifiée

L'émergence de l'Union européenne comme acteur politique majeur a engendré en science politique un important courant d'analyse relatif à l'influence du cadre européen sur les scènes nationales[350]. L'une des principales problématiques identifiées est la question de l'européanisation des politiques publiques, c'est-à-dire le renforcement de l'influence des éléments de sens et d'action construits au niveau européen sur le contenu des politiques publiques nationales.

> « L'européanisation est un processus incrémental modifiant la direction et la forme de la politique au point que les dynamiques politique et économique de l'Union européenne deviennent au niveau des Etats membres un élément de la logique organisationnelle de la politique et de l'élaboration de politique publique[351]. »

L'européanisation mobilise bien sûr différents leviers d'influence : elle peut ainsi prendre la forme d'une politique indépendante (par exemple la politique européenne de la concurrence), d'une incitation à imiter une politique connaissant une réussite avérée (par exemple la reprise en France du modèle monétaire allemand, qui débouche ensuite sur la BCE), d'une instrumentalisation de la référence européenne pour justifier des réformes (par exemple l'utilisation des critères de Maastricht pour privilégier la baisse des déficits ou l'utilisation de directives européennes pour justifier une modification des dates de chasse[352]), d'une contrainte imaginée et intériorisée par l'intermédiaire du contexte général (la privatisation partielle ou totale d'entreprise publique résulte par exemple davantage d'une modification du contexte général de sens que d'une contrainte réglementaire avérée) ou encore d'une réappropriation au niveau national de débats et d'alternatives s'étant déroulé directement au niveau européen (par exemple la diffusion des modèles participatifs de développement local favorisés par le programme d'initiative communautaire Leader[353]).

---

[350] Voir notamment l'introduction par Pierre Muller de l'ouvrage collectif Mény Yves, Muller Pierre et Quermonne Jean-Louis (dir.), 1995, *Politiques publiques en Europe*, Paris : L'Harmattan.
[351] Ladrech R. (1994) « Europeanization of domestic politics and institutions: the case of France », Journal of Common Market Studies, vol 32, n°1, p. 69-88, cité par Cole Alistair et Drake Helen, 2000, « The Europeanization of the French polity: continuity, change and adaptation », *Journal of European Public Policy*, vol. 7, n°1, p. 26 : « The best working definition of Europeanization remains that offered by Ladrech (1994: 70), namely: 'Europeanization is an incremental process reorienting the direction and shape of politics to the degree that EC political and economic dynamics become part of the organizational logic of national politics and policy-making' ».
[352] Dans la grande majorité des cas de ce type, le pays concerné fait valoir la contrainte d'une réglementation communautaire en faveur de laquelle il a pourtant voté.
[353] Leader présente l'originalité d'encourager le développement à travers principalement une mise en réseau et un renforcement de la coordination entre les différents acteurs locaux. Nous reviendrons plus longuement sur l'exemple représenté par cette politique dans la conclusion générale de l'ouvrage.

L'analyse des alternatives à l'origine du CTE a cependant montré qu'aucun de ces leviers d'action n'était directement intervenu pour influencer leur contenu[354]. Les spécificités de la situation du secteur agricole français et l'absence dans les autres Etats membres de réflexions visant à l'élaboration d'un nouveau référentiel agricole a conduit les acteurs concernés à développer leur initiative à partir de dynamiques propres et non en référence à des éléments issus du niveau européen[355].

Cette absence d'européanisation de la politique agricole française contribue à expliquer l'important décalage cognitif entre celle-ci et la politique agricole commune dans laquelle elle s'insère. Nous examinerons notamment dans le chapitre IV les dissonances entre le CTE et le règlement européen de développement rural, sur lequel repose son financement.

Une fenêtre d'opportunité réellement ouverte

Le contexte dans lequel se déroule à la fin des années 1990 l'élaboration du CTE est particulièrement favorable à une réforme profonde de la politique agricole. Les trois courants identifiés par Kingdon[356] présentent une conjonction favorable :

- A la crise de sens qui s'est développée au cours des deux dernières décennies s'ajoutent le traumatisme de la crise de la vache folle et les perspectives internationales de négociations commerciales (cycle de Seattle), de l'élargissement de l'Union européenne et de la réforme de la PAC. Tous ces éléments concourent à une prise de conscience générale, tant dans le secteur agricole que dans le reste de la société, d'une nécessité de faire évoluer les outils habituels et le référentiel agricole dominant.

- Cette prise de conscience se traduit en France par une activité significative de production de sens, qui débouche sur l'élaboration d'alternatives au modèle en vigueur. Ces alternatives partagent le principe d'un contrat global entre chaque agriculteur et l'Etat qui s'appuie sur la dualité marchande / territoriale de l'agriculture et reconnaisse et indemnise les fonctions non-productives de celle-ci, telles que l'entretien des paysages, la protection des ressources naturelles ou encore la préservation de l'équilibre social, démographique et économique des territoires.

- Le contexte politique de 1997 et 1998 est particulièrement favorable à une réforme importante, à la fois par des facteurs généraux (engagement déjà pris de

---

[354] Hormis pour partie dans le cas des PDD, mais il s'est agi alors davantage d'une internationalisation que d'une européanisation.
[355] Une européanisation en sens inverse s'est en revanche en partie produite : l'activité importante de construction de sens qui a eu lieu en France et l'élaboration du CTE ont vivement intéressé un certain nombre de ses partenaires. Nous notions par exemple précédemment que les Pays-Bas avaient organisé en 1999 avec la FAO un séminaire sur le thème de la multifonctionnalité.
[356] Kingdon, 1995, *op. cit.*

préparer une loi d'orientation agricole ; arrivée au pouvoir d'une nouvelle majorité encore unie et souhaitant manifester une rupture par rapport aux politiques précédemment menées) et par des éléments propres au secteur agricole français (affaiblissement des contraintes de la cogestion en raison de l'émergence de syndicats concurrents d'un poids significatif ; possibilité de soutien offerte par la prise d'autonomie du CNJA au sein du syndicalisme majoritaire).

L'hypothèse d'une ouverture effective d'une fenêtre d'opportunité s'avère donc vérifiée : l'ensemble du contexte semblait permettre à la fin des années 1990 l'adoption d'un changement radical de politique publique. L'objet du chapitre III va être à présent d'examiner les circonstances précises et l'ampleur exacte de cette réforme à travers l'analyse de l'élaboration du CTE par les élites politiques et syndicales.

Chapitre III : l'élaboration du CTE par les élites politiques et syndicales

Introduction

Après avoir présenté le cadre théorique de notre analyse puis les origines et le contexte de l'adoption du contrat territorial d'exploitation (CTE), nous abordons à présent le contenu et le déroulement même de cette réforme en envisageant dans ce chapitre l'élaboration et l'adoption de la loi d'orientation agricole (LOA) instituant le CTE. Nous étudierons donc principalement la phase législative de la réforme, en reportant aux chapitres IV et V l'examen de la phase réglementaire (élaboration des décrets, arrêtés et circulaires d'application du CTE) et de la mise en œuvre.

La configuration néo-corporatiste du secteur agricole français suggère que l'adoption de la LOA n'a été possible qu'avec le soutien d'une partie de la profession, et donc son ralliement stratégique sinon idéologique à un nouveau modèle d'agriculture. Afin de rendre compte de ce processus, nous concentrerons notre analyse sur le positionnement des différents acteurs, sur les luttes qui les ont opposés et sur les évolutions de leurs systèmes de sens et d'action. Nous mobiliserons pour cela différents outils de science politique, notamment :
- pour distinguer les différentes scènes, la notion de forum présentée dans le chapitre précédent ;
- pour exprimer les constructions cognitives et normatives complexes résultant des compromis sur le forum des communautés de politique publique, la notion de référentiel proposée par Bruno Jobert et Pierre Muller ;
- pour caractériser les différents pôles en présence, la notion de coalition de cause élaborée par Paul Sabatier ;
- pour appréhender la dynamique de constitution d'une coalition de circonstance, la notion de traduction imaginée par Callon ; nous considérerons à cette occasion le cabinet du ministre de l'agriculture comme l'acteur moteur de la réforme.

C'est à la présentation de ce cadre théorique d'analyse que nous consacrerons la première partie du chapitre.

1 Définition des normes dominantes et exercice de l'autorité sont intrinsèquement liés

Le pouvoir impose du sens et s'appuie sur un système cognitif et normatif cohérent

La possession de pouvoir ou d'autorité offre la possibilité d'exercer une influence sur le comportements des autres. En ce sens, « le pouvoir est un moyen de réduction de l'incertitude. Les règles induites par les relations de pouvoir permettent en effet de délimiter le champ probable des actions de l'autre[357]. » Le pouvoir produit par conséquent des anticipations relatives au comportement des individus sur lesquels il s'exerce. Il peut les contraindre à respecter certaines normes, certaines routines comportementales, etc. auxquelles pourtant ils n'adhéraient pas (la modification de leurs pratiques pouvant dans certaines conditions finir par entraîner cette adhésion). De ce fait, le pouvoir permet de s'attendre au respect de certains référents collectifs et plus généralement il peut permettre d'imposer comme dominant son propre système de sens et d'action.

Cette influence du pouvoir ne doit pas être vue comme résultant uniquement d'une imposition coercitive directe. Elle s'exerce également de manière indirecte, par le renforcement du modèle constitué par celui qui en dispose et par sa capacité à structurer les formes sociales, lesquelles encadrent ensuite les activités cognitives et normatives des individus. Ainsi,

> « les rapports de force symboliques tendent à reproduire et à renforcer les rapports de force qui constituent la structure de l'espace social. Plus concrètement, la légitimation de l'ordre social n'est pas le produit, comme le croient certains, d'une action délibérément orientée de propagande ou d'imposition symbolique ; elle résulte du fait que les agents appliquent aux structures objectives du monde social des structures de perception et d'appréciation qui sont issues de ces structures objectives et tendent de ce fait à apercevoir le monde comme évident[358]. »

De façon inverse, le système de sens et d'action porté par un individu ou un groupe est un fondement de son pouvoir et son autorité. En effet,

> « les intérêts organisés, les partis politiques et les experts d'une politique ne font pas simplement qu'"exercer leur pouvoir" ; ils acquièrent en partie du pouvoir en essayant d'influencer les discours politiques de leur temps[359]. »

---

[357] Talbot Damien, 1995, « Les groupes et l'articulation local-global : une approche institutionnaliste », colloque de l'ASRDLF *Dynamiques industrielles, dynamiques territoriales*, Toulouse, p. 5.
[358] Bourdieu Pierre, 1987 (1), « Espace social et pouvoir symbolique » in Bourdieu P. (dir.), *Choses dites*, Paris : Editions de Minuit, p. 160.
[359] « Organized interests, political parties, and policy experts do not simply "exert power"; they acquire power in part by trying to influence the political discourses of their day. » : Hall, 1993, *op. cit.*, p. 290.

La capacité de dire le sens du monde est ainsi un des leviers essentiels de la compétition pour l'autorité. Comme l'analyse Bourdieu, le pouvoir réel se nourrit du pouvoir symbolique :

> « La lutte des classements est une dimension fondamentale de la lutte des classes. Le pouvoir d'imposer une vision des divisions, c'est-à-dire le pouvoir de rendre visibles, explicites, les divisions sociales implicites, est le pouvoir politique par excellence[360]. »

Ce pouvoir symbolique s'appuie sur la pertinence des référents qu'il propose et sur l'affinité des individus à les endosser. Ainsi, « l'efficacité symbolique dépend du degré auquel la vision proposée est fondée dans la réalité[361]. »

Leurs systèmes de sens et d'action sont donc des armes que les acteurs peuvent mobiliser dans leur lutte pour le pouvoir. Celui qui parvient à imposer le sien comme « vrai » accède à l'autorité.

> « Le capital symbolique est un crédit, c'est le pouvoir imparti à ceux qui ont obtenu assez de reconnaissance pour être en mesure d'imposer la reconnaissance : ainsi, le pouvoir de constitution, pouvoir de faire un nouveau groupe, par la mobilisation, ou de le faire exister par procuration, en parlant pour lui, en tant que porte-parole autorisé, ne peut être obtenu qu'au terme d'un long processus d'institutionnalisation, au terme duquel un mandataire est institué, qui reçoit du groupe le pouvoir de faire le groupe[362]. »

C'est ce processus que nous nous proposons à présent d'examiner.

Les processus de traduction à l'œuvre dans les différents forums

La conjoncture critique, quand les forums entrent en configuration arène

Les différents forums ne demeurent pas figés dans une disposition intangible. Afin de rendre compte de ce phénomène, Eve Fouilleux identifie deux configurations correspondant aux deux formes d'évolution que nous avons rencontrées à plusieurs reprises précédemment[363] :

---

[360] Bourdieu, 1987, *op. cit.*, p. 164.
[361] *Ibid.*, p. 164.
[362] *Ibid.*, p. 164.
[363] Voir Fouilleux Eve, 2000, « Entre production et institutionnalisation des idées : la réforme de la Politique Agricole Commune », *Revue française de science politique*, vol 50, n°2. Elle utilise cette distinction dans le cas du forum des communautés de politique publique mais elle peut à notre sens être généralisée aux autres forums également. Nous serons d'ailleurs amenés à l'appliquer au cas du forum professionnel.

- une configuration « normale », qui correspond à l'appellation « forum » et renvoie à la construction collective de sens à l'intérieur du cadre d'un certain système de sens et d'action dominant ;
- une configuration de crise, lorsque le forum devient « arène », que le système de sens précédemment dominant n'est plus reconnu comme légitime et qu'une lutte s'instaure pour son éventuel remplacement (celle-ci étant indissociable de la lutte pour l'accès à la position de porte-parole légitime, que nous envisageons ci-après)[364].

La phase instable de la configuration arène est qualifiée de « conjoncture critique » pour traduire qu'il s'agit d'un état de transition vers une nouvelle phase de stabilité fondée sur une hiérarchie cognitive à nouveau assurée. L'intensité de la lutte lors de cette conjoncture entraîne un important renforcement de la visibilité des débats. Dans le cas du forum des communautés de politiques publiques, par exemple, ils sont susceptibles de devenir accessibles au grand public – « sans pour autant lui être immédiatement et facilement intelligibles[365] ».

La succession de fonctionnements « normaux » et de phase de crise correspond à la cohabitation de deux déroulements d'apprentissage auxquels nous avons déjà été confrontés : un apprentissage incrémental progressif pour les dissonances pouvant être résolues dans le cadre du système de sens et d'action dominant en vigueur[366] ; et un apprentissage radical par saut pour la prise en compte des anomalies, c'est-à-dire des dissonances ne pouvant pas être résolues dans le cadre du système de sens et d'action dominant en vigueur[367].

Un processus en quatre phases successives

Au-delà de leurs spécificités, les différents forums présentent des analogies de fonctionnement qui nous permettent d'envisager ici de les décrire temporairement

---

[364] Cette présentation binaire ne doit bien sûr pas laisser croire que la transition entre les états forum et arène est soudaine et totale. Ceux-ci doivent être considérés comme des états idéaux entre lesquels fluctuent les différentes scènes. La légitimité d'un système de sens dominant et du porte-parole qui l'incarne est remise en cause progressivement et ne débouche sur une configuration de crise que dans la mesure où les différents acteurs n'anticipent plus la domination de ce système de sens.
[365] Fouilleux, 2000, *op.cit.*, p. 288.
[366] Rappelons que le terme « dissonance » renvoie aux écarts entre le système de sens et d'action et l'environnement souhaité, vécu ou perçu.
[367] Cette alternance de configurations a également été analysée dans le cadre de la psychologie sociale : « Il y a tout d'abord une phase de mise en question des croyances et des attitudes. Cette phase est appelée *unfreezing* (dégivrage). C'est la mise en question du système de valeurs. Le doute doit atteindre le noyau des valeurs fondamentales du système culturel collectif. [...] Chevauchant cette phase et la suivante, il y a une phase de malaise que l'on appelle la crise culturelle. Tension ressentie par tous les membres du groupe, phase de révolte ou d'abattement qui voit apparaître des essais de comportements nouveaux auxquels tout le corps social est attentif. La collectivité est à la recherche de nouvelles normes, d'une nouvelle représentation cohérente du monde. [...] La dernière phase est la phase de systématisation des valeurs nouvelles ou phase de *freezing* (prise de masse). Les nouvelles valeurs sont plus clairement saisies, les élites les promeuvent et les défendent et explicitent pour tous la nouvelle vision du monde qu'il faut désormais avoir. » : Mucchielli Alex, 2001, *La psychologie sociale*, Paris : Hachette, p. 54.

d'une façon unifiée. Nous nous fonderons ainsi comme Eve Fouilleux sur la sociologie de la traduction développée par Michel Callon[368] pour analyser le processus selon lequel un acteur (collectif) ou un groupe d'acteurs parvient à définir le système de sens et d'action qui sera adopté comme référence sur le forum considéré, accédant de ce fait au statut de porte-parole légitime[369].

Callon identifie « quatre étapes, qui dans la réalité peuvent se chevaucher, mais qui constituent les différents moments d'un processus général auquel nous donnons le nom de traduction[370]. »

La problématisation consiste en la transformation d'un fait social en problème à résoudre. Elle produit une représentation de la réalité sociale qui est susceptible de traduire – de par sa nature subjective – plus particulièrement les conceptions et intérêts de ceux qui la font advenir. En ce sens,

> « la problématisation […] décrit un système d'alliances, nous disons d'associations, entre des entités dont elle définit l'identité ainsi que les problèmes qui s'interposent entre elles et ce qu'elles veulent. Ainsi se construit un réseau de problèmes et d'entités au sein duquel un acteur se rend indispensable[371]. »

« Nous appelons intéressement l'ensemble des actions par lesquelles une entité […] s'efforce d'imposer et de stabiliser l'identité des autres acteurs qu'elle a définis par sa problématisation[372]. » L'intéressement constitue ainsi la phase de diffusion des éléments cognitifs d'un système de sens et d'action. *Elle consiste à faire partager son diagnostic par les autres acteurs.* La possibilité d'imposer comme « vrai » ce diagnostic dépendra bien sûr de la pertinence des éléments qu'il propose et des capacités de celui qui le promeut de convaincre ou de persuader les autres acteurs de l'adopter. Dans cette optique, la dimension symbolique et la lutte pour le choix du vocabulaire commun utilisé sont notamment susceptibles de jouer un rôle très important.

La phase d'enrôlement représente le passage d'une coordination informelle (adoption en commun d'un même diagnostic) à une coordination formelle (acceptation des rapports fondés sur ce diagnostic). « [L'enrôlement] désigne le mécanisme par lequel un rôle est défini et attribué à un acteur qui l'accepte. L'enrôlement est un intéressement réussi[373]. »

---

[368] Callon Michel, 1988, « La domestication des coquilles Saint-Jacques et des marins pêcheurs dans la baie de Saint-Brieuc », *L'année sociologique*.
[369] C'est bien sûr également réciproquement en accédant au statut de porte-parole légitime qu'un acteur impose sa vision du monde comme « vraie ».
[370] Callon, 1988, *op. cit.*, p. 180.
[371] *Ibid.*, p. 184-185.
[372] *Ibid.*, p. 185.
[373] *Ibid.*, p. 189.

Enfin la mobilisation constitue la mise en œuvre de ces nouveaux rapports acceptés de coordination, c'est-à-dire *l'utilisation d'un statut de porte-parole légitime par l'acteur qui est parvenu à faire partager son système de sens et d'action*. Dans le cas étudié par Callon, « les marins comme les coquilles finissent par être représentés par trois chercheurs qui parlent et agissent en leur nom[374]. » Cette représentation est le résultat du processus de traduction en quatre phase que nous avons décrit ; elle ne résulte pas d'une quelconque consultation systématique d'une population dont le porte-parole ne ferait que relayer les préoccupations. Au contraire, « parler pour d'autres, c'est d'abord faire taire ceux au nom desquels on parle[375]. »

Les groupes au nom desquels s'exprime le porte-parole, et au nom desquels il accède à une participation au forum des communautés de politique publique, sont souvent insaisissables car ils n'ont pas été constitués a priori en groupe référent. Ils sont produits par le fait qu'on s'exprime en leur nom, ou plus exactement ils sont produits par le processus de traduction aboutissant au fait que l'on s'exprime en leur nom. Ils sont le résultat de la construction collective de sens, de l'adoption partagée de référents collectifs et de la coordination qui en résulte.

De ce fait, la légitimité du porte-parole repose sur la poursuite du partage des éléments de sens qu'il a fait adopter aux autres. « Le consensus et la mobilisation qui rendent possible [le réseau de contraintes qui en découle] peuvent être contestés à tout moment. La traduction devient trahison[376]. » Le forum entre en configuration arène et de nouveaux processus de traduction permettent l'émergence d'un nouveau système de sens dominant (et donc d'un nouveau porte-parole légitime) ou la réactivation du système de sens et d'action tout d'abord mis en cause[377].

Trois ajustements pour s'adapter au cas du forum professionnel agricole

Nous serons amenés à utiliser la notion de traduction dans le cas du forum professionnel agricole. Cette application particulière inspire trois ajustements à la grille d'analyse élaborée par Callon.

Tout d'abord, il nous paraît important de prendre en compte le cadre institutionnel spécifique dans lequel se déroule ce processus. Le cas d'étude sur lequel s'appuie Callon est une scène ouverte et sans règles particulières de fonctionnement ou de légitimation[378]. A l'inverse, le forum professionnel agricole

---

[374] *Ibid.*, p. 195.
[375] *Ibid.*, p. 196.
[376] *Ibid.*, p. 199.
[377] Ou bien sûr diverses autres solutions intermédiaires entre ces deux extrêmes.
[378] « Nous n'avons pas recouru à des facteurs sociaux, à des normes ou à certaines configurations institutionnelles ou organisationnelles pour expliquer la possibilité d'ouverture ou de fermeture des discussions sur les coquilles ou sur les marins-pêcheurs. » : Callon, 1988, *op. cit.*, p. 202. Callon reconnaît cependant implicitement que le processus de traduction est par moment influencé par le cadre institutionnel lorsqu'il indique par exemple que la caution des collègues scientifiques (fonctionnant suivant un certain paradigme) est nécessaire pour déterminer si les larves se fixent de manière « significative ».

est soumis à certaines normes de formulation des éléments de sens, à certaines règles de coordination entre acteurs ou de légitimation, etc. qui influencent profondément le déroulement des différentes phases de la traduction.

En second lieu, l'ensemble du processus de la traduction est considéré par Callon comme endogène à la collectivité qu'il analyse. Pourtant, les relations fortes entre le forum professionnel et le forum des communautés de politique publique favorisent une influence de ce dernier sur les processus d'émergence ou de maintien d'un porte-parole du forum professionnel. La légitimation externe que constitue le fait d'être admis sur le forum des communautés de politique publique représente ainsi un capital symbolique important sur lequel l'acteur concerné peut s'appuyer pour contester le porte-parole habituel. Ainsi nous verrons dans le cas du CTE que l'alliance nouée par le cabinet avec le CNJA (Centre national des jeunes agriculteurs) a permis à celui-ci de s'imposer temporairement comme porte-parole du forum professionnel à l'extérieur.

Enfin, il apparaît nécessaire de prendre en compte les stratégies et les actions de l'ensemble des protagonistes de la scène considérée, qui, dans l'exemple développé par Callon, demeurent à l'exception des scientifiques fondamentalement passifs. Des processus de problématisation, d'intéressement et d'enrôlement sont mis en œuvre par différents acteurs simultanément – y compris de façon réciproque – et il convient d'analyser dans chaque cas les raisons et les conséquences de leur succès ou échec relatifs.

L'institutionnalisation des compromis sur le forum des communautés de politiques publiques

L'ensemble des éléments de sens et d'action issus des quatre forums de production des idées (forums scientifique, professionnel, administratif et de la rhétorique politique) sont défendus par leurs porte-parole respectifs sur le forum des communautés de politique publique. La grille des dynamiques traductionnelles est insuffisante pour rendre compte des phénomènes de construction de sens et de recherche de compromis qui s'opèrent alors pour aboutir à la définition d'une politique[379]. Nous ferons plutôt le choix de mobiliser ici les outils issus des approches cognitives des politiques publiques (notamment les travaux de Jobert et Muller sur les référentiels[380] et ceux de Sabatier sur les coalitions de cause[381]), avant de nous attarder sur la figure commune du médiateur.

---

[379] « La dynamique générale du forum des communautés de politique publique n'est pas de type traductionnel comme dans les cas précédents, mais orientée vers la poursuite de l'échange politique et le maintien du compromis. » : Fouilleux, 2000, *op. cit.*, p. 283. (De nombreux points communs rapprochent toutefois ces deux types de dynamiques et la formulation de Fouilleux nous paraît excessive.)
[380] Jobert Bruno et Muller Pierre, 1987, *L'Etat en action. Politiques publiques et corporatisme*, Paris : Presses Universitaires de France.

Le référentiel, construction sociale intrinsèquement hybride et liée à l'exercice de l'autorité

La notion de référentiel correspond au système de sens et d'action dominant dans un certain champ : référentiel sectoriel dans le cas d'un secteur économique comme l'agriculture ; référentiel sociétal dans le cas de la société entière. Un référentiel constitue en ce sens l'ensemble des croyances, représentations, routines comportementales, etc. que les acteurs du champ s'attendent à voir endosser par les autres. *Nous utiliserons dans la suite du présent ouvrage cette notion lorsque nous ferons référence au système de sens dominant sur le forum des communautés de politique publique.*

Nous voudrions ici insister sur quatre dimensions importantes d'un référentiel : sa diversité interne, son caractère hybride, la rétroaction qu'il exerce sur les conditions de sa construction et enfin le mélange de sens et d'action qui marque les mécanismes de sa construction et de sa promotion.

Comme tout système de sens, un référentiel contient différents types de référents collectifs. Pierre Muller pour sa part y distingue quatre composantes principales :
- « Les *valeurs* sont les représentations les plus fondamentales (le deep core de Sabatier) sur ce qui est bien ou mal, désirable ou à rejeter. »
- « Les *normes* définissent les écarts entre le réel perçu et le réel souhaité. Elle définissent des principes d'action plus que des valeurs : "l'agriculture doit se moderniser" ; "il faut satisfaire les besoins du marché" ».
- « Les *algorithmes* sont des relations causales qui expriment une théorie de l'action. »
- « Les *images* [...] sont de remarquables vecteurs implicites de valeurs, de normes ou même d'algorithmes. Elles *font sens* immédiatement, sans passer par un long détour discursif[382]. »

Nous pourrions ajouter à ces composantes divers autres aspects, notamment les *filtres cognitifs*, qui représentent les reformulations inconscientes de toute perception en préalable à la réflexion, ou les *routines comportementales*, qui représentent des habitudes de comportement que l'acteur reproduit sans procéder à un nouveau jugement. L'objet de notre propos n'est cependant pas de dresser une liste exhaustive des formes des référents contenus dans un référentiel (ne serait-ce que parce qu'il existe de multiples listes suivant le regard adopté) mais plutôt de souligner la diversité interne de tout système de sens.

---

[381] Sabatier Paul A et Jenkins-Smith Hank C. (dir.), 1993, *Policy change and Learning. An Advocacy Coalition Approach*, Westview Press.
[382] Muller Pierre, 1995, « Les politiques publiques comme construction d'un rapport au monde » in Faure A., Pollet G. et Warin P. (dir.), *La Construction du sens dans les politiques publiques*, Paris : L'Harmattan, pp. 158-159.

« Il convient [ensuite] de souligner le caractère intrinsèquement hybride du référentiel[383] ». Par construction, un référentiel est en effet la synthèse composite d'éléments de sens provenant de différents forums et présentant donc des cohérences et des formes spécifiques. L'analyse de la production des différents forums permet néanmoins de donner un sens à cette hétérogénéité, en identifiant l'origine des différents éléments constituant le référentiel[384].

> « Plutôt que de supposer *a priori* une improbable cohérence à la politique, notre approche du référentiel comme ensemble d'idées institutionnalisées provenant de différents forums de production d'idées permet [ainsi] d'avancer vers l'explication de l'hétérogénéité et des contradictions internes susceptibles de s'y trouver, tout en rendant "lisible" (car "déconstructible") cette complexité[385]. »

En troisième lieu, le référentiel adopté sur le forum des communautés de politiques publiques exerce une influence importante les processus traductionnels de production de sens à l'œuvre sur les autres forums, en raison de la régularité et l'intensité des rapports entre forum de synthèse et forums de production d'idées. Les différents systèmes de sens se trouvent ainsi connectés par l'intermédiaire des acteurs qui en assurent la promotion sur les différentes scènes. Cette rétroaction du référentiel sur les forums de production des idées favorise sur chacune de ces scènes les apprentissages entrant dans le cadre du référentiel en vigueur et gêne l'émergence d'apprentissages plus radicaux.

Enfin, les processus de médiation – qui consistent à coupler et promouvoir les idées pour permettre à un compromis cognitif et normatif d'émerger – allient une dimension abstraite de construction de sens et une dimension concrète de structuration d'un champ de force. Jobert et Muller montrent que la médiation, en effet, n'est pas qu'un processus discursif ; elle est également production d'actes qui font sens pour les acteurs.

Cette dimension renforce l'importance de la cohésion entre les élites et les participants plus communs du champ considéré. La force d'une médiation réside ainsi dans sa capacité à recueillir l'adhésion à travers des actions que les autres reprennent et reproduisent. Cette constatation implique que les groupes en compétition sur le forums des communautés de politique publique ne peuvent pas manipuler n'importe quelle idée ou représentation, car celle-ci est le résultat « d'une interaction très complexe entre la place du groupe dans la division du travail et l'identité construite à partir de cette place[386]. »

---

[383] Fouilleux, 2000, *op. cit.*, p. 289.
[384] Ce point est différent du précédent car nous considérons ici la diversité des origines d'un référentiel et non plus celle des éléments qu'il contient. Un référentiel est ainsi la synthèse de différents systèmes de sens (caractère hybride) composés eux-mêmes d'éléments de sens variés (diversité interne).
[385] *Ibid.*, p. 290.
[386] Muller, 1995, *op. cit.*, p. 163. Comme nous l'avons déjà indiqué, le vocabulaire utilisé par Muller est très marqué par le caractère professionnel des référentiels qu'il considère et par la segmentation

La médiation apparaît ainsi en résumé comme simultanément une prise de parole (construction de sens) et une prise de pouvoir (structuration d'un champ de forces) à travers les actes par lesquels elle s'affirme.

La constitution éventuelle de différentes « coalitions de cause »

Ainsi que nous l'avons déjà souligné, le cadre théorique développé par Sabatier est marqué par le fonctionnement pluraliste du système décisionnel nord-américain. Sabatier analyse la constitution de coalitions organisées dans l'optique d'imposer leurs alternatives de politiques et dont la cohésion est assurée par le partage de certaines croyances et représentations. Cette vision demeure très élitiste et les opinions des acteurs plus communs du champ considéré ne sont que peu prises en compte.

Malgré ces limites, ce cadre présente un certain nombre d'éléments et d'hypothèses dont la pertinence dépasse le contexte d'un système décisionnel pluraliste. Nous présentons ici certains de ces éléments, que nous serons amenés à réutiliser dans la suite du chapitre.

En premier lieu, le cadre théorique de Sabatier permet de hiérarchiser en trois catégories les éléments de sens constituant un système (notamment un référentiel) :
- les croyances normatives fondamentales (*normative core beliefs*) ;
- les croyances essentielles dans le cadre du champ politique considéré (*policy core beliefs*) ;
- les autres croyances portant sur le champ politique considéré (*secundary aspects*).

Cette typologie offre une grille de lecture à la fois de la cohésion des différents groupes d'acteurs – cette cohésion étant par hypothèse d'autant plus forte que des croyances plus fondamentales sont partagées – et surtout de l'évolution dynamique des systèmes de sens et donc de leur construction : Sabatier estime ainsi que les éléments de sens les moins importants protègent les plus importants, de telle sorte que ces derniers ne sont touchés que si les modifications apportées à des éléments de sens moins substantiels n'ont pas suffi à résoudre les décalages avec l'environnement.

---

sectorielle liée au référentiel modernisateur des trente glorieuses. Il nous semble néanmoins que, moyennant une modification de ce vocabulaire, son analyse peut s'appliquer de façon pertinente à d'autres types de référentiels, moins marqués par l'inscription d'une politique publique dans un secteur (cas par exemple de la loi Voynet d'orientation pour l'aménagement et le développement durable du territoire (LOADDT, adoptée en 1999) ou de la loi rurale actuellement en cours d'examen à l'assemblée (automne 2004)).

Cette hypothèse, que Sabatier et d'autres chercheurs vérifient dans le cas d'un certain nombre de politiques, est confortée par les travaux de psychologie sociale portant sur le concept de noyau central.

> « Le système central, normatif et stable, gère les incohérences et la diversité de la périphérie pour les rassembler fondamentalement autour d'une même norme socialement admise par le groupe de référence du sujet. [...] Le système périphérique est prescripteur de comportements, souple et mobile. Dans la plupart des cas, la transformation d'une représentation doit logiquement s'effectuer en priorité au niveau de la périphérie puis, lorsque l'impact des informations ou des pratiques est suffisamment important, le système central pourra être affecté, voire aller jusqu'à se déstructurer, ce qui est à vrai dire assez rare[387]. »

En second lieu, Sabatier explore, dans le cadre d'un article consacré à l'application de sa théorie à l'Europe, les conditions de constitution d'une alliance et les différentes issues possibles au processus en fonction de la force interne et externe de cette alliance[388]. Sabatier estime notamment que deux conditions sont nécessaires pour l'émergence d'une véritable coalition :
- le partage de référence au moins jusqu'au niveau 2 (*policy core beliefs*)[389]
- des interactions et une coordination régulière et non triviale.

De telles coalitions ont tendance à demeurer relativement stables dans le temps car l'identité des éléments fondamentaux de leur système de sens engendre entre eux la confiance alors que les différences avec les perceptions et représentations des autres acteurs favorise la méfiance à leur égard. Pour autant, la stabilisation initiale des coalitions peut exiger un peu de temps et surtout une maturation cognitive suite à l'émergence de nouveaux enjeux : un sous-système naissant (*nascent subsystem*) se transforme alors en sous-système mature (*mature subsystem*) au contact d'événements clarificateurs.

Enfin, Sabatier analyse que le changement intervenant suite à une perturbation extérieure du système (élément nécessaire mais non suffisant) peut prendre trois formes différentes :
- une modification du sous-système, avec l'affirmation d'une nouvelle coalition dominante ;
- une alliance de circonstance (*coalitions of convenience*), lorsque la coalition considérée est trop faible (pour des raisons internes ou externes) pour s'imposer durablement ; nous analyserons en ces termes la genèse du CTE ;
- la recherche du consensus, lorsque le statu quo est intolérable aux acteurs[390].

---

[387] Roussiau et Bonardi, 2001, *op. cit.*, p. 125.
[388] Sabatier Paul A., 1998, « The advocacy coalition framework : revisions and relevance for Europe », *Journal of European Public Policy*.
[389] Nous constaterons que dans certaines circonstances le partage de références de niveau 2 est suffisant et peut supporter des désaccords sur les croyances de niveau 1 (*normative core beliefs*).

La figure du médiateur

Les différentes grilles d'analyse des processus de construction collective de sens ont en commun d'utiliser la figure du médiateur pour rendre compte de l'activité de création de sens par le couplage et la promotion des référents. Médiateur chez Jobert et Muller[391] (terme que nous retenons ici), marginal-sécant chez Crozier et Friedberg[392], *policy broker* chez Sabatier[393], *policy entrepreneur* chez Kingdon[394], etc., cet acteur[395] générique présente la caractéristique d'appartenir simultanément à plusieurs mondes entre lesquels il assure, précisément, une médiation. Nous nous proposons ici d'examiner les caractéristiques de cette figure que nous avons déjà évoquée au chapitre précédent et d'expliciter les mécanismes qui concourent à lui faire jouer un rôle de premier plan dans les constructions collectives de sens.

L'appartenance du médiateur à différentes sphères de référence améliore considérablement sa capacité d'apprentissage. En effet, elle lui assure une moindre vulnérabilité aux modifications intervenant dans l'une de ses sphères de rattachement[396] ; elle lui offre l'accès à une diversité plus grande d'alternatives entre lesquelles faire son choix et de référents collectifs en fonction desquels faire évoluer son cadre comportemental ; elle développe également sa capacité de synthèse et le rend plus apte que d'autres à réaliser des compromis entre différents référents. Plus fondamentalement, la capacité supérieure d'apprentissage d'un médiateur repose sur le fait que son système de sens et d'action est plus étendu et varié que celui des autres acteurs et qu'en conséquence les apprentissages possibles entrant dans le cadre de ce système (apprentissages que nous avons montrés être plus aisés que ceux n'y entrant pas) sont plus nombreux et plus riches.

Les apprentissages réalisés par le médiateur nécessitent toutefois d'être transmis et repris par les groupes auxquels il appartient. Si la médiation permet pour ces groupes des apprentissages en dehors du cadre du système de sens dominant, elle est alors moins directe et donc moins rapide que des apprentissages plus naturellement collectifs :

> « Les modèles socioculturels nouveaux sont souvent véhiculés par les individus qui ont vécu d'autres expériences en dehors de leur groupe culturel [...]. Lorsque les modèles [...] n'existent pas, [...] certaines élites, habituellement plus libres vis-à-vis des contraintes morales et matérielles,

---

[390] Nous ajouterons par conséquent comme quatrième possibilité le statu quo, pour décrire la phase transitoire dans laquelle aucune coalition n'est parvenue à s'imposer définitivement comme dominante. Nous serons notamment amenés à analyser en ces termes la situation actuelle.
[391] Jobert et Muller, 1987, *op. cit.*
[392] Crozier Michel et Friedberg Erhard, 1977, *L'acteur et le système*, Paris : éditions du Seuil.
[393] Sabatier et Jenkins Smith, 1993, *op. cit.*
[394] Kingdon John, 1995, *Agendas, Alternatives and Public Policy*, Harper Collins.
[395] Il peut s'agir autant d'un acteur individuel que d'un acteur collectif.
[396] De même qu'une diversification des activités en économie prémunit en partie contre les fluctuations des marchés.

se chargent de cette invention et l'innovation se répand par imitation. Le changement sera donc plus lent, il dépend des possibilités de diffusion du modèle[397]. »

Le médiateur dispose néanmoins, de par sa position de jonction entre différents mondes, d'atouts pour favoriser l'adoption du système de sens qu'il défend. Il jouit ainsi d'une proximité importante avec de nombreux acteurs. En outre, le partage de mêmes référents avec ces acteurs renforce la capacité de ses actions et de ses discours de faire sens à leurs yeux. Enfin et surtout, sa position engendre une aptitude supérieure à tirer parti de l'incertitude pour affirmer son pouvoir et son autorité. Comme le montrent Crozier et Friedberg,

> « une source d'incertitude n'"existe" et ne prend sa signification pour et dans les processus organisationnels qu'à travers son investissement par les acteurs qui s'en saisissent pour la poursuite de leurs stratégies[398]. »

Or les médiateurs disposent du pouvoir de s'appuyer sur les incertitudes qu'engendrent les dissonances entre des systèmes de sens différents :

> « C'est le *pouvoir dit du "marginal-sécant"*, c'est à dire d'un acteur qui est partie prenante dans plusieurs systèmes d'action en relation les uns avec les autres et qui peut, de ce fait, jouer le rôle indispensable d'intermédiaire et d'interprète entre des logiques d'action différentes, voire contradictoires[399]. »

La coordination entre acteurs, lieu de cristallisation des apprentissages collectifs

Nous voudrions, pour achever cette présentation du cadre théorique que nous allons utiliser dans la suite du chapitre, introduire brièvement un dernier concept : celui de *coordination* entre acteurs. Ce concept sous-tendra en fin du chapitre l'analyse des apprentissages induits par le processus d'élaboration politique et syndicale du CTE. Il ne s'agit pas cependant ici de procéder à une présentation exhaustive, qui nécessiterait de rendre compte des très nombreux travaux d'économie relatifs à ce concept central, mais plutôt d'indiquer que celui-ci peut être utilisé pour traduire la stabilisation de certains apprentissages sous la forme de routines comportementales collectives.

Les modifications apportées au référentiel, à la politique considérée ou au champ de l'autorité ne sont pas en effet les seuls apprentissages collectifs qu'engendre le processus d'élaboration d'une politique publique. Comme nous l'avons indiqué précédemment, les échanges entre acteurs et l'activité collective de production de

---

[397] Mucchielli, 2001, *op. cit.*, p. 53.
[398] Crozier et Friedberg, 1977, *op. cit.*, p. 84.
[399] *Ibid.*, p. 86.

sens sont susceptibles de se traduire par une modification non seulement des cadres de référence de chacun mais également des modalités collectives d'interaction. Comme le soulignent Crozier et Friedberg, il s'agit d'une dimension

> « ... fondamentale dans tout processus de changement, qu'il soit dirigé ou "naturel" : à savoir l'apprentissage, c'est-à-dire la découverte, voire la création et l'acquisition par les acteurs concernés, de nouveaux modèles relationnels, de nouveaux modes de raisonnement, bref, de nouvelles capacités collectives[400]. »

Nous utiliserons le concept de *coordination* pour désigner la configuration relativement stable d'interactions entre acteurs que chacun de ceux-ci anticipe de façon conventionnelle, ou, pour le dire autrement, l'ensemble des mécanismes qui concourent à la compatibilité des comportements des acteurs en interaction.

Ce concept sera utile à la fois pour décrire les évolutions des règles du jeu des différents forums et pour décrire, pour chaque ensemble d'acteurs en interaction au sein d'un « contenant » (groupe, organisation, politique publique, etc.), l'évolution des règles et des schémas habituels de leurs relations. En ce sens, la coordination représente la cristallisation des apprentissages du « contenant » sous la forme d'une évolution des modalités d'interaction entre acteurs. Elle constitue par conséquent un révélateur efficace de la réalité et de la nature de ces apprentissages.

2   L'élaboration de la loi d'orientation agricole de 1999

L'élaboration de la loi d'orientation agricole a donné lieu à une importante construction de sens et à l'établissement de compromis à l'intérieur du référentiel représenté par cette politique. Avant de nous intéresser dans le détail aux positions des principaux protagonistes et aux stratégies qu'ils ont développées – positions et stratégies bien sûr contraintes par les normes en vigueur du forum professionnel agricole, que nous tenterons d'expliciter –, il nous paraît important de préciser le déroulement général de cette élaboration. Nous présenterons donc les principales étapes de la préparation puis de l'adoption de la loi, et évoquerons les arbitrages et compromis effectués, qui reflètent les enjeux des luttes de sens et de pouvoir que nous tenterons de mettre à jour dans la suite du chapitre.

Les grandes lignes de l'élaboration et de l'adoption de la LOA

Lancée en mars 1996 par un engagement du Président de la République à l'occasion du congrès du cinquantenaire de la FNSEA, la loi d'orientation agricole est publiée trois ans après, le 9 juillet 1999. Trois phases peuvent être

---
[400] Crozier et Friedberg, 1977, *op. cit.*, p. 392.

schématiquement distinguées : une première année voit la préparation d'un certain nombre de dispositifs techniques par les services du ministre de l'agriculture Philippe Vasseur ; après le changement de majorité parlementaire, une seconde année est consacrée à l'élaboration, sous la direction du cabinet du nouveau ministre, Louis Le Pensec, de quelques mesures majeures (notamment le CTE) manifestant une volonté de réformer en profondeur la politique agricole ; enfin une troisième année permet la présentation et l'adoption formelle de la loi regroupant l'ensemble de ces dispositifs et mesures.

La préparation initiale d'une loi technique

Lors du congrès anniversaire du cinquantenaire de la FNSEA, en mars 1996, le Président de la République Jacques Chirac s'engage sur l'adoption d'une nouvelle loi d'orientation agricole et en confie la réalisation au ministre de l'agriculture, Philippe Vasseur. Les services de celui-ci entreprennent la préparation d'un certain nombre de dispositions techniques (sur l'orientation et le contrôle des structures, le statut des conjoints, etc.) relatives aux sujets sur lesquels des réflexions étaient déjà en cours et des évolutions envisagées. Un important travail d'inventaire des différents points nécessitant une réforme et de mise en forme est effectué.

L'ambition d'une réforme profonde de la politique agricole offre une « colonne vertébrale » à la loi : le CTE

Les élections législatives de juin 1997 modifient profondément le processus d'élaboration de la loi d'orientation agricole en portant au Parlement une nouvelle majorité. Celle-ci, affichant l'ambition de réformer en profondeur la politique agricole, « ne peut pas faire moins » que la précédente (selon l'expression d'un de nos interlocuteurs) et le nouveau Premier ministre, Lionel Jospin, promet à son tour dans son discours de politique générale une loi d'orientation agricole avant la fin de l'année. Ce point est d'ailleurs le seul relatif à l'agriculture dans son discours devant le Parlement.

Chargés de « trouver quoi mettre dans la LOA » (idem), le ministre de l'agriculture Louis Le Pensec et ses services se penchent au cours de l'été 1997 sur les travaux préparatoires réalisés sous le précédent gouvernement. Ils conservent la plupart des dispositions techniques, en raison de leur pertinence et afin d'essayer d'affaiblir l'opposition parlementaire au texte en reprenant certaines de ses propres propositions.

Au cours de l'été et l'automne 1997, le cabinet du ministre de l'agriculture (notamment Jean-François Collin, son directeur, et Bertrand Hervieu, l'un des conseillers) convainc toutefois celui-ci de profiter de l'opportunité offerte par une LOA pour mettre en œuvre une véritable réorientation de la politique agricole. Il lui propose dans cette optique un nouvel outil, qui formerait la « colonne vertébrale » (selon l'expression d'un de nos interlocuteurs) du texte : un contrat individuel liant l'Etat et les agriculteurs et rémunérant ceux-ci pour les services environnementaux et territoriaux qu'ils rendent à la société. Cet outil serait en outre l'occasion d'un rééquilibrage des aides, en le finançant en partie par un plafonnement des aides PAC marché. Le ministre adhère au principe. Il soutiendra pleinement son cabinet tout au long du processus.

Des réunions hebdomadaires d'un groupe de travail sont organisées par le cabinet du ministre entre octobre 1997 et janvier 1998 afin de préciser le contenu de la LOA. Ce groupe comprend des représentants des différents syndicats (y compris de la Confédération paysanne), de l'APCA[401], du CNMCCA[402], des associations de consommateurs, etc. La multiplicité des sujets abordés dans le projet de loi et la volonté de tous les aborder limite toutefois la capacité des débats à aborder le fond des différentes problématiques.

Une première version de la LOA est achevée en janvier 1998. Le contrat proposé par le cabinet y est défini dans le titre I et prend le nom de Contrat territorial d'exploitation (CTE). Il traduit une *reconnaissance du caractère multifonctionnel de l'agriculture*, c'est-à-dire du fait que les agriculteurs, conjointement à leur fonction de production de biens agricoles et alimentaires, remplissent des fonctions sociales, territoriales et environnementales essentielles, que leur demande la société. L'article premier stipule ainsi que « la politique agricole prend en compte les fonctions économique, environnementale et sociale de l'agriculture et participe à l'aménagement du territoire ». Le CTE vise par conséquent à développer une orientation qualitative de la production et à rémunérer les agriculteurs pour les dimensions non productives et non marchandes de leur activité : participation aux équilibres démographiques et sociaux et à la vitalité des territoires, entretien des espaces, préservation des ressources naturelles et de la biodiversité, etc.[403].

Par l'intermédiaire du CTE, la LOA consacre le *choix du contrat individuel global comme outil de référence*. Selon cette approche, toutes les dimensions des exploitations doivent être prises en compte simultanément et intégrées dans une démarche contractuelle avec l'Etat. L'article 4 de la loi (numérotation finale, de même que pour les références suivantes) indique ainsi que « le contrat territorial d'exploitation concerne l'ensemble de l'activité de l'exploitation agricole. » Ce nouveau dispositif n'est pas considéré comme complémentaire des politiques existantes, mais comme une façon de les intégrer et de les élargir dans un nouveau modèle agricole unificateur.

---

[401] Assemblée permanente des chambres d'agriculture.
[402] Confédération nationale de la mutualité, de la coopération et du crédit agricoles.
[403] Tout agriculteur peut conclure « un contrat territorial d'exploitation qui comporte un ensemble d'engagements portant sur les orientations de la production de l'exploitation, l'emploi et ses aspects sociaux, la contribution de l'activité de l'exploitation à la préservation des ressources naturelles, à l'occupation de l'espace ou à la réalisation d'actions d'intérêt général et au développement de projets collectifs de production agricole. » (article 4 (numérotation finale)).

Sur la base de la première version de la LOA, le ministre procède entre janvier et avril 1998 à des négociations bilatérales auprès des différentes organisations concernées par le texte, qu'il reçoit successivement. Les arbitrages qu'il rend confirment la place centrale accordée au CTE dans la réforme. Celui-ci est destiné à *réunir à terme l'ensemble des aides structurelles* dont bénéficie une exploitation. Afin de garantir leur adéquation avec les problématiques locales, il est décidé que les contrats individuels conclus par les agriculteurs devront respecter le modèle de *contrats types élaborés collectivement*. Le texte précise que le préfet agréera « un ou plusieurs contrats types déterminant les systèmes d'exploitation assurant un développement durable de l'agriculture » et que les contrats individuels devront « être compatibles » avec l'un de ces contrats types.

La loi prévoit en outre une remise en cause partielle de la cogestion traditionnelle du secteur par *l'ouverture des commissions départementales d'orientation de l'agriculture à certains acteurs non agricoles*. L'article 8 élargit ainsi la composition des CDOA et prévoit notamment d'associer à leurs débats et à leur délibération des représentants de l'artisanat, des consommateurs et des associations de protection de l'environnement[404]. Cet élargissement constitue la « transgression d'un tabou[405] », selon lequel la gestion du monde agricole s'effectue en cogestion exclusive entre l'Etat et les représentants des agriculteurs. Il traduit la conception que désormais « les agriculteurs ne sont plus garants à eux tous seuls de l'intérêt général[406] ».

Les navettes parlementaires sont l'occasion de certains compromis

La loi d'orientation agricole passe devant le Conseil d'Etat au mois de mai 1998 puis est présentée le 10 juin au Parlement pour une première lecture. Un amendement parlementaire en partie suggéré par le cabinet du ministre permet à cette occasion de compléter l'élargissement des CDOA par une *reconnaissance du pluralisme syndical*, en remplacement du traditionnel monopole de la représentation dont bénéficie le syndicalisme majoritaire. L'article 2 de la loi tente de l'imposer dans les organes chargés de la cogestion de l'agriculture[407] et a notamment pour objectif de contraindre les autres organisations professionnelles à accepter la

---
[404] « Il est institué auprès du représentant de l'Etat dans le département, qui la préside, une commission départementale d'orientation de l'agriculture composée notamment de représentants des ministres intéressés, de la production agricole, des propriétaires et des fermiers-métayers, de la transformation et de la commercialisation des produits agricoles, de l'artisanat et du commerce indépendant de l'alimentation, des consommateurs et des associations agréées pour la protection de l'environnement, ainsi que d'un représentant du financement de l'agriculture. Sa composition est fixée par décret. »
[405] Suivant l'expression d'un de nos interlocuteurs qui a été impliqué dans l'élaboration de la LOA.
[406] Idem.
[407] « L'ensemble des organisations syndicales d'exploitants agricoles qui remplissent les conditions fixées par décret en Conseil d'Etat ont vocation à être représentées au sein des commissions ainsi que dans les comités professionnels ou organismes de toute nature investis d'une mission de service public, ou assurant la gestion de fonds publics ou assimilés, où siègent des représentants des exploitants agricoles. » (article 2)

participation de la Confédération paysanne au sein de l'ANDA (Association nationale du développement agricole, qui gère des financements importants, notamment en matière de conseil et de diffusion des connaissances techniques).

Après une première approbation fin 1998, les navettes parlementaires (interrompues un temps par un recours devant le conseil constitutionnel) se poursuivent jusqu'en mai 1999, avant la publication définitive de la loi le 9 juillet 1999. Ce marathon est l'occasion d'un certain nombre de modifications techniques (notamment l'ajout de dispositions sur la Mutualité sociale agricole (MSA) et sur la sécurité sanitaire) et surtout du *retrait de la disposition initialement envisagée traçant la voie à une intégration future de l'ensemble des dispositifs d'aides structurelles dans le CTE* afin de développer les synergies entre eux. Suite à de violentes charges l'accusant de financer le CTE au détriment des jeunes agriculteurs, le ministre accepte en effet de laisser hors du cadre CTE un certain nombre d'aides existantes, notamment les aides à l'investissement (pour partie) et les aides en faveur des jeunes agriculteurs (entièrement). Le CTE voit à cette occasion son champ fortement restreint (seules les mesures agroenvironnementales demeurent entièrement à l'intérieur de celui-ci), ce qui affaiblit l'ambition du cabinet d'instituer un contrat global portant sur l'ensemble des activités de l'exploitation.

La discussion parlementaire permet en outre l'établissement d'un *compromis sur la délimitation du champ de l'agriculture professionnelle*. Le ministre de l'agriculture et son cabinet souhaitant institutionnaliser grâce au CTE un nouveau modèle agricole moins centré sur la production de biens alimentaires bruts, ils proposent en effet l'inclusion dans la LOA de deux articles élargissant le statut d'exploitant agricole. La complexité de la question (la reconnaissance explicite de la pluri-activité risquant par exemple d'induire une concurrence avec les artisans), la virulence des débats et l'opposition marquée des organisations professionnelles dominantes, qui souhaitent a contrario que le CTE soit réservé aux seuls agriculteurs à titre principal, conduisent néanmoins le gouvernement à retirer ces articles et à conserver le compromis antérieur sur la délimitation du champ de l'agriculture professionnelle.

Au-delà des modifications apportées sur des points connexes, les dispositions relatives au CTE restent pour l'essentiel inchangées par les discussions parlementaires.

Si les principes sur lesquels il repose suscitent tout au long de son élaboration un débat intense – que l'objet du présent chapitre est d'analyser – et sont validés par l'approbation de la loi, la forme exacte du CTE demeure en revanche alors floue et ne sera précisée que dans le cadre de la phase réglementaire, que nous aborderons dans le chapitre IV.

Cabinet du ministre et principaux syndicats agricoles constituent les acteurs dominants du sous-système décisionnel

L'ensemble des entretiens que nous avons conduits ont montré que l'élaboration de la loi d'orientation agricole avait principalement relevé d'un sous-système d'acteurs composé du cabinet du ministre de l'agriculture et des principaux responsables professionnels nationaux. La composition de ce sous-système renvoie à l'imbrication du forum professionnel et du forum des communautés de politique publique, caractéristique du principe de cogestion en vigueur dans le secteur agricole français.

Le cabinet du ministre de l'agriculture comme porte-parole du forum administratif et du forum de la rhétorique politique

Le cabinet a occupé durant l'élaboration puis l'adoption de la LOA le rôle de porte-parole du forum de la rhétorique politique et du forum administratif.

Ainsi, il apparaît que l'influence des parlementaires sur le texte est demeurée faible. S'ils ont formellement voté la loi et en ont modifié significativement certains éléments (cf. ci-dessus), ils ont en la matière pour l'essentiel suivi les propositions ou suggestions du gouvernement et n'ont pas été impliqués dans la réflexion ayant conduit au CTE. Si le rapporteur de la loi, François Patriat, a été très engagé dans la gestion des débats parlementaires et des amendements, son rôle a consisté pour l'essentiel à s'assurer que les orientations de fonds décidées par le ministre et son cabinet ne seraient pas remises en cause. De même, les responsables agricoles du parti socialiste ont laissé au cabinet du ministre le soin de traduire et de porter relativement librement les idées de réforme qu'ils avaient eux-mêmes développées.

Au sein du gouvernement, Louis Le Pensec, ministre de l'agriculture, est demeuré le responsable presque exclusif de l'élaboration de la nouvelle loi[408]. S'il s'est personnellement investi dans ce dossier, en promouvant un changement de fond de la politique agricole et en apportant un soutien sans faille à son cabinet dans les différentes négociations, il a en revanche laissé à celui-ci le soin d'élaborer le contenu exact de la réforme et de choisir la manière de la mener à bien.

Enfin, les acteurs administratifs, qui ont été très impliqués lors de la phase d'élaboration concrète des textes réglementaires de mise en œuvre du CTE (ainsi que nous l'analyserons dans le chapitre IV), n'ont pas eu d'influence sensible lors des réflexions initiales relatives au contenu de la loi d'orientation qui en définit les principes généraux.

---

[408] Ce monopole de fait sur le contenu de la réforme ne doit pas pour autant laisser penser que celle-ci ne traduisait pas les vues des autres ministères. C'est ainsi notamment parce qu'il estimait ses conceptions proches de celles défendues au sein du cabinet du ministre de l'agriculture par Jean-François Collin et Bertrand Hervieu que le ministère de l'environnement n'a pas revendiqué une participation plus active.

Les principaux syndicats agricoles dominent le forum professionnel

Les entretiens que nous avons menés ont montré en outre que seuls trois principaux groupes d'acteurs avaient joué au sein du forum professionnel un rôle significatif dans le déroulement de l'élaboration et l'adoption de la LOA : le CNJA (Centre national des jeunes agriculteurs), la FNSEA (Fédération nationale des syndicats d'exploitants agricoles) et certains organismes alliés (notamment APCA), et enfin la Confédération paysanne. Afin de ne pas alourdir notre présentation, nous limiterons celle-ci aux positions et aux stratégies défendues par ces trois blocs syndicaux[409].

A l'intérieur de ceux-ci, nous concentrerons de plus notre analyse sur les responsables nationaux ; il apparaît en effet que les acteurs d'échelons inférieurs ne sont intervenus directement sur le cours de la réforme qu'à partir de la phase de mise en œuvre de celle-ci[410]. (Nous examinerons notamment au chapitre V le rôle tenu alors par les acteurs départementaux et locaux dans la réappropriation et la reformulation du CTE.)

---

[409] Mentionnons cependant que la majorité des autres acteurs manifestaient des positions tempérées ou plutôt favorables à la réforme. Pour illustrer ce fait, nous résumons ici certaines de ces positions en nous fondant sur l'audition des représentants des différentes organisations considérées devant la commission de la production et des échanges de l'Assemblée Nationale à l'occasion de l'examen du projet de loi d'orientation agricole (ces auditions sont disponibles sur le site internet de l'Assemblée : « http://www.assembleenationale.fr ») :
Au niveau syndical, la coordination rurale appréciait l'abandon du productivisme et d'une volonté exportatrice mais critiquait le risque de fonctionnarisation et un contrôle excessif des structures ; Le Modef se déclarait favorable au CTE mais demandait une redistribution effective des soutiens en faveur des exploitations familiales, éventuellement pluri-actives, et au détriment des grandes exploitations de type industriel. Les syndicats salariés FNAF-CGT (Fédération nationale agro-alimentaire et forestière) et FGA-CFDT (Fédération générale agro-alimentaire) jugeaient plutôt positive l'évolution représentée par le CTE mais souhaitaient un renforcement des aspects sociaux et d'emploi ainsi respectivement qu'une meilleure prise en compte du caractère précaire de l'emploi salarié et que des problématiques rurales non agricoles. La CFCA (Confédération française de la coopération agricole) accueillait relativement favorablement le texte, qualifiant le CTE de « démarche intéressante et novatrice », tout en insistant sur la nécessité d'un volet économique et de filière important. Au niveau des associations, l'UFC Que Choisir (Union fédérale des consommateurs) affichait quatre préoccupations principales : durabilité, diversité, sécurité sanitaire et qualité, et estimait que le CTE était un outil positif mais qu'il demeurait trop imprécis et limité sur les deux derniers aspects. Le caractère comparativement décentralisé et dispersé des associations de protection de l'environnement (voir Chevallier Jacques, 1999, « La création d'un ministère », *Instituer l'environnement. Vingt-cinq ans d'administration de l'environnement*, Paris : L'Harmattan, p. 27) a perturbé en revanche l'élaboration et l'audience d'une position unifiée au niveau national.

[410] Le positionnement des responsables professionnels nationaux n'est toutefois bien sûr pas étranger à celui de leur base et nous serons amenés dans ce chapitre à prendre en compte cette influence indirecte sur l'élaboration de la LOA.

3 Les spécificités du forum professionnel agricole

Avant d'analyser les positions défendues par les différents acteurs de la réforme, il convient à notre sens de présenter le cadre institutionnel de leur interaction en examinant notamment les normes de fonctionnement du forum professionnel agricole et de ses rapports avec le forum des communautés de politique publique. La remise en cause des compromis existants par le nouveau gouvernement issu des élections de juin 1997, notamment l'identité et l'unicité du porte-parole du forum professionnel agricole, provoque en effet un passage en configuration arène et la recherche d'une nouvelle configuration porteuse d'un nouvel équilibre. La compréhension de ce processus suppose l'analyse du fonctionnement institutionnel du forum et nous conduira à aborder successivement l'influence du « mythe » de l'unité agricole, l'impact de la cogestion et le principe d'une légitimation fondée sur la figure de l'agriculteur producteur chef d'entreprise.

Le « mythe »[411] de l'unité agricole

Le syndicalisme agricole français s'est constitué, au lendemain de la seconde guerre mondiale, sur le principe fondamental de l'unité agricole (alors appelée « unité paysanne »). Ce principe affirme l'identité essentielle de tous les agriculteurs français – qui demeurent tous, par delà leurs différences, des chefs d'entreprises responsables travaillant à la production de biens agricoles[412] – et l'impérieuse nécessité de demeurer unis pour peser réellement sur les décisions des pouvoirs publics et des opérateurs privés des différentes filières. Il convient ainsi de régler en interne les différends et les désaccords, plutôt que d'offrir, par le spectacle de la division, une prise aux autres acteurs du secteur.

Ce principe revêt une dimension ontologique qui en fait l'un des piliers doctrinaires fondamental du syndicalisme majoritaire. Luc Guyau, alors président de la FNSEA, s'y réfère lorsqu'il apostrophe le ministre de l'agriculture dans son discours de clôture du 53ème congrès de la FNSEA (18 mars 1999) :

> « Vous avez devant vous des agriculteurs de toutes les régions, de toutes les productions. Ils sont tous là ! Pourtant que n'a-t-on pas entendu sur le refrain des petits et des gros, dans la bouche de certains de vos amis ! Nous sommes divers, pluriels, nous le savons, nous nous en réclamons, car cette diversité, c'est justement notre force !

---

[411] L'impossibilité de maintenir au sein de la profession agricole une unité des représentations du monde et des intérêts (comme en témoigne les diverses scissions syndicales), et surtout la prise de conscience croissante de cette impossibilité, ont conduit certains acteurs (et certains de nos interlocuteurs) à qualifier de mythe le principe de l'unité agricole. Si ce principe semble ainsi connaître un affaiblissement progressif, il demeure néanmoins une référence essentielle (que l'on y adhère ou que l'on s'y oppose) du secteur agricole français.

[412] Le rapport à la propriété foncière constitue également un puissant élément cohésif qu'il serait toutefois trop long et complexe d'examiner.

> Répondant au serment de l'unité paysanne, dès son origine en 1946, la FNSEA a fait le pari de l'unité dans la diversité. Nous avons fait le pari de construire l'unité syndicale et la solidarité professionnelle à partir de cette diversité. Et nous y tenons ! Même si ce n'est pas toujours facile ! C'est le cœur de notre identité et de notre démocratie interne. C'est la base de notre fonctionnement syndical[413]. »

En application de ce principe, l'ensemble des organisations professionnelles agricoles (OPA) est regroupé dans une vaste alliance dominée par la FNSEA.

> « Réunissant la FNSEA, le CNJA, mais aussi l'Assemblée permanente des chambres d'agriculture (APCA) et la Confédération nationale de la mutualité, de la coopération et du crédit agricoles (CNMCCA), [le Conseil de l'agriculture française] assure de fait, sous la houlette de la FNSEA, la représentation de l'unité du monde agricole face aux pouvoirs publics et au pays. Cette volonté unitaire du monde agricole est présente partout en Europe, mais elle n'atteint nulle part ailleurs qu'en France ce niveau d'obsession[414]. »

Cette organisation unitaire du syndicalisme dominant a pour conséquence de contribuer à stabiliser les fréquents tiraillements entre FNSEA et CNJA (« Les jeunes et les aînés : deux organisations, certes, mais une seule famille au sein de laquelle gérer, entre soi, les conflits des Anciens et des Modernes[415] »). Nous constaterons ce phénomène dans le cas de l'élaboration du CTE.

Cette organisation renforce en outre le poids des élites professionnelles et leur capacité à partager avec l'Etat le contrôle de la définition et de l'application des politiques, suivant le principe de « cogestion ».

L'importance de la cogestion, décroissante au niveau national mais encore réelle au niveau local

Le secteur agricole français est caractérisé par le lien étroit qu'entretiennent, dans l'élaboration et la mise en œuvre des politiques, les pouvoirs publics et les représentants de la profession. Comme le souligne Bertrand Hervieu, « la politique agricole est, de toutes les politiques publiques, celle qui se distingue le plus par son haut niveau de cogestion[416]. »

---

[413] Texte disponible à l'adresse internet
« http://www2.fnsea.fr/actualites/discours_suite.asp?IdArticle=603 »
[414] Hervieu Bertrand, 1994, *Les champs du futur*, Paris : Editions Julliard, p. 146-147.
[415] Hervieu, 1994, *op. cit.*, p. 146.
[416] Hervieu, 1994, *op. cit.*, p. 151.

Le poids politique disproportionné des agriculteurs français

Les agriculteurs représentent en France une force politique importante, dont le poids explique qu'elle soit systématiquement associée aux décisions la concernant[417].

Ce poids repose en premier lieu sur le système politique et électoral français, qui, par ses découpages, favorise considérablement les habitants des zones rurales.

> « Dans *L'Archipel paysan* (L'Aube, 2001), Bertrand Hervieu et Jean Viard remarquent qu'il y a en France un conseiller municipal pour vingt trois électeurs dans les communes de moins de cinq cents habitants, mais un seulement pour 13 205 électeurs à Paris ! Ils montrent aussi que dans 104 circonscriptions législatives, situées dans 70 départements, le monde agricole au sens large représente plus du tiers de l'électorat. Ceci expliquant cela, les agriculteurs savent se faire entendre[418]. »

L'importance particulière du monde agricole en France apparaît toutefois irréductible à de simples considérations techniques. Elle repose plus fondamentalement sur une spécificité reconnue historiquement à la profession agricole. La France, première puissance agricole et agroalimentaire d'Europe, reste en effet empreinte de l'ancienne conception du paysan gardien de l'âme de la Nation. Si cette vision morale de l'agriculture (« la terre ne ment pas ») a cédé la place à partir des années 1950 et 1960 à un modèle économique fondé sur l'intensification et l'efficacité technique[419], les traces de cette époque perdurent[420] et de nombreux agriculteurs et responsables agricoles conservent un attachement particulier au rapport à la terre[421].

Les rapports particuliers des français avec le secteur agricole sur un plan affectif sont entretenus par l'existence d'attaches familiales importantes : dans la majorité des pays de l'Union Européenne, la diminution rapide de la population agricole s'est

---

[417] Voir notamment Coulomb Pierre, Delorme Hélène, Hervieu Bertrand, Jollivet Marcel et Lacombe Philippe (dir.), 1990, *Les Agriculteurs et la Politique*, Paris : Presses de la Fondation nationale des sciences politiques.
[418] Le Gendre Bertrand, 2002, « Un mal français, le ruralisme », *Le Monde*, 28 août 2002. L'élection des sénateurs au suffrage indirect offre ainsi une sur-représentation aux habitants des petites communes, tandis que le découpage des circonscriptions de députation offre dans un nombre important de cas une influence déterminante aux agriculteurs.
[419] Voir Muller Pierre, 1984, *Le Technocrate et le paysan*, Paris : Les Editions Ouvrières.
[420] Pour une analyse sociologique du phénomène, notamment de ses dimensions morales opposées à la marchandisation de l'activité, voir Hervieu, 1994, *op. cit*, p. 106-107 : « La conjugaison de notre tradition physiocrate (selon laquelle toute richesse vient de la terre) et de notre tradition catholique (qui valorise dans le travail de l'agriculteur le prolongement de l'acte créateur divin) a fait des agriculteurs français une catégorie sociale méfiante à l'égard du monde industriel, et plus encore du monde du commerce. [...] Il n'est pas absurde de parler [...] d'un certain « fondamentalisme agraire », dont on trouve moins la trace dans les pays du Nord, travaillés [...] par un tout autre rapport avec l'argent, inventé par le protestantisme. »
[421] Cet attachement est d'ailleurs susceptible de favoriser une ambiguïté dans le rapport à la notion de multifonctionnalité, celle-ci apparaissant à la fois sous une forme moderne, traduisant le rejet des normes productivistes et l'aspiration à une meilleure adéquation aux attentes de la société, et sous une forme ancienne, représentant alors le respect des normes morales du référentiel agricole en vigueur sous la IIIe république et jamais totalement disparu.

produite au XIXe et au début du XXe siècle ; en France, où cette évolution est principalement survenue à partir des années 1950 et 1960, une proportion significative des habitants conserve des agriculteurs au sein de leur famille ou de leurs aïeuls proches.

> « Cette communion avec une nature idéalisée explique la faveur dont le monde agricole jouit dans l'opinion. Un pays dont huit citoyens sur dix ont des racines paysannes, à la première ou à la deuxième génération, ne peut que s'émouvoir du mauvais sort que les technocrates bruxellois réservent, croient-ils, à ses agriculteurs[422]. »

Les agriculteurs conservent ainsi en France une position sociale particulière qui les distingue des autres agents économiques, au contraire des autres pays européens, ainsi que Willy Kampfman, dirigeant du bureau européen de la DBV (fédération syndicale des paysans allemands), le constatait dans le Figaro économie du 9 mars 2001 : « Nous avons toujours été moins populaires que les agriculteurs français ». Même s'il décroît régulièrement, le poids politique de la profession agricole française s'avère ainsi bien supérieur à son importance économique ou démographique relative et lui a permis d'acquérir un rôle majeur dans l'élaboration et la conduite des politiques la concernant.

Nationalement, la LOA entérine la diversité syndicale et transforme la cogestion

Au cours des quarante dernières années, la politique agricole française a reposé sur le principe de la cogestion, pleinement institué au début des années 1960 par un compromis fondateur entre le pouvoir gaulliste et le nouveau syndicalisme majoritaire issu du CNJA. Selon ce principe, Etat et représentants du syndicalisme dominant gèrent ensemble le secteur agricole, tant au niveau de la définition des politiques que de leur mise en œuvre. Durant toute cette période, la puissance de la profession est telle que le président de la FNSEA est souvent présenté comme un « ministre bis »[423]. Certains présidents, notamment Michel Debatisse ou François Guillaume, franchissent même le pas et accèdent après leur mandat au maroquin ou à un secrétariat d'Etat.

La loi d'orientation agricole vise dans ce contexte à revenir sur les deux composantes de la cogestion : d'une part, au sein de la profession, sur le monopole de représentation reconnu de fait au syndicalisme majoritaire[424] ; d'autre part, au niveau du secteur, sur le partage de la responsabilité politique avec la profession. Cette double volonté se traduit :

---

[422] Le Gendre, 2002, *op. cit.*
[423] Voir notamment Hervieu Bertrand, 1990, « Le discours agricole du pouvoir » in Coulomb P., Delorme H. et alii (dir.), *op. cit.*
[424] Cette tentative fait suite à une première tentative avortée d'Edith Cresson, alors ministre de l'agriculture, pour promouvoir au début des années 1980 un pluralisme de la représentation syndicale.

- par la reconnaissance de la Confédération paysanne, de la Coordination rurale et du Modef comme syndicats représentatifs, dont découle leur implication dans la gestion des offices agricoles puis de l'ANDA. Cette participation est institutionnalisée dans l'article 2 de la LOA ;
- par l'affirmation de l'Etat comme décideur final et comme arbitre entre divers enjeux. Cette affirmation se traduit notamment, dans l'article 8 de la LOA, par l'ouverture des CDOA à des acteurs non agricoles.

La reconnaissance du pluralisme syndical, si elle suscite une vive opposition lorsqu'elle influe sur la répartition des subventions (ANDA), rencontre une certaine réussite. Elle se borne en effet à officialiser une réalité issue des scissions de 1982 et 1991 et surtout de la constitution de blocs syndicaux concurrents significatifs : Confédération paysanne et Coordination rurale. Elle bénéficie en outre de la prise d'autonomie temporaire du CNJA à l'égard de la FNSEA. La grande majorité des acteurs perçoivent dans ces conditions comme légitime, logique ou inévitable l'institutionnalisation au niveau de l'Etat d'un pluralisme déjà en vigueur. Cette reconnaissance, pour autant, n'est pas complète, et des différences subsistent dans le niveau d'association des différents syndicats[425].

De même, si l'Etat manifeste alors au niveau national une volonté réelle d'indépendance vis-à-vis des organisations professionnelles, les habitudes de la cogestion restent très présentes et l'influence des syndicats majoritaires déterminante. Cette prise d'autonomie demeure fragile et liée avant tout à la volonté personnelle du ministre, donc susceptible de fluctuations importantes et de revirements. En outre, la remise en cause du fonctionnement corporatiste du secteur s'opère de manière descendante, et, si au niveau national une certaine évolution est sensible pendant une certaine période, l'Etat demeure même alors très dépendant au niveau local de ses partenaires professionnels.

Localement, la dépendance de l'Etat vis-à-vis des capacités d'expertise technique des organisations professionnelles

En application du principe de la cogestion, l'ensemble des organismes locaux d'animation et de gestion du secteur agricole – notamment les chambres d'agriculture, les ADASEA (Associations départementales pour l'aménagement des structures des exploitations) et les centres de gestion – sont dirigés par les représentants du syndicalisme majoritaire. L'Etat intervient quant à lui

---

[425] Luc Guyau, alors président de la FNSEA, plaide ainsi lors de son discours de clôture du congrès de la FNSEA de 1999 pour une reconnaissance par les pouvoirs publics du fait majoritaire. Il ne s'agit plus d'exclure les autres syndicats mais de revendiquer l'absence d'équivalence. Le ministre de l'agriculture issu des élections du printemps 2002, Hervé Gaymard, privilégie ainsi sur certains dossiers la consultation de la FNSEA et du CNJA au détriment de celle des autres syndicats. De même son successeur Dominique Bussereau (à partir de l'hiver 2003-2004) revient-il à une pratique très poussée de cogestion.

principalement au travers de ses directions départementales ou régionales[426]. La relative faiblesse des effectifs de celles-ci en comparaison de la tâche administrative à accomplir limite fortement leurs capacités d'initiative ou d'expertise. Cette situation engendre une répartition des tâches implicite, selon laquelle l'animation et le montage des dossiers, voire pour certains dispositifs une partie importante de leur instruction, relèvent des organismes professionnels (chambres et ADASEA) tandis que la fin de l'instruction puis la gestion relèvent des services de l'Etat (DDAF).

L'Etat manifeste ainsi vis-à-vis de la profession agricole une dépendance suivant quatre dimensions distinctes qu'analyse Vickers :

> « L'élaboration d'une politique dépend de tous ceux qui aident à formuler les alternatives concrètes entre lesquelles le décideur doit choisir ; de tous ceux qui doivent aider à sa réalisation pratique ; de tous ceux dont le concours est nécessaire, juridiquement ou dans les faits, pour la mettre en application ; et, en aucune manière de moindre importance, de tous ceux qui, en donnant ou en retirant leur confiance, peuvent nourrir ou condamner ses chances de succès[427]. »

Les capacités d'expertise technique des principaux syndicats et organismes professionnels leur confèrent localement un statut de partenaire incontournable. L'Etat est contraint de s'appuyer sur leur concours pour imaginer de nouveaux dispositifs, pour en définir concrètement la teneur et pour les mettre en œuvre. De plus, la capacité des organisations professionnelles agricoles (OPA) à faire échouer une politique lors de sa mise en œuvre locale impose à l'Etat de se ménager le soutien d'au moins une partie significative de leurs responsables. La volonté affichée à la fin des années 1990 par le cabinet du ministre de rompre avec les pratiques de la cogestion s'est par conséquent heurtée localement à la réalité d'une dépendance encore irréductible.

La légitimité de l'agriculteur producteur chef d'entreprise

Le tournant des années 1950-1960 a induit en France l'avènement d'un référentiel agricole construit sur la primauté des références quantitatives et économiques, sur la performance technique et sur la vocation productive. Ce modèle identitaire d'agriculteurs chefs d'entreprises rémunérés par la vente de leurs

---

[426] Directions départementales de l'agriculture et de la forêt (DDAF) et Directions régionales de l'agriculture et de la forêt (DRAF). Les offices agricoles et le CNASEA (Centre national pour l'aménagement des structures des exploitations agricoles), responsables du paiement et du contrôle des aides, acquièrent également depuis quelques années un rôle majeur.

[427] Vickers Geoffrey, 1995 (1965), *The Art of Judgment. A Study of Policy Making*, Sage Publications, p. 253 : « Policy making [...] depends on all who help to formulate the concrete alternatives between which the policymaker must choose; on all who must help to carry it out; on all whose concurrence is needed, legally or in practice, to put it into effect; and, by no means least, on all who, by giving or withholding their trust, can nurse or kill its chances of success. »

produits[428] a été conforté par un soutien massif des prix et par des garanties de débouchés (depuis remis en cause, ce qui participe à la crise de sens du secteur). La représentation collective du métier d'agriculteur s'est ainsi bâtie sur un principe d'exclusion des « faux » agriculteurs, c'est-à-dire des agriculteurs disposant de trop peu de surfaces[429] ou de temps[430] pour répondre aux caractéristiques idéales du chef d'entreprise agricole performant techniquement.

Il convient de noter que cette construction identitaire relève principalement du symbolique et de la représentation. Comme le remarquent Martino Nieddu et Antonin Gaignette, les caractéristiques objectives des agriculteurs français les éloignent considérablement de la figure du chef d'entreprise responsable : en effet,

> « la petite entreprise agricole conserve une existence propre parce qu'elle délègue une partie des attributs du chef d'entreprise traditionnel, la définition du système technique et la veille technologique aux organisations professionnelles agricoles, les innovations de procédés et de produits aux organismes publics de recherche, la fixation des prix aux organisations communautaires, la définition du produit aux groupements de producteurs, la sélection des marchés et l'organisation commerciale à la coopérative[431]. »

Néanmoins, le modèle du producteur agricole chef d'entreprise, malgré son décalage par rapport à la réalité des exploitations françaises et malgré la crise de sens plus générale affectant le secteur agricole, demeure l'une des références fondamentales pour juger, sur le forum professionnel, de la légitimité des acteurs et de leurs discours. La vive opposition à toute extension du statut d'exploitant agricole manifestée à l'occasion de la LOA témoigne de l'importance qu'il conserve.

---

[428] Dans son discours d'Aurillac le 2 octobre 1998, le Président de la République Jacques Chirac estimait ainsi qu'« il ne s'agit pas de transformer les paysans en jardiniers de la nature appointés par l'Etat ou en cantonniers du XXIe siècle. Leur raison d'être, la noblesse de leur métier, leur dignité, c'est de travailler pour nourrir leurs semblables. Les agriculteurs doivent être reconnus pour ce qu'ils sont : des agents économiques à part entière. Il faut leur donner les moyens de remplir pleinement leur rôle de chefs d'entreprise. »
[429] L'introduction d'une surface minimale d'installation (SMI) représente ainsi l'expression d'un modèle du « bon » agriculteur (Rémy Jacques, 1987, « La crise de professionnalisation en agriculture : les enjeux de la lutte pour le contrôle du titre d'agriculteur », *Sociologie du travail*, n°4-87).
[430] Les agriculteurs pluri-actifs ne bénéficient pas des mêmes avantages et surtout dans de nombreux départements de la même reconnaissance que les agriculteurs « à titre principal ».
[431] Nieddu Martino et Gaignette Antonin, 2000, « L'agriculture française entre logiques sectorielles et territoriales (1960-1985) », *Cahiers d'Economie et de Sociologie Rurales*, n°54, p. 55.

4 La constitution d'une alliance de circonstance entre le cabinet et le CNJA

Après avoir exposé les principales normes de fonctionnement du forum professionnel agricole français, nous sommes en mesure à présent d'analyser le déroulement de l'élaboration et de l'adoption de la loi d'orientation instituant le CTE. Nous montrerons ainsi que cette réforme s'est appuyée sur la constitution d'une alliance de circonstance entre le cabinet du ministre de l'agriculture et le CNJA. Après avoir explicité le rôle prépondérant tenu par le cabinet sur les forums administratif et de la rhétorique politique, nous préciserons la vision du monde qu'il défendait, puis, constatant la proximité relative de ce système de sens et d'action avec celui promu par le CNJA, nous examinerons les différentes phases de la constitution d'une alliance entre ces deux acteurs. Nous analyserons enfin les conséquences institutionnelles de cette alliance et les causes de son dénouement.

Le cabinet du ministre comme porte-parole de la nouvelle majorité

Les élections de juin 1997 portent au pouvoir en France une nouvelle majorité parlementaire, désireuse de mettre en œuvre les idées de réforme profonde de la politique agricole développées au cours des années précédentes. Les responsables du parti socialiste pour les questions agricoles, réunis autour notamment de George Garrot (responsable), Gérard Bedos (délégué national) et Stéphane Le Foll (directeur de cabinet de François Hollande), affichent ainsi la volonté de modifier la très inégale répartition des soutiens (dont 80 % bénéficient à seulement 20 % des agriculteurs), de refonder la légitimité de ceux-ci vis-à-vis de la société et de tirer avantage de la perspective de la réforme de l'Agenda 2000 pour promouvoir des inflexions importantes de la politique agricole commune. Ils souffrent toutefois d'un manque de relais de leurs idées au sein de l'administration ou surtout du monde professionnel.

Leurs préoccupations bénéficient cependant de la nomination dans le cabinet du ministre de l'agriculture, Louis Le Pensec, de deux personnalités particulièrement sensibilisées à ces problématiques : Jean-François Collin (directeur de cabinet) et Bertrand Hervieu (conseiller technique, en charge de la réforme du CTE). Ceux-ci se montrent déterminés à profiter de la fenêtre d'opportunité qui s'est ouverte (voir chapitre II) pour modifier en profondeur le contenu et le sens de la politique agricole française. Manifestant une grande détermination, une expertise technique importante, des réseaux précieux au sein du monde agricole et, surtout, une position et une capacité supérieure de médiation entre le forum administratif, qu'ils pilotent[432], et le forum de la rhétorique politique, ils parviennent à s'imposer durant toute la phase législative de la réforme (élaboration puis adoption de la LOA) comme le porte-parole de ces deux forums.

---

[432] Nous reviendrons dans le chapitre IV sur le fonctionnement du forum administratif pendant cette réforme et notamment sur la question de son pilotage par le cabinet du ministre.

Une approche libérale-environnementale proche des nouvelles formes d'action publique

Le cabinet manifeste une forte préoccupation environnementale et territoriale. Faisant – dans la continuité des réflexions alternatives développée au cours des années 1990 par divers acteurs, notamment professionnels et scientifiques – le constat de la nécessité d'une prise en compte réelle des dimensions non productives et non marchandes de l'activité agricole, notamment de ses incidences environnementales, sociales et territoriales, le cabinet décide d'élaborer et de mettre en œuvre une politique de grande ampleur dédiée à cette ambition.

Il fait le choix d'asseoir cette politique sur des contrats individuels conclus entre l'Etat et les agriculteurs et rémunérant ceux-ci en échange des engagements sociaux, territoriaux et environnementaux qu'ils acceptent de respecter. Le recours au contrat est cohérent avec le contexte de sens néo-libéral dominant l'ensemble de la société depuis les années 1980[433]. Il vise à apporter une réponse adaptée à la crise d'identité que traverse le secteur agricole en réhabilitant la responsabilité individuelle des agriculteurs et en confortant la dimension entreprenariale de leur activité tout en permettant une évolution significative de leur statut.

Plus généralement, l'approche défendue par le cabinet a pour objectif d'assurer la pérennité du changement envisagé en l'adossant à une acceptation pragmatique des contraintes libérales. Ainsi, le cabinet adhère-t-il au principe – défendu par la Commission européenne – d'un découplage des aides agricoles. Ce principe consiste en une diminution importante des soutiens liés à la production – afin de libérer le fonctionnement normal du marché – en parallèle d'une augmentation équivalente des soutiens déconnectés de la production, telles que les aides en faveur des fonctions environnementales, territoriales ou sociales des agriculteurs. Dans cette optique, le cabinet défend le principe d'un plafonnement important des aides marché qui permettrait le transfert d'une partie substantielle de celles-ci vers des aides de développement rural[434].

Louis-Pascal Mahé et François Ortalo-Magne observent ainsi que la loi d'orientation agricole est le premier grand texte officiel reconnaissant en France la nécessité de ne pas pervertir le fonctionnement des marchés :

> « La première vocation de l'agriculture en tant que secteur productif est essentielle : créer de l'emploi et de la valeur en conquérant les marchés nationaux, européens et mondiaux sur une base de prix plus influencés par les marchés. Toute vocation exportatrice ne peut donc plus être validée par

---

[433] Voir notamment Gaudin Jean-Pierre, 1999, *Gouverner par contrat. L'action publique en question*, Paris : Presses de Sciences Po.
[434] Ce plafonnement sera refusé par la Commission et, sous la pression notamment de l'Allemagne, seule une modulation faible et optionnelle des aides marché sera instituée dans le cadre de l'Agenda 2000.

le recours à des aides systématiques à l'exportation. Il est heureux de constater que l'exposé des motifs de la loi d'orientation reconnaît courageusement ce fait de bon sens[435] ».

Le système de sens et d'action défendu par le cabinet s'inscrit dans le cadre des nouvelles formes d'action publique qui se sont développées à partir des années 1980, influencées notamment par le contexte global de sens et d'action néo-libéral qui s'instaure alors[436]. Celles-ci se caractérisent par le passage d'un système relativement cloisonné sectoriellement et organisé par l'Etat à un système davantage ouvert, à la fois en termes d'acteurs intervenant dans le champ de la régulation publique et de liaison transversale entre les différents enjeux.

« Un système autocentré sinon hiérarchique, que structuraient la domination de l'Etat et la limitation des acteurs au sein d'un cadre institutionnel clair, cède le pas à un univers largement a-centrique que caractérisent l'éclatement des frontières – entre le public et le privé, entre le local, le national et le supra-national – et la diversité des acteurs qui y interviennent[437]. »

L'émergence de nouveaux acteurs, favorisée par le processus de décentralisation, et de nouvelles formes de gouvernance renforce la désectorialisation des enjeux et la territorialisation de l'action publique. « La coordination devient un enjeu. L'« horizontal » est une incertitude majeure du fait de la nécessité d'un décloisonnement des problèmes[438]. »

Le contenu de la loi d'orientation agricole traduit une grande proximité avec ces nouvelles modalités de l'action publique. Cette proximité s'exprime notamment à travers six caractéristiques de la réforme que nous reprenons ici[439] :

---

[435] Mahé Louis-Pascal et Ortalo-Magne François, 2001, *Politique agricole : un modèle européen*, Paris : Presses de Sciences Po, p. 210.
[436] Voir notamment Jobert Bruno (dir.), 1994, *Le Tournant néo-libéral en Europe*, Paris : L'Harmattan et Gaudin, 1999, *op. cit.*
[437] Duran Patrice et Thoenig Jean-Claude, 1996, « L'Etat et la gestion publique territoriale », *Revue française de science politique*, vol 46, n°4, p. 580.
[438] *Ibid.*, p. 596.
[439] L'ordre de présentation de ces six éléments vise à rendre possible une comparaison terme à terme éloquente avec l'analyse de l'évolution des politiques sociales menée par Bruno Palier (Palier Bruno, 1998, « La référence au territoire dans les nouvelles politiques sociales », *Politiques et management public*, vol 16, n°3, p. 23-24) : « Historiquement, les assurances sociales ont été opposées aux actions d'assistance ; de même, les nouveaux modes d'intervention qui sont prescrits s'opposent aux interventions traditionnelles de "l'Etat providence" français :
- alors que le système de Sécurité sociale se veut universel et traite de façon égalitaire ses "assujettis", les nouvelles politiques sociales doivent être ciblées et destinées "aux plus démunis", aux "exclus", conçus comme des acteurs, dans une logique de discrimination positive ;
- alors que le système de Sécurité sociale fournit des prestations uniformes, les nouvelles politiques sociales doivent s'adapter au terrain, être différentes selon les situations et partir des besoins locaux ;
- alors que le système de Sécurité sociale est organisé en secteurs cloisonnés les uns des autres (maladie, accident du travail, vieillesse, famille), les nouvelles politiques sociales doivent traiter de façon transversale l'ensemble des dimensions des problèmes sociaux considérés ;

- le CTE vise à *compenser les inégalités issues d'une application trop uniforme* des soutiens ou indépendante des situations de chaque agriculteur ; il a ainsi pour but d'améliorer le revenu des agriculteurs les moins intensifs en rémunérant les services non marchands (sociaux, environnementaux, territoriaux) qu'ils rendent à la société ;
- le CTE prévoit une *forte adaptation* des objectifs, des termes et des niveaux de rémunération des contrats *aux situations locales* (nous reviendrons longuement sur ce point important dans le chapitre V) ;
- le CTE promeut une ouverture de l'activité agricole aux enjeux non-agricoles des territoires et la recherche de synergies entre ces deux éléments. Il traduit ainsi la recherche de réflexions et d'actions transversales *opposées aux logiques de cloisonnements verticaux et sectoriels* (idem) ;
- la loi d'orientation traduit une remise en cause des conditions habituelles de la cogestion et une volonté d'encourager une *implication de l'ensemble des acteurs concernés* par le développement des territoires dans la mise en œuvre de la politique agricole ;
- selon ses promoteurs, le CTE correspond à une *logique de projet*, en rupture avec la *logique de guichet* des dispositifs existant[440] ;
- enfin, la mise en œuvre du CTE laisse une importante *marge de manœuvre aux acteurs locaux* dans l'adaptation et dans l'utilisation du dispositif (nous reviendrons également sur cet aspect dans le chapitre V).

Une proximité cognitive avec le CNJA permet la conclusion d'une alliance

Lorsqu'il entame le processus de réforme de la politique agricole française, le cabinet est conscient de la persistance des contraintes de la cogestion et de la faiblesse des soutiens politiques dont bénéficient les partis politiques de gauche au sein du monde agricole. Il suit par conséquent une stratégie prudente visant simultanément à ne pas renforcer les oppositions (notamment en reprenant dans la loi d'orientation de nombreux points préparés par la précédente majorité et en veillant à éviter tout vocabulaire trop provoquant) et à établir des liens suffisamment

---

- au lieu de ne s'appuyer que sur une administration spécialisée dans la gestion d'un risque ou d'un problème, il s'agit de faire appel à l'ensemble des acteurs (administratifs, politiques, associatifs et économiques) susceptibles d'intervenir dans le cadre d'un partenariat contractualisé ;
- alors que la Sécurité sociale est une "administration de gestion", bureaucratie figée accomplissant des tâches routinières sans être contrôlée, les nouvelles politiques sociales doivent être mises en œuvre par des "administrations de mission", et faire l'objet d'évaluations ;
- alors que le système de Sécurité sociale est organisé de façon pyramidale et centralisée, les nouvelles politiques sociales doivent être décentralisées et s'inscrire dans un territoire particulier.

Dans ces nouvelles prescriptions pour l'action, on peut reconnaître les traits des nouvelles formes d'action publique qui se développent depuis les années 1980 ».

[440] Nous verrons toutefois que cet affichage comportait certaines ambiguïtés non résolues.

forts avec une partie des syndicats agricoles pour bénéficier de leur appui interne sur le forum professionnel. Ce dernier point le conduit à développer avec le CNJA une alliance de circonstance.

La phase de problématisation : une vision commune des obstacles à lever

La phase de problématisation, rappelons-le, consiste en l'établissement par les différents acteurs concernés d'un diagnostic sur l'état du monde et sur les actions à entreprendre. Lors de cette phase, les cheminements cognitifs et normatifs du cabinet et du CNJA les conduisent à l'adoption de deux visions du monde convergentes sur de nombreux points importants[441] :

- le *marché* est considéré comme le mode naturel, souhaitable ou inévitable – donc, dans tous les cas, adéquat – de régulation des relations économiques. Il convient par conséquent d'en favoriser le fonctionnement optimal en supprimant les soutiens liés à la production. Ce tournant est perçu comme inéluctable en raison des contraintes internationales :

    « Il était impératif que la France se dote d'un outil de découplage des aides publiques avant la négociation de l'Organisation mondiale du commerce (OMC) […]. Or, […] quand ont démarré les travaux préparatoires de la loi d'orientation, qui anticipait cette échéance ? Probablement seulement le ministre de l'agriculture et son cabinet d'une part, la présidente de l'époque du CNJA, Christiane Lambert, d'autre part[442]. »

- un soutien complémentaire au libre jeu du marché est indispensable pour assurer le revenu des agriculteurs et la pérennité de ce soutien ne sera assurée qu'en le fondant sur les fonctions non marchandes et non productives de l'agriculture. Ces fonctions traduisent la spécificité irréductible de l'activité agricole et la rendent incommensurable avec les autres activités économiques. L'agriculture est ainsi considérée comme la croisée indissociable d'une activité économique de production de biens alimentaires et d'une *activité civique* de production de biens sociaux, territoriaux et environnementaux en réponse aux demandes de la société, aucune de ces deux dimensions ne devant prendre le pas sur l'autre :

    « [L'agriculteur] devrait certes abandonner l'idée […] qu'il est "un chef d'entreprise comme les autres". Mais il devrait se dispenser de faire

---

[441] Il est à noter que ces cheminements se sont déroulés principalement de manière parallèle (cf. chapitre II), sans qu'il soit possible d'identifier d'acteur dominant dans la convergence observée. Contrairement au cas étudié par Callon (Callon, 1988, *op. cit.*), la proximité des problématisations opérées semble ainsi davantage liée à l'identité des contextes ayant présidé aux différentes construction de sens (et à certains liens épisodiques entre acteurs) qu'à une stratégie délibérée d'un des acteurs d'imposer sa vision du monde à l'autre.

[442] Hervieu Bertrand, 1999, « Le CTE, pour quelle agriculture ? », *POUR*, n°164, p. 28-29.

semblant de croire que la société n'a pas d'autre projet que de transformer les agriculteurs en fonctionnaires-jardiniers des espaces[443]. »

- le *contrat* entre agriculteur et puissance publique constitue l'instrument idoine pour reconnaître et indemniser la dimension civique de l'activité agricole. Cet instrument est notamment préféré à l'écoconditionnalité (qui consiste à faire dépendre tout ou partie des soutiens reçus par un agriculteur du respect de pratiques environnementales minimales), à la rémunération de contraintes imposées unilatéralement par l'Etat ou encore à un contrat global entre l'Etat et les organisations professionnelles dans leur ensemble (tel qu'existant par exemple dans le cas de la régulation des actes médicaux). Ainsi que le résumait un ancien responsable du CNJA que nous avons rencontré, les promoteurs de cette vision du monde estiment que « l'avenir, c'est le contrat » ;
- la *réorientation substantielle des soutiens* vers la dimension qualitative de la production et vers la dimension civique de l'activité peut s'opérer sans ressource budgétaire supplémentaire, en pratiquant simplement une diminution équivalente des aides soutenant quantitativement la production ;
- ce transfert des soutiens est en outre perçu comme une occasion de *corriger leur très inégale répartition* dans le sens d'une plus grande équité. Les diverses modalités s'exerçant en ce sens (c'est-à-dire visant à limiter les montants perçus par les bénéficiaires les plus importants des aides marché et à réallouer les montants ainsi économisés à des mesures de développement rural : plafonnement, dégressivité, modulation[444]) sont acceptables, même si certaines sont préférables (notamment une prise en compte importante du nombre des actifs) ;
- la perspective de *réforme de la PAC* à l'occasion de l'Agenda 2000 ouvre une *opportunité* importante pour tenter de l'infléchir dans le sens correspondant aux idées présentées ci-dessus.

La phase d'intéressement : le développement de liens privilégiés entre cabinet et CNJA

La phase d'intéressement se caractérise par la tentative stratégique d'un acteur d'imposer aux autres sa propre problématisation de la situation. La grande convergence des systèmes de sens et d'action du cabinet et du CNJA, résultant de la phase de problématisation, facilite un intéressement mutuel[445], qui permet l'adoption

---

[443] Hervieu, 1994, *op. cit.*, p. 139.
[444] Le plafonnement consiste à limiter le montant des aides marchés dont peut bénéficier un agriculteur. La dégressivité consiste à rendre le montant unitaire des aides par hectare dégressif en fonction du nombre d'hectares total. Enfin la modulation consiste à diminuer d'un certain pourcentage la part des soutiens dépassant un certain seuil.
[445] Il apparaît que la convergence entre cabinet et CNJA ne résulte pas d'une persuasion stratégique unilatérale mais d'un intéressement réciproque se traduisant par l'adoption d'un compromis : le cabinet avait besoin d'un allié au sein du syndicalisme majoritaire et le CNJA avait développé son nouveau

d'un diagnostic commun et la stabilisation de l'accord cognitif et normatif entre les deux partenaires. Cet accord conduit le cabinet à considérer le CNJA comme son appui le plus assuré au sein du forum agricole : « [Le CNJA] a été à ce moment à peu près le seul à avoir intégré des idées nouvelles. Il a "pris" le CTE[446] ».

La phase d'intéressement, par la modification durable des contours des systèmes de sens et d'action qu'elle suppose, est susceptible de se traduire par des perturbations des liens habituels entre acteurs et par la constitution de rapprochements nouveaux. Comme le remarque Callon,

> « Dans tous les cas, le dispositif d'intéressement fixe les entités à enrôler, tout en interrompant d'éventuelles associations concurrentes et en construisant un système d'alliances[447]. »

Le développement de liens privilégiés entre cabinet et CNJA éloigne ainsi celui-ci de son allié traditionnel, la FNSEA. A demeurer caché, en raison des usages dans le secteur agricole, le « clash »[448] qui en résulte n'en est pas moins profond. De très importantes pressions s'exercent sur Christiane Lambert, la présidente du CNJA, et sur ses collaborateurs pour qu'ils reviennent sur cette remise en cause à la fois de l'unité agricole et des principes défendus par le syndicalisme dominant. Les membres du bureau du CNJA sont alors accusés de « faire exploser le syndicalisme »[449]. Christiane Lambert provoque ainsi un « tollé quand elle soutient la loi à l'Assemblée Nationale », au point que cette querelle est perçue par certains comme le « premier clash aussi important entre la FNSEA et le CNJA depuis 1960 ». Cependant, malgré la tension et les pressions, le bureau du CNJA conserve sa ligne car il a « l'intuition que le CTE est un bon outil ». Après la phase de problématisation, la phase d'intéressement est donc également une réussite pour le cabinet.

La phase d'enrôlement : l'imposition du CNJA comme porte-parole du forum professionnel

La phase d'enrôlement représente l'établissement d'une coordination formelle non triviale fondée sur les rapports définis dans le diagnostic commun. La réussite de la phase d'intéressement et la position privilégiée sur le forum des communautés de politique publique que son statut de porte-parole des forums administratifs et de rhétorique politique lui confère permettent au cabinet de stabiliser l'alliance qui se

---

système de sens et d'action dans l'optique de le faire partager aux pouvoirs publics européens ou nationaux.
[446] Hervieu, 1999, *op. cit.*, p. 29.
[447] Callon, 1988, *op. cit.*, p. 189.
[448] Toutes les citations non référencées sont issues d'entretiens que nous avons menés auprès d'anciens responsables (syndicaux ou administratifs) du CNJA ou de la FNSEA.
[449] Ils demeurent aujourd'hui encore, selon plusieurs de nos interlocuteurs, les objets de la rancœur de certains responsables agricoles.

dessine avec le CNJA et d'imposer celui-ci comme porte-parole du forum professionnel.

Malgré sa faiblesse politique relative au sein du forum professionnel national, le CNJA se trouve ainsi reconnu par le cabinet comme son interlocuteur légitime et principal dans le cadre de la coopération qu'implique le principe de la cogestion. Au sein des groupes de travail qui préparent la loi d'orientation durant l'automne et l'hiver 1997-1998, puis dans le cadre des concertations bilatérales entre le ministre et son cabinet et les différents acteurs concernés, les remarques et suggestions du CNJA sont accueillies avec un crédit particulier que les autres protagonistes du forum (dont nous examinerons les positions et les stratégies dans les parties suivantes) ne parviennent pas à contester.

La grande majorité des arbitrages qui s'établissent alors sont le résultat de compromis entre le cabinet et le CNJA : le syndicat obtient notamment que les aides en faveur des jeunes agriculteurs demeurent en dehors du dispositif CTE, que la frontière entre agriculteurs et non agriculteurs reste inchangée et que la gestion administrative du CTE soit confiée à la DEPSE. Le forum des communautés de politiques publiques réunit ainsi deux acteurs principaux : le cabinet du ministre de l'agriculture, porte-parole des forums administratifs et de la rhétorique politique, et le CNJA, érigé de l'extérieur, par le cabinet, comme porte-parole du forum professionnel[450].

La mobilisation : le CNJA apporte son soutien politique au CTE

La phase de mobilisation constitue l'activation effective de l'alliance construite au cours des phases précédentes. Elle permet au cabinet de bénéficier du soutien politique explicite du CNJA et de disposer d'un appui suffisant au sein du monde agricole pour envisager une mise en œuvre réelle de la réforme. Cet appui prend une forme publique particulièrement visible lorsque Christiane Lambert intervient au nom du Conseil économique et social devant l'Assemblée Nationale puis le Sénat et y manifeste une adhésion du monde agricole aux objectifs et à la forme de la nouvelle politique :

> « Le Conseil économique et social a effectué un travail approfondi d'analyse de ce texte. L'ensemble des corps socioprofessionnels ont participé à ce travail et l'ont adopté à une très importante majorité. Les agriculteurs présents au Conseil économique et social ont approuvé à l'unanimité l'avis que j'ai porté en leur nom[451]. »

---

[450] Le forum scientifique ne dispose pas de porte-parole sur le forum des communautés de politiques publiques et ne participe qu'indirectement à la phase législative de la réforme. Il retrouvera un rôle significatif lors de la phase réglementaire, par l'intermédiaire d'un groupe d'expert participant aux travaux du forum administratif.

[451] Certains anciens membres du bureau du CNJA nous ont indiqué avoir eu alors l'impression que « c'était comme au début des années 1960 », lorsqu'une alliance entre le gouvernement et le CNJA avait

La mobilisation d'une alliance issue d'un processus de traduction pose cependant, ainsi que le note Callon dans son étude de la domestication des Coquilles Saint-Jacques dans la baie de St Brieuc, le problème de la capacité à parler effectivement au nom de ceux que l'on entend représenter :

> « La mobilisation des alliés […] pose le problème de la représentativité : la masse (patrons, ouvriers, coquilles) suivra-t-elle ? […] Cela n'implique pas que les marins pêcheurs adhèrent activement dans leur ensemble aux positions prises par leurs délégués. Cela signifie simplement qu'ils n'interrompent pas les négociations que ceux-ci conduisent avec les scientifiques et les larves[452]. »

La position réformatrice adoptée par la direction du CNJA provoque ainsi des remous en son sein. Un certain décalage entre la base et les élites syndicales est perceptible. Pour autant, l'approbation – certes douloureuse – du rapport d'orientation « paysans entrepreneurs : notre contrat pour l'Europe » au congrès des Ardennes en 1997 confère à la direction du CNJA une légitimité interne qui à aucun moment ne sera réellement remise en cause. Nous observerons de même dans les parties suivantes que les hésitations du soutien de la Confédération paysanne à la réforme et la pluralité des positions internes à la FNSEA empêchent ces syndicats d'adopter des positions claires et offensives et d'être effectivement en mesure de contester le rôle privilégié que le cabinet reconnaît au CNJA dans l'élaboration de la loi d'orientation.

La phase de mobilisation s'avère par conséquent elle aussi une réussite. Toutefois, cette réussite recouvre des fragilités structurelles qui portent en germe un dénouement ultérieur de l'alliance. La position de porte-parole du forum professionnel assumée par le CNJA s'appuie principalement sur le volontarisme de sa direction et sur le soutien du cabinet du ministre de l'agriculture. L'apparition de dissonances entre ces deux partenaires est ainsi susceptible de remettre en cause de manière importante l'ensemble de la configuration du forum des communautés de politique publique du secteur agricole français.

Des ambiguïtés dans le compromis, source de fragilité de l'alliance

Nous avons évoqué ci-avant les principaux éléments fondant la proximité des systèmes de sens et d'action défendus par le cabinet du ministre de l'agriculture et par le CNJA. Cette proximité réelle occulte néanmoins des divergences importantes sur certains des éléments de sens les plus fondamentaux du compromis. Ces dissonances représentent simultanément la condition même de constitution de l'alliance et une source potentielle de désaccords et donc de fragilité : si elles

---

permis l'adoption de lois d'orientation qui allaient former le cadre dominant de sens et d'action de l'agriculture française au cours des quarante années suivantes.
[452] Callon, 1988, *op. cit.*, p. 193 et 197.

permettent la défense commune de certains éléments protégés par leur ambiguïté relative, elles constituent ainsi des lignes de fracture susceptibles de ce révéler si des événements clarificateurs surviennent trop précocement[453].

Nous ferons ici appel à titre heuristique à la grille d'analyse proposée par Boltanski et Thévenot[454] pour rendre compte des systèmes collectifs professionnels de sens et d'action. Cette grille présente en effet l'intérêt de décomposer l'assemblage nécessairement complexe et hétérogène que constitue une vision du monde en différents éléments plus simples et surtout comparables entre eux. Elle permet de décrire les références des différents acteurs à l'aide d'un vocabulaire simplifié. Elle propose en outre des pistes afin de comprendre les fondements des différends observés.

Rappelons-en brièvement les principaux éléments.

Boltanski et Thévenot observent que les acteurs économiques déterminent de façon importante leur comportement en fonction de certaines références. Celles-ci constituent une « grammaire » qu'ils utilisent pour décrypter le monde et dans laquelle ils puisent des routines d'action et de réaction. Elles forment, selon le vocabulaire que nous avons choisi d'employer dans le présent ouvrage, un système de sens et d'action cohérent.

Les deux auteurs observent en outre que ces différents systèmes de sens et d'action peuvent être décrits d'une manière satisfaisante à l'aide de six systèmes-types de référence, auxquels ils donnent le nom de « cité » ou de monde[455]. Chaque monde est l'expression d'un principe de perception et d'évaluation du monde qu'ils appellent « grandeur ».

> « La grandeur est la façon dont on exprime les autres, dont on les incarne, dont on les comprend ou encore dont on les représente [...]. La relation entre la grandeur des gens et leur maîtrise des formes générales est posée dans chaque monde, notamment leur capacité à formuler des énoncés qui sont dits généraux, authentiques, vrais[456] ».

Les différentes cités (civique, marchande, industrielle, domestique, inspirée et de l'opinion) sont combinées par les acteurs pour construire un système de sens qui guide leur comportement. Tout système de sens peut ainsi, selon Boltanski et

---

[453] Un parallèle pourrait à ce titre être établi avec le tournant modernologue du début des années 1960 – au cours duquel une ambiguïté importante a permis la réalisation de compromis et s'est prolongé suffisamment pour qu'un changement du référentiel et un remplacement des élites professionnelles dirigeantes survinssent – et avec la tentative avortée de réforme du début des années 1980 – dont le manque d'ambiguïté a favorisé la constitution d'un front uni d'opposition.
[454] Boltanski Luc et Thévenot Laurent, 1991, *De la justification. Les économies de la grandeur*, Gallimard.
[455] Un tel ensemble correspond au concept mathématique de « famille génératrice » d'un espace vectoriel. Le nombre d'éléments de la famille (six ici) traduit la dimension de l'espace. Nous conserverons à titre heuristique cette démarche, même si on peut fortement douter de la possibilité de décrire parfaitement *tous* les systèmes de sens et d'action à l'aide d'une combinaison de seulement six archétypes. Certains chercheurs ont d'ailleurs proposé l'ajout de cités supplémentaires (voir par exemple Latour Bruno, 1995, « Moderniser ou écologiser ? A la recherche de la « septième » cité », *Ecologie politique*, n°13).
[456] Boltanski et Thévenot, 1991, *op. cit.*, p. 167.

Thévenot, être décrit dans les termes d'un compromis entre deux ou plusieurs mondes. Cette lecture permet de donner une signification et une origine aux dissonances et paradoxes internes que peut contenir un système de sens collectif construit et partagé par des acteurs au terme d'un processus de traduction.

Selon les termes de cette grille d'analyse, le système de sens commun au cabinet et au CNJA, et résultant du processus de traduction que nous avons décrit dans les paragraphes précédents, correspond à un compromis entre le monde *marchand* – fondé sur le principe que tout produit doit d'abord rencontrer une demande et un marché – et le monde *civique* – fondé sur l'importance des considérations collectives d'intérêt général[457]. Ainsi que le résume Bertrand Hervieu,

> « Ce qui est attendu de ce métier, c'est qu'il soit un métier de synthèse, au carrefour de la production (en tenant compte des marchés), de la gestion du patrimoine (la terre, l'eau, le paysage, qui sont le bien de nos petits-enfants et de l'humanité autant que le nôtre) et de l'aménagement du territoire[458]. »

Ce compromis recouvre néanmoins des cheminements cognitifs et normatifs distincts et donc un ordre de priorité dissonant entre les différents éléments de ce système de sens.

Le CNJA défend ainsi une vision du monde fondamentalement *marchande* qu'il hybride d'une dimension *civique*. La priorité est donnée à la création de nouveaux revenus par une meilleure adaptation aux marchés existant : baisse des prix afin d'exporter vers l'Asie du Sud-Est, renforcement de la qualité afin de répondre à la demande des consommateurs européens. La prise en compte des problématiques territoriales et environnementales apparaît de façon subsidiaire, comme le moyen de légitimer les compléments au revenu indispensables au maintien d'effectifs agricoles importants.

A l'inverse, le cabinet a pour objectif prioritaire la correction des inégalités et la légitimation des soutiens. Cette vision *civique* du monde est hybridée d'une dimension *marchande* davantage pour des raisons pragmatiques liées aux contraintes internationales que pour des raisons idéologiques liées à une certaine conception de l'identité agricole. Symptomatique de la priorité accordée à la dimension *civique* du référentiel, l'entretien accordé par Bertrand Hervieu au journal *Le Monde* pour ses pages Horizons du 30 avril 2001 a pour titre « Le monde agricole est attendu par les citoyens ».

---

[457] Boltanski et Thévenot, qui appuient chacune de leur figure sur un ouvrage clé traduisant le système de sens envisagé, ne proposent aucune référence dans le cas d'un compromis marchand-civique. Il nous semble toutefois que la Théorie de la justice de John Rawls (Rawls John, 1997 (1971), *Théorie de la justice*, Paris : éditions du Seuil) pourrait constituer une telle référence : en effet, Rawls y mêle d'une part l'idéal d'un contrat social rousseauiste garantissant la cohésion ou du moins la paix de la société et le respect de l'intérêt général (idéal civique), et d'autre part, pour bâtir ce contrat, une démarche individualiste et rationnelle (idéal marchand) et non élective ; le « voile d'ignorance » peut être ainsi vu comme une transposition renforcée de la sympathie chez Adam Smith, lequel représente l'auteur de référence de la cité marchande.

[458] Hervieu, 1994, *op. cit.*, p. 138.

Les dissonances cognitives et normatives entre cabinet et CNJA se manifestent en premier lieu dans l'ordre de priorité accordé aux différents éléments du CTE[459]. Tandis que le CNJA estime essentiels la promotion de la qualité des produits et les enjeux démographiques et sociaux de tenue du territoire, le cabinet privilégie la fonction environnementale de l'agriculture. Plus de 85 % du montant des CTE sont ainsi consacrés aux mesures agroenvironnementales, limitant considérablement l'ambition de leur volet économique[460]. Le CNJA manifestera sa déception devant la part prépondérante prise par les mesures environnementales dans les CTE[461].

En second lieu, l'accord du cabinet et du CNJA sur le recours au contrat comme instrument idoine de la politique agricole masque une approche différente de cette notion. Le CNJA considère le contrat d'un point de vue *marchand*, comme un accord commercial entre agents économiques et comme le mode de régulation légitime des interactions ; à l'inverse, le cabinet valorise les dimensions sociale et collective du contrat qui, dans la cité *civique*, constitue le cadre de référence garantissant le respect des intérêts de tous. Alors que le contrat permet aux yeux du CNJA d'assurer la pérennité du cadre économique et des revenus d'un agriculteur, il constitue pour le cabinet le moyen d'introduire un droit de regard de la société sur ses pratiques.

Dans cette optique, la lourdeur de la procédure retenue pour la mise en œuvre du CTE (que nous aborderons au chapitre IV puis surtout au chapitre V) traduira la volonté *civique* de garantir une égalité de traitement et une prise en compte réelle de l'intérêt général, mais affaiblira la logique de projet (notion *marchande*) selon laquelle la plus grande souplesse et la plus grande liberté doivent être accordées dans l'élaboration des contrats. Le CNJA critiquera vivement ce qu'il considèrera une trahison du projet initial mais qui peut également être compris comme l'expression de la dimension civique du référentiel commun.

Enfin, une troisième source importante d'ambiguïté porte sur l'approche de la notion de territoire et plus généralement sur l'appréciation du rapport entre les individus et la collectivité. L'hétérogénéité interne du cabinet et du CNJA sur ces aspects paraît toutefois trop importante pour continuer à les considérer comme des acteurs collectifs. Nous nous bornerons par conséquent à identifier les diverses représentations portées par des membres du cabinet et du CNJA, dont nous

---

[459] Les dissonances identifiées ici et dans les alinéas suivants se rapportent au cabinet et au CNJA considérés comme des acteurs collectifs et n'excluent nullement une importante hétérogénéité interne.

[460] Il convient toutefois de relativiser ce chiffre de 85%, fréquemment mis en avant par les organisations professionnelles pour critiquer cette politique. En effet, ainsi que nous le notions précédemment, le gouvernement a été contraint de ne pas inclure dans le dispositif CTE l'essentiel des aides à l'investissement (PAM) et des aides aux jeunes agriculteurs (DJA et prêts bonifiés). En intégrant les sommes correspondantes, la part de l'agroenvironnement dans l'enveloppe financière du CTE atteindrait environ 55%.

[461] D'autant que celles-ci revêtent un fort caractère contraignant (seules les pratiques particulièrement favorables à l'environnement étant indemnisées), alors que le CNJA souhaitait initialement que le volet environnemental du CTE constitue principalement une *reconnaissance* de l'impact déjà positif des exploitations agricoles sur l'environnement et que la rémunération de cet impact n'implique pour la plupart des agriculteurs qu'une faible évolution de leurs pratiques.

constaterons au chapitre V qu'elles ont donné naissance à des mises en œuvre très contrastées du CTE.

L'intérêt porté à la notion de territoire – le CTE est un contrat *territorial* d'exploitation – peut renvoyer schématiquement à trois dimensions complémentaires : celle de l'environnement des différents acteurs (paysages, ressources naturelles, etc.), qu'il s'agit de préserver ; celle de la dynamique d'une zone, qu'il s'agit de favoriser en garantissant l'équilibre et la redistribution entre zones dotées d'avantages contrastés ; celle enfin d'une coordination locale entre divers acteurs, qu'il s'agit d'encourager à agir de manière concertée. Un territoire est ainsi simultanément lieu de vie, espace social et économique et cadre d'action collective. Si un accord significatif existe au sein du CNJA et du cabinet sur les deux premières de ces préoccupations, l'importance accordée à la coordination locale entre les acteurs est en revanche très variable[462].

Certains, conformément plutôt à la dimension *marchande* du CTE, privilégient la responsabilité individuelle de chaque agriculteur comme agent économique. Le caractère professionnel de son identité favorise son intégration dans des filières de production ; en revanche, la prise en compte de l'intérêt de la collectivité passe essentiellement par une interaction avec l'Etat, qui en est le dépositaire. Cette vision se traduira par la réalisation de CTE types dits « de filière » au sens où l'élément fédérateur des différents signataires sera leur appartenance à une même filière de production.

D'autres, plutôt conformément à la dimension *civique* du CTE, attachent une importance particulière à l'inscription de chaque agriculteur dans un territoire local, dans une collectivité au développement de laquelle il participe et dont il peut contribuer à répondre aux attentes. Cette conception renvoie à l'idée d'une interdépendance de toutes les activités et d'une nécessité de dépasser les cloisonnements sectoriels. Elle se traduira par la réalisation de CTE types dits « de territoire » au sens où l'élément fédérateur des différents signataires sera leur appartenance à un même territoire dont les enjeux auront été définis en coopération avec les autres acteurs qui y interviennent.

Les différentes dissonances que nous avons ici tenté d'expliciter demeurent latentes lors de la phase législative d'élaboration des principes généraux du CTE. Elles apparaîtront progressivement lors de la phase réglementaire de définition du contenu précis de cette politique puis lors de sa mise en œuvre concrète dans les différents départements. Elles participeront alors à dénouer l'alliance entre le cabinet et le CNJA.

---

[462] La notion de territoire est demeurée très floue dans la loi en raison de la difficulté à la préciser et de la volonté du cabinet de ne pas contraindre les expressions locales par un cadre trop rigide. L'un de nos interlocuteurs, ancien membre du cabinet, reconnaissait cependant que celui-ci avait sous-estimé la force des logiques sectorielles face aux logiques de coordination territoriales.